CONTROLE DE PROGRAMAS DE INCENTIVO TRIBUTÁRIO PELO TCU

HENDRICK PINHEIRO

Prefácios
André Mendes Moreira
José Maria Arruda de Andrade

Apresentação
Estevão Horvath

CONTROLE DE PROGRAMAS DE INCENTIVO TRIBUTÁRIO PELO TCU

Belo Horizonte

2024

© 2024 Editora Fórum Ltda.

É proibida a reprodução total ou parcial desta obra, por qualquer meio eletrônico, inclusive por processos xerográficos, sem autorização expressa do Editor.

Conselho Editorial

Adilson Abreu Dallari	Floriano de Azevedo Marques Neto
Alécia Paolucci Nogueira Bicalho	Gustavo Justino de Oliveira
Alexandre Coutinho Pagliarini	Inês Virgínia Prado Soares
André Ramos Tavares	Jorge Ulisses Jacoby Fernandes
Carlos Ayres Britto	Juarez Freitas
Carlos Mário da Silva Velloso	Luciano Ferraz
Cármen Lúcia Antunes Rocha	Lúcio Delfino
Cesar Augusto Guimarães Pereira	Marcia Carla Pereira Ribeiro
Clovis Beznos	Márcio Cammarosano
Cristiana Fortini	Marcos Ehrhardt Jr.
Dinorá Adelaide Musetti Grotti	Maria Sylvia Zanella Di Pietro
Diogo de Figueiredo Moreira Neto (*in memoriam*)	Ney José de Freitas
Egon Bockmann Moreira	Oswaldo Othon de Pontes Saraiva Filho
Emerson Gabardo	Paulo Modesto
Fabrício Motta	Romeu Felipe Bacellar Filho
Fernando Rossi	Sérgio Guerra
Flávio Henrique Unes Pereira	Walber de Moura Agra

FÓRUM
CONHECIMENTO JURÍDICO

Luís Cláudio Rodrigues Ferreira
Presidente e Editor

Coordenação editorial: Leonardo Eustáquio Siqueira Araújo
Aline Sobreira de Oliveira

Rua Paulo Ribeiro Bastos, 211 – Jardim Atlântico – CEP 31710-430
Belo Horizonte – Minas Gerais – Tel.: (31) 99412.0131
www.editoraforum.com.br – editoraforum@editoraforum.com.br

Técnica. Empenho. Zelo. Esses foram alguns dos cuidados aplicados na edição desta obra. No entanto, podem ocorrer erros de impressão, digitação ou mesmo restar alguma dúvida conceitual. Caso se constate algo assim, solicitamos a gentileza de nos comunicar através do *e-mail* editorial@editoraforum.com.br para que possamos esclarecer, no que couber. A sua contribuição é muito importante para mantermos a excelência editorial. A Editora Fórum agradece a sua contribuição.

Dados Internacionais de Catalogação na Publicação (CIP) de acordo com ISBD

P654c	Pinheiro, Hendrick
	Controle de programas de incentivo tributário pelo TCU / Hendrick Pinheiro. Belo Horizonte: Fórum, 2024.
	236 p. 14,5x21,5cm
	ISBN 978-65-5518-587-4
	1. Política fiscal. 2. Gastos tributários. 3. Controle externo. 4. Programa governamental. 5. Transparência. I. Título.
	CDD: 341.39
	CDU: 341.39

Ficha catalográfica elaborada por Lissandra Ruas Lima – CRB/6 – 2851

Informação bibliográfica deste livro, conforme a NBR 6023:2018 da Associação Brasileira de Normas Técnicas (ABNT):

PINHEIRO, Hendrick. *Controle de programas de incentivo tributário pelo TCU*. Belo Horizonte: Fórum, 2024. 236 p. ISBN 978-65-5518-587-4.

Este livro é dedicado ao cinza acolhedor da cidade de São Paulo, que me pediu muito, mas devolveu um tanto ou até mais.

AGRADECIMENTOS

Este livro é fruto de minhas pesquisas de doutoramento na Faculdade de Direito da Universidade de São Paulo e, em primeiro lugar, cabe a mim agradecer ao próprio Largo de São Francisco, minha *alma mater*, lugar em que mora a amizade (como sabe todo franciscano), que me abriu tantas portas e pavimentou o caminho para os passos que ainda virão.

Agradeço ainda ao professor Estevão Horvath, sujeito que lidera pelo exemplo e, ao longo desses anos, se consolidou como uma das minhas referências de ser humano leal, justo e competente. Você me faz acreditar que há como trilhar um caminho de sucesso na academia pela via da honestidade e do trabalho.

Aos meus grandes amigos e interlocutores acadêmicos, Carlos Augusto Daniel Neto, Marcela Oliveira Santos, Victor Bastos, Ana Calil, Marina Fontão Zago, Nara Merlotto, Tatiane Praxedes Lech, Leonardo Aguirra, Leonardo Branco, Isabela Morbach Machado e Silva, Fábio Tomkowski e Tamara Cukiert, agradeço por todas as ideias trocadas e pelos muitos litros de cerveja, café e vinho compartilhados. Vocês fizeram esse percurso mais leve e, ao mesmo tempo, contribuíram para que minhas propostas ganhassem algum peso.

Aos meus sócios do Manesco, Ramires, Perez, Azevedo Marques Sociedade de Advogados, o que faço na pessoa do Professor Marcos Augusto Perez, que sempre foram compreensivos e apoiadores de minha trajetória acadêmica. Vocês ensinam que é possível viver uma experiência de trabalho em um ambiente seguro e respeitador das individualidades.

Por fim, à minha família e ao Dr. Renato Pera, que me apoiaram em todos os momentos e aguentaram doses cavalares da minha insegurança. Vocês fazem minha vida mais feliz.

O mundo funciona somente graças ao mal-entendido. É mediante o mal-entendido universal que todos concordam. Pois, se, por falta de sorte, as pessoas se compreendessem umas às outras, jamais concordariam.

Baudelaire (1867)

LISTA DE ABREVIATURAS E SIGLAS

ADCT – Ato das Disposições Constitucionais Transitórias
Capes – Coordenação de Aperfeiçoamento de Pessoal de Nível Superior
CNJ – Conselho Nacional de Justiça
CNPq – Conselho Nacional de Desenvolvimento Científico e Tecnológico
CREA – Conselho Regional de Engenharia e Agronomia
CRFB – Constituição da República Federativa do Brasil
CRM – Conselho Regional de Medicina
CRO – Conselho Regional de Odontologia
CTN – Código Tributário Nacional
DGT – Demonstrativo de Gastos Tributários
EC – Emenda Constitucional
EFPP – Entidade Fechada de Previdência Privada
ICMS – Imposto sobre Operações relativas à Circulação de Mercadorias e sobre Prestações de Serviços de Transporte Interestadual e Intermunicipal e de Comunicação
IPI – Imposto sobre Produtos Industrializados
LAI – Lei de Acesso à Informação
LDO – Lei de Diretrizes Orçamentárias
LOA – Lei Orçamentária Anual
LOTCU – Lei Orgânica do Tribunal de Contas da União
LRF – Lei de Responsabilidade Fiscal
MCASP – Manual de Contabilidade Aplicada ao Setor Público
OAB – Ordem dos Advogados do Brasil
OCDE – Organização para Cooperação e Desenvolvimento Econômico
PAEG – Programa de Ação Econômica do Governo
PIB – Produto Interno Bruto
PLOA – Projeto de Lei Orçamentária Anual
PPA – Plano Plurianual
Prosub – Programa de Desenvolvimento de Submarinos
RBB – *Results-Based Budgeting* (Orçamento por resultados)
RFB – Receita Federal do Brasil
RITCU – Regulamento Interno do Tribunal de Contas da União
STF – Supremo Tribunal Federal

SUMÁRIO

PREFÁCIO
André Mendes Moreira.. 15

PREFÁCIO
José Maria Arruda de Andrade.. 19

APRESENTAÇÃO
Estevão Horvath.. 21

INTRODUÇÃO 23

1
PROGRAMAS DE INCENTIVO TRIBUTÁRIO 31

1.1	Incentivos tributários	32
1.1.1	Justificação da atuação do Estado no domínio econômico.........	32
1.1.1.1	Fomento por meio da tributação	36
1.1.2	Incentivos tributários como instrumento de políticas públicas..	39
1.1.3	Incentivos condicionados e incondicionados	45
1.2	Programa na técnica orçamentária	51
1.2.1	Fundamentos do orçamento moderno	52
1.2.2	Orçamento-programa no Brasil	58
1.2.3	Conceito de programa aplicado na política fiscal.............	64
1.3	Renúncia de receitas	71
1.3.1	Gastos tributários como técnica de apuração do custo	71
1.3.2	Impactos orçamentários dos programas de incentivo tributário	78
1.3.2.1	Plano Plurianual	82
1.3.2.2	Lei de Diretrizes Orçamentárias	84
1.3.2.3	Lei Orçamentária Anual	85
1.4	Conclusões parciais	87

2

COMPETÊNCIA DO TRIBUNAL DE CONTAS DA UNIÃO (TCU)......... 91
2.1 Alcance em relação aos agentes.............. 93
2.1.1 TCU na Constituição da República............ 93
2.1.2 A figura do responsável............ 99
2.1.3 Sanções aos particulares............ 107
2.2 Conteúdo das decisões............ 115
2.2.1 Atribuições constitucionais do TCU............ 115
2.2.2 Medidas cautelares administrativas............ 122
2.2.3 Tomada de contas............ 128
2.2.4 Controle de constitucionalidade............ 136
2.3 Conclusões parciais............ 141

3

PARÂMETROS DO CONTROLE............ 147
3.1 Legalidade............ 148
3.1.1 Medidas de compensação............ 153
3.1.1.1 Chefe do Poder Executivo............ 156
3.1.1.2 Gestor responsável............ 158
3.1.2 Cumprimento dos requisitos pelos beneficiários............ 159
3.2 Legitimidade............ 166
3.2.1 Transparência............ 171
3.2.2 Sinceridade............ 179
3.3 Economicidade............ 184
3.3.1 Controle de resultados............ 192
3.4 Conclusões parciais............ 200

CONCLUSÃO............ 205

REFERÊNCIAS............ 211

PREFÁCIO

Como afirmava Del Vecchio[1], "quando se começa a refletir sobre a ideia de justiça, à procura de seu princípio essencial, vem logo à mente a ideia de igualdade".

A Constituição de 1988 atribui relevância especial à igualdade, referida em seu preâmbulo como **valor supremo** da sociedade; em seu art. 3º, III, como **objetivo fundamental** da República; e no art. 5º, *caput*, como **direito e garantia individual**.

Imbricado à igualdade tributária radica o ideal de Adam Smith[2], pelo qual os cidadãos devem contribuir para as despesas públicas proporcionalmente à renda que auferem sob a proteção do Estado. Essa concepção, que data do século XVIII, originou um critério legítimo contemporaneamente utilizado para concretização do princípio da igualdade na tributação: a capacidade contributiva.

Embora não seja o único, a capacidade contributiva é o principal critério de comparação para aferição da igualdade nos impostos e contribuições (art. 145, §1º da CR/1988), tributos que não se vinculam a atividades estatais, sendo devidos pela mera prática do **fato imponível**, para usar aqui a expressão de Jarach[3].

Os elementos indicativos da capacidade contributiva como parâmetro para aferição da igualdade são, fundamentalmente: a renda auferida (renda disponível), a renda gasta (consumo) e a renda poupada (patrimônio). Por meio deles, permite-se mensurar a medida de capacidade contributiva de cada indivíduo e diferenciá-lo de forma legítima dos demais.

A lógica da tributação na medida da capacidade contributiva, entretanto, é em regra afastada no caso de normas tributárias indutoras,

---

[1] DEL VECCHIO, Giorgio. Igualdade e desigualdade perante a justiça. *Revista da Faculdade de Direito, Universidade de São Paulo*, [S. l.], v. 61, n. 1, p. 26-43, 1965. Disponível em: https://www.revistas.usp.br/rfdusp/article/view/66495. Acesso em: 18 abr. 2023.

[2] SMITH, Adam. *An Inquiry into the Nature and Causes of the Wealth of Nations*. Nova Iorque: The Modern Library, 2000, p. 888.

[3] JARACH, Dino. *El Hecho Imponible: teoria general del derecho tributario substantivo*, 3. ed. Buenos Aires: Abeledo-Perrot, 2004.

que visam preponderantemente a fomentar outras finalidades constitucionais que não a arrecadação, típica de todo e qualquer tributo.

Há diversos objetivos previstos na **Ordem Econômica** da Constituição de 1988 que podem ensejar a desequiparação tributária de contribuintes com mesma capacidade contributiva. Para atingir a soberania nacional (art. 170, I), por meio da autossuficiência tecnológica, a "Lei do Bem" concede incentivos fiscais federais, redutores precipuamente do imposto de renda das empresas que invistam em pesquisa e desenvolvimento de novas tecnologias no País. Já para reduzir as desigualdades regionais (art. 170, VII), há uma miríade de incentivos tributários, em todos os níveis da federação.

Em tais situações, o afastamento da capacidade contributiva como medida concretizadora da igualdade traz preocupações de relevo. Afinal, sendo a isonomia o eixo fundamental da República, o prestígio de certos contribuintes em detrimento de outros precisa ser justificado por valores compatíveis com a mitigação do aludido direito fundamental.

Havendo colisão entre princípios (igualdade *versus* soberania nacional, *v.g.*), a aferição da validade da renúncia tributária, no caso concreto, demandará o teste da proporcionalidade. Por meio dos exames de adequação, de necessidade e de proporcionalidade em sentido estrito, torna-se possível, de forma lógico-argumentativa, verificar se as vantagens trazidas pela exoneração fiscal superam as desvantagens de se tratar, desigualmente, contribuintes com capacidade contributiva análoga.

Como na análise da proporcionalidade é preciso aferir, *ab initio*, se os meios eleitos são adequados para o atingimento das finalidades (teste da adequação), o primeiro questionamento que se faz em relação a qualquer incentivo fiscal é: a renúncia tributária se revela apta a trazer os benefícios aos quais se propõe?

É nesse espaço que a inovadora obra de Hendrick Pinheiro da Silva se insere.

O jurista sul-mato-grossense, que exerce o magistério na tradicional Faculdade de Direito da UFRJ, propõe, de forma consistente, uma metodologia de controle dos programas de incentivos fiscais pelo Tribunal de Contas da União (TCU).

Demonstrando inicialmente que as exonerações fiscais consistem em gasto público indireto, o trabalho cuida de vincar a legitimidade do TCU para a sua fiscalização. Afinal, incentivos tributários não existem *per se*, sendo parte de algo maior: a concretização de princípios

PREFÁCIO | 17

constitucionais, inserindo-se, por conseguinte, no conceito de programas governamentais, objeto da competência do TCU.

Em sequência, o autor aclara quem será o destinatário do controle: o agente público responsável pela gestão do programa de exoneração tributária. Afinal, é o gestor público, como membro da Administração, que poderá operar modificações para que o incentivo concedido atinja sua finalidade constitucional. Ao particular, caberá prestar as informações que lhe forem solicitadas, desde que no interesse da fiscalização e com ela relacionadas.

Lado outro, Hendrick não se olvida da segurança jurídica como norte a guiar a relação Fisco-contribuinte. O autor é claro ao afirmar que as condições para a concessão dos benefícios são imutáveis, desde que o beneficiado esteja adimplente com as contrapartidas. Nesse sentido, ainda que identificado um benefício que esteja em desacordo com as finalidades constitucionais, o TCU não poderá alterá-lo, seja por força da sua própria competência ou, ainda, pelo art. 178 do CTN[1], que confere concretude ao sobreprincípio da segurança jurídica em matéria de incentivos fiscais condicionados.

Não obstante, a atividade de controle, uma vez exercida pelo Tribunal de Contas da União, poderá balizar a concessão de incentivos fiscais futuros, que efetivamente atendam aos anseios constitucionalmente positivados – em vez de simplesmente reduzirem o ônus fiscal para o contribuinte "A" ou "B", em afronta à isonomia sem a devida contrapartida social.

Trata-se de uma nova visão, garantista e ao mesmo tempo projetada para o futuro, para o aprimoramento dos programas de incentivos fiscais do País.

A igualdade material (igualdade **na** lei, e não apenas **perante** a lei), fim precípuo da Constituição de 1988, é alcançável também pela via dos programas de incentivos fiscais, desde que estes efetivamente atinjam seus objetivos constitucionais. Com vistas a essa finalidade, a leitura das páginas a seguir é mandatória. Para além da clareza, a coerência da argumentação de Hendrick conduz a importante reflexão.

Foi, para mim, uma satisfação participar da banca examinadora da tese de doutorado do autor, defendida na Faculdade de Direito do Largo de São Francisco, como o é, agora, escrever este prefácio para

---

[1] Código Tributário Nacional:
"Art. 178. A isenção, **salvo se concedida por prazo certo e em função de determinadas condições**, pode ser revogada ou modificada por lei (...)." (destaques nossos)

o livro que dela deriva, que vem colmatar importante lacuna – em verdadeira contribuição original para a ciência jurídica brasileira.

André Mendes Moreira
Professor de Direito Tributário da UFMG
Livre-Docente e Doutor em Direito Tributário pela USP
Diretor da Abradt e Conselheiro da ABDF
Advogado

PREFÁCIO

O jovem jurista Hendrick Pinheiro convidou-me a escrever o prefácio de sua obra: *Controle de programas de incentivo tributário pelo TCU*, no que concordei com enorme prazer por diversos motivos. Começo por ter conhecido o autor durante as minhas disciplinas de pós-graduação no âmbito do programa do mestrado e do doutorado da Faculdade de Direito da Universidade de São Paulo (USP). O Hendrick era um dos poucos alunos que, genuinamente, queria estudar o direito financeiro, tendo escolhido um tema de difícil enquadramento teórico. Foi aluno exemplar, admirado por seus pares, muito presente nas aulas e muito assertivo em suas colocações nos debates gerais da sala e em suas apresentações. Destacava-se já, portanto, como bom pesquisador.

Outra razão que me atrai à tarefa de prefaciar a presente obra é o seu tema. Os incentivos tributários e o seu controle e análise pelo Tribunal de Contas da União (TCU). Tenho defendido há muitos anos que tal tema estava no ponto cego do direito econômico, financeiro e tributário. Nossos arcabouços teórico-dogmáticos nos impediam de analisar a dinâmica de tais incentivos da forma apropriada.

O direito econômico, campo de estudo dos instrumentos jurídicos da conformação e organização do mercado, parecia não ter fôlego suficiente para verticalizações tão específicas, como a da análise das regras jurídicas positivas de desvio da tributação (políticas econômicas tributárias).

O direito financeiro, por seu turno, parecia acomodado na análise dos instrumentos de introdução formal do orçamento no ordenamento brasileiro e na disciplina geral da responsabilidade fiscal, sem se deter no campo das renúncias tributárias, muitas vezes vistas apenas como fenômeno *off budget*.

Por sua vez, o direito tributário, ainda que possibilitando o vocabulário técnico apto à compreensão das regras tributárias gerais e específicas, ao tratar dos incentivos ou apenas cumpria a função de interpretação de suas regras tributárias ,ou acabava por se contentar com a defesa de teses de que os incentivos deveriam ser mais amplos do que a lei previra, além de abordar a falta de previsibilidade no caso de sua revogação. Alternativamente, iniciaram-se estudos sobre a função indutora de tais tributos, na tese inovadora do Prof. Schoueri, mas que acabou sendo replicado por jovens estudiosos apenas para a percepção de que tributos podem ser instrumento de uma ação estatal e para aplicação de testes de validade constitucional, como o de igualdade ou de proporcionalidade.

Nesse sentido, faltavam estudos que transitassem por esses pontos cegos, em busca a compreensão da política econômica em si, seja em seu aspecto de controle externo, como no trabalho do Hendrick, seja na busca por maior governança ou análise de cada programa em sua especificidade. Esse tem sido o papel de inúmeros trabalhos de jovens talentosos acadêmicos, a merecer nossos sinceros aplausos.

Outro motivo de meu aceite foi ter participado da banca de doutorado em que o texto original deste livro foi apresentado, diante de banca de ilustres professores, incluindo o querido amigo, Prof. Estevão Horvath, orientador do autor. A defesa do Hendrick foi segura, serena e muito ilustrativa do talento que o jovem jurista possui. Naquela oportunidade, tive a chance de elogiar o mérito de seu trabalho e de suas reflexões. Tivemos algumas discordâncias conceituais, típicas de pessoas que admiram um tema e buscam refletir, criativamente, sobre ele, o que é o caso da presente obra.

Este, portanto, é o livro que ora se apresenta à comunidade dos leitores e estudiosos. O leitor atento perceberá o mérito das páginas desta obra, e a academia será fortalecida por mais esse esforço.

De nossa parte, gostaríamos de destacar apenas alguns elementos aqui apresentados. O objeto principal da indagação do autor é o que pode e deve fazer o TCU no âmbito da legalidade, legitimidade e economicidade.

O autor busca compreender e apresentar as renúncias tributárias nos diplomas orçamentários e seu regramento pela Lei de Responsabilidade Fiscal (LRF); trata do papel dos limites da atuação do TCU no controle formal e material de tais programas e reflete sobre os parâmetros de validade de sua função, inclusive dos desafios de fiscalização da eficiência e economicidade de determinadas políticas.

Feita essa breve apresentação, registro os meus votos pela continuidade de mais trabalhos sobre esse tema, inclusive do autor.

Arcadas, junho de 2023.

José Maria Arruda de Andrade
Professor Associado de Direito Econômico e Economia Política da Faculdade de Direito da Universidade de São Paulo

APRESENTAÇÃO

Coube-me fazer uma apresentação do livro de Hendrick Pinheiro, ora chegado a público.

O título da obra, *Controle de programas de incentivo tributário pelo TCU*, já mostra, por si só, a importância do tema para o Direito Financeiro e para o Direito Tributário.

É o próprio autor que nos diz a razão de ser dessa designação. O que se busca é articular três ideias diferentes: *controle* (entendido como uma modalidade de atuação estatal); *programas de incentivo tributário* (reconhecidos como modalidade de atuação estatal submetida a atividade controladora) e *Tribunal de Contas da União* (que seria o sujeito juridicamente competente controlar tais programas).

Com base nessas premissas, Hendrick Pinheiro dirige o seu caminho pela noção de controle, trazendo exemplos de doutrina estrangeira, passando pela conceituação daquilo que entende por "incentivo tributário", pelas competências do Tribunal de Contas da União (TCU) e pelos parâmetros desse controle.

Iluminado por farta pesquisa bibliográfica, doutrinária e legislativa – para mais da relativamente parca jurisprudência sobre o assunto –, o autor sistematiza a matéria de forma coerente e perspicaz.

É ainda o autor quem resume o propósito do trabalho ora trazido à luz, quando diz que "a obra propõe um olhar sobre os incentivos tributários a partir da competência do TCU para o controle dos programas governamentais".

Dá ênfase na circunstância de que está cuidando de *programas* de incentivos tributários e não apenas de *incentivos tributários*. Tal ocorre para estimular uma reflexão sobre como as normas que disciplinam a competência do TCU se comportam quando confrontadas com medidas de fomento implementadas via sistema tributário.

No segundo capítulo, sustenta o autor a necessidade de compatibilizar as normas de competência que regulam a atividade do Tribunal de Contas da União e as limitações típicas do sistema tributário no controle desses programas.

Mais adiante, passa a analisar os incentivos tributários como programas, a partir dos princípios (por ele aí denominados de "parâmetros") da legalidade, da legitimidade e da economicidade, mediante os quais o TCU realiza sua atividade de controle.

Na sua busca para compreender as balizas dentro das quais o TCU pode exercer sua atividade de controle sobre os programas de incentivo tributário, deparou-se, porém, o autor, com o reconhecimento de limites objetivos emergentes do "confronto entre as normas de competência do órgão controlador e o regime jurídico tributário que rege o objetivo do controle".

Na sua conclusão, dessarte, o estudo, surpreendentemente, termina por trazer, mais do que as competências – chamemos de positivas – do TCU, a sua "incompetência" para apreciar diversas matérias correlacionadas ao tema central do trabalho.

Tendo provindo o livro ora apresentado da tese de doutoramento do autor, submetida à exigente banca examinadora, na Faculdade de Direito da Universidade de São Paulo, ele mantém seu caráter a um só tempo inovador e instigante.

Faço votos de que a obra seja lida pelo maior número de interessados nessa relevante questão, uma vez que, de minha parte, já a considero uma significativa contribuição à doutrina do Direito Financeiro e também do Tributário.

Estevão Horvath
Professor de Direito Financeiro da USP e de Direito Tributário da PUC/SP

INTRODUÇÃO

Controle de Programas de Incentivo Tributário pelo TCU é uma obra que busca articular três ideias diferentes: *"controle"*, entendido como modalidade de atuação estatal; *programas de incentivo tributário*, reconhecidos como objeto da atividade controladora; e *Tribunal de Contas da União*, tomado como sujeito juridicamente competente para controlar tais programas.

O tema parte da ideia de controle – compreendida, em linhas abstratas, como "verificação da conformidade de uma atuação a determinados cânones"[1] – para analisá-la pelas lentes da competência do Tribunal de Contas da União (TCU) em relação aos programas de incentivo tributário.

Pensar o controle associado à atuação do Tribunal de Contas da União fornece um primeiro limite do tema: o livro adota a perspectiva do controle externo federal. Porém, suas conclusões, em grande medida e com as devidas adaptações, podem ser transpostas para compreender as possibilidades e limites de atuação das cortes de contas estaduais e municipais no controle de programas de incentivo tributário.

Os tribunais de contas são órgãos que atuam de maneira autônoma e em conjunto com o Poder Legislativo no exercício do controle externo.[2] Ao pensar no exercício dessa atividade pelo TCU, este livro tem como alvo principal os programas de incentivo tributário desenvolvidos pela União.

---

[1] MEDAUAR, Odete. *Controle da administração pública*. 2. ed. São Paulo: RT, 2012, p. 24.

[2] BRITTO, Carlos Ayres. O regime constitucional dos tribunais de contas. *In*: FIQUEIREDO, Carlos Maurício, NÓBREGA, Marcos (coord.). *Administração pública*: direitos administrativo, financeiro e gestão pública: prática, inovações e polêmicas. São Paulo: Revista dos Tribunais, 2002, p. 97-109.

O conceito de "programas de incentivo tributário" também está no centro do trabalho, como objeto específico em relação ao qual as características do controle serão analisadas. "Incentivo tributário" é um conceito da ciência das finanças, que agrupa uma série de instrumentos de direito tributário – tais como isenções, reduções de alíquota, depreciação acelerada, diferimento etc. – em torno da finalidade comum de incentivar determinado setor econômico.

Não se pretende uma análise ampla sobre a competência do Tribunal de Contas da União no controle da extrafiscalidade[3] ou de normas indutoras.[4] Propõe-se um recorte que coloca no centro da pesquisa a atividade desse órgão no controle de programas que têm por finalidade incentivar, por meio de instrumentos tributários, atividades ou setores econômicos.

Nesse contexto, trazer o conceito de "programa" como qualificador de "incentivos tributários" manifesta uma opção de tratá-los como políticas públicas, implementadas por meio do sistema fiscal.[5] Dessa forma, a finalidade emerge como importante instrumento de controle de tais políticas.

O controle externo é um dos elementos do sistema de freios e contrapesos que equilibra as relações entre as funções executiva e legislativa do Estado. A outorga legislativa de autorização para gastar, por meio do caráter representativo do orçamento, perderia o sentido na ausência da possibilidade de submissão do gasto ao controle deste mesmo poder.[6]

No que tange aos gastos diretos, o processo de controle realizado pelas cortes de contas é bem desenvolvido, objeto de ampla regulamentação e alvo de trabalhos acadêmicos de detida e profunda análise.[7]

---

[3] BOMFIM, Diego. *Extrafiscalidade, identificação, fundamentação, limitação e controle.* São Paulo: Noeses, 2015.

[4] SCHOUERI, Luís Eduardo. *Normas tributárias indutoras e intervenção econômica.* Rio de Janeiro: Forense, 2005.

[5] TOMÉ, Fabiana Del Padre. A extrafiscalidade tributária como instrumento para concretizar políticas públicas. *In*: SANTI, Eurico Marcos Diniz de (coord.). *Tributação e desenvolvimento*: homenagem ao professor Aires Barreto. São Paulo: Quartier Latin, 2011, p. 193-212.

[6] HORVATH, Estevão. *O orçamento no século XXI*: tendências e expectativas. 2014. 418 p. Tese (Titularidade em Direito) – Faculdade de Direito, Universidade de São Paulo, São Paulo, 2014, p. 129.

[7] ZYMLER, Benjamin. Questões de controle: controle das Finanças Públicas no Brasil: visão atual e prospectiva. *Revista do Tribunal de Contas da União*, v. 29, n. 76, p. 15-41, abr./jun. 1998; MILESKI, Hélio Saul. *O controle da gestão pública.* 3. ed. Belo Horizonte: Fórum, 2018; MEDAUAR, Odete. *Controle...* Op. cit.; FREITAS, Juarez de. *O controle dos atos administrativos*

INTRODUÇÃO | 25

Todavia, no que tange aos gastos indiretos no Brasil, representados por uma plêiade de incentivos fiscais (*lato sensu*), não se identifica a mesma preocupação com o papel que pode desempenhar esse importante órgão de controle externo.

Nesses termos, o objetivo principal do livro é analisar como o Tribunal de Contas da União, na qualidade de órgão de controle externo, pode exercer o controle de programas de incentivos tributários da União.

O Tribunal de Contas da União é um órgão do controle externo que atua em conjunto com o Poder Legislativo federal, no controle dos gastos públicos da União. Em seu relatório anual de atividades de 2021, no qual a corte alega ter produzido um benefício econômico derivado de ações de controle na ordem de 87 bilhões de reais,[8] as referências ao controle de programas de incentivo tributário ainda são incipientes.

No Brasil, o volume de políticas públicas implementadas por meio de instrumentos que representam gastos tributários indiretos (entre eles, programas de incentivos tributários) é expressivo. No nível federal, considerando o demonstrativo de gastos tributários que acompanhou o Projeto de Lei Orçamentária Anual de 2022, o gasto tributário foi estimado em 371,07 bilhões de reais, representando 3,95% do Produto Interno Bruto (PIB) e o equivalente a 20,16% das receitas administradas pela Receita Federal do Brasil (RFB).[9] Esses dados já demonstram o importante papel que o Tribunal de Contas da União poderia assumir como agente para a promoção da transparência e controle desses programas.

Um estudo recente, que analisou a atividade de controle do TCU sobre programas de fomento, indica que, atualmente, a atividade do TCU no controle de programas de incentivo tributário está muito mais relacionada à fiscalização do cumprimento de requisitos por parte dos beneficiários.[10]

---

  e os princípios fundamentais. 5. ed. São Paulo: Malheiros, 2013; GOMES, Emerson Cesar da Silva. *O direito dos gastos públicos no Brasil*. São Paulo: Almedina, 2015.

[8] BRASIL. Tribunal de Contas da União. *Relatório anual de atividades do TCU*: 2021. Brasília: TCU, 2022. Disponível em: https://portal.tcu.gov.br/data/files/37/F5/2E/A1/EC0008102DFE0FF7F18818A8/Relatorio_anual_atividades_TCU_2021.pdf. Acesso em: 11 jun. 2022, p. 50.

[9] BRASIL. Ministério da Fazenda. Receita Federal do Brasil. *Demonstrativo dos gastos tributários PLOA 2022*. Brasília, 2021. Disponível em: https://www.gov.br/receitafederal/pt-br/acesso-a-informacao/dados-abertos/receitadata/renuncia-fiscal/previsoes-ploa/arquivos-ploa/ploa-2022/dgt-ploa-2022-base-conceitual-versao-1-0.pdf. Acesso em: 29 fev. 2020, p. 9.

[10] Entre outras conclusões, o estudo desenvolvido por Raquel Lamboglia Guimarães, a partir da análise de acórdãos que tratavam da atividade administrativa de fomento, identifica

Embora atualmente a atuação do TCU tenha como foco um controle formal, que mira na fiscalização do cumprimento de requisitos e condições pelos beneficiários, a Corte de Contas Federal poderia assumir um importante papel na promoção de um controle finalístico dos programas de incentivos tributários, voltado à verificação da realização dos objetivos pretendidos a partir dos resultados identificados.

A discussão sobre a importância de um controle finalístico das cortes de contas sobre os programas de incentivos tributários é tema que já foi encampado pelas cortes de contas de outros países.

Desde 2009, a Bélgica elabora o chamado "Inventário das exonerações, abatimentos e reduções que influenciam as receitas do Estado" ("*Inventaire des exonérations, abattements et réductions qui influencent les recettes de l'Etat*"), ou "Inventário de Gastos Fiscais", encaminhado como anexo da lei orçamentária para análise e votação pela Câmara dos Representantes (*Chambre des Représentants*). No campo da avaliação dos programas, o Inventário de Gastos Fiscais belga é mais abrangente que o Demonstrativo de Gastos Tributários brasileiro, abordando não somente uma estimativa de custos, mas também os principais resultados atingidos com os programas.[11]

Para além de um inventário analítico dos gastos tributários, a Corte de Contas belga já avaliou os resultados de programas implementados por meio de incentivos fiscais (em sentido amplo) naquele país, como é o caso do programa para incentivo à pesquisa e desenvolvimento.[12]

---

que: a) dos 240 acórdãos que tratavam do tema da renúncia de receitas (em sentido amplo), uma grande parte (92) nem sequer analisava programas de incentivo fiscal, 12 tratavam de transferências de recursos entre entes federativos e 7 referiam-se a operações de crédito ou financiamento; b) dos 129 acórdãos restantes, apenas 96 casos tratavam do controle de programas de incentivo tributário, sendo que 33 apenas tangenciavam o tema; c) dos 96 casos de fomento tributário, a maioria (77 casos) analisava projetos específicos submetidos à Lei n. 8.313/1991 (Lei Rouanet, ou Lei de Incentivo à Cultura) ou à Lei n. 8.685/1993 (Lei do Audiovisual); 8 acórdãos analisavam a aplicação de recursos do Fundo de Financiamento da Amazônia (Finam) ou da Superintendência de Desenvolvimento da Amazônia (Sudam). Nos acórdãos que tratam de fomento por incentivos tributários (96), apenas 18 (19%) propõem alguma aferição dos resultados obtidos com o programa. (GUIMARÃES, Raquel Lamboglia. *O controle financeiro da atividade de fomento*: o TCU e a aferição de resultados. 2019. 261 p. Dissertação (Mestrado em Direito) – Faculdade de Direito, Universidade de São Paulo, São Paulo, 2019, p. 109-120).

[11] BÉLGICA. Chambre des Représentants de Belgique. *Inventaire 2017 des exonérations, abattements et réductions qui influencent les recettes de l'Etat*. Bruxelas, 28 nov. 2018. Disponível em: https://www.lachambre.be/FLWB/PDF/54/3293/54K3293004.pdf. Acesso em: 01 mar. 2020, p. 3.

[12] BÉLGICA. Cour des comptes. *Mesures fédérales de soutien indirect à la recherche et au développement technologique (R&D)*. Bruxelas, 13 ago. 2013. Disponível em: https://www.ccrek.be/docs/2031_33_RD.pdf. Acesso em: 01 mar. 2020.

Já na França, o Tribunal de Contas tem direcionado sua atuação para figurar como instrumento de controle administrativo de gestão.[13] Assim, a Corte de Contas tem produzido e disponibilizado análises de resultados sobre programas específicos,[14] que não se limitam somente à divulgação dos dados relativos às despesas fiscais, realizadas por meio de relatórios específicos de execução orçamentária.[15]

Em Portugal, é possível identificar manifestações em favor da racionalização e harmonização das políticas implementadas por meio de incentivos fiscais.[16] Ao encontro dessa ideia, é possível identificar um movimento do Tribunal de Contas português para transparência dos dados relativos aos gastos indiretos e eficácia das políticas. No Parecer sobre a Conta Geral do Estado Português de 2017, a corte consigna que a eficácia dos incentivos fiscais como instrumento de política será "tanto maior quanto maior for o grau de transparência existente".[17]

As experiências estrangeiras são um elemento que indica que a preocupação com o controle finalístico (e não apenas formal) dos incentivos fiscais e, mais especificamente, dos incentivos tributários é uma tendência em países que têm instituições de contas semelhantes às brasileiras.

O *problema* específico que este livro pretende enfrentar é: como o Tribunal de Contas de União pode controlar programas de incentivo tributário? Formula-se a pergunta a partir do advérbio "como" para abarcar, de maneira abrangente, aspectos da atividade de controle desse órgão em relação ao objeto específico. Para responder a essa pergunta, o livro propõe uma teoria que buscará desenvolver um conjunto de raciocínios sobre o tema a partir de questionamentos específicos endereçados em três capítulos.

---

[13] BOUVIER, Michel; ESCLASSAN, Marie-Christine; LASSALE, Jean-Pierre. *Finances publiques*. 17. ed. Paris: LGDJ, 2018-2019, p. 522.

[14] FRANÇA. Cour des comptes. *L'efficience des dépenses fiscales relatives au développement durable*. 2016. Disponível em: https://www.ccomptes.fr/sites/default/files/EzPublish/20161108-efficience-depenses-fiscales-developpement-durable.pdf. Acesso em: 27 fev. 2018.

[15] FRANÇA. Cour des comptes. *Les dépenses fiscales*: note d'analyse de l'exécution budgétaire. 2017. Disponível em: https://www.ccomptes.fr/sites/default/files/2018-05/NEB-2017-Depenses-fiscales.pdf. Acesso em: 27 fev. 2019.

[16] NABAIS, José Casalta. Da sustentabilidade do Estado fiscal. *In*: NABAIS, José Casalta; SILVA, Suzana Tavares da. *Sustentabilidade fiscal em tempos de crise*. Coimbra: Almedina, 2011, p. 54.

[17] PORTUGAL. Tribunal de Contas. *Parecer sobre a Conta Geral do Estado*. 2017. Disponível em: https://www.tcontas.pt/pt-pt/ProdutosTC/PareceresTribunalContas/ParecerCGE/Documents/Ano%20econ%C3%B3mico%20de%202017/pcge2017.pdf. Acesso em: 27 fev. 2019, p. 217.

O primeiro capítulo busca responder *o que são programas de incentivo tributário?*. Estes são tomados como políticas públicas implementadas com o objetivo de promover determinada finalidade, que podem representar renúncia de receitas. Nesse contexto, é importante entender, de maneira mais específica, as *diferenças no controle de programas de incentivo condicionados e incondicionados*, em especial no aspecto do controle sobre o cumprimento das contrapartidas devidas pelos particulares nos primeiros.

O segundo questionamento específico do capítulo sobre incentivos tributários busca compreender quais as consequências de entendê-los como um *programa governamental*. Nesse ponto, o foco é demonstrar as inflexões da teoria do orçamento público na caracterização do conceito de "programa" e seus impactos na atividade de controle.

O terceiro questionamento específico abordado no primeiro capítulo é dedicado às *renúncias de receitas* enquanto modalidade de repercussão orçamentária derivada da implementação de medidas de política fiscal. O objetivo é lançar as bases para a compreensão da teoria dos gastos tributários como elemento da ciência econômica para estimação dos custos imputados aos programas governamentais estruturados a partir de instrumentos tributários.

O segundo capítulo questiona, primariamente: *quais são as características da competência do TCU em relação aos programas de incentivo tributário?* Uma resposta a este questionamento será proposta em dois vértices primordiais: o alcance da competência em relação aos sujeitos e o conteúdo das decisões.

Quanto ao *alcance*, buscar-se-á delinear quais são os limites da competência em relação aos sujeitos do controle. Nesse contexto, indaga-se, entre outros questionamentos, se e quais *sanções podem ser aplicadas pelo TCU a agentes privados* que receberem incentivos fiscais.

Em relação ao *conteúdo das decisões*, o foco está em apresentar quais aspectos dos programas de incentivo podem ser objeto de controle. Os questionamentos sobre a aplicabilidade de *medidas cautelares administrativas* e a *possibilidade de controle de constitucionalidade* das normas que veiculam programas de incentivo fiscal pelo TCU surgem como questões subsidiárias fundamentais para a compreensão dos limites dessa atividade.

Os dois primeiros capítulos buscam construir um alicerce para o desenvolvimento dos parâmetros de controle aplicáveis a esses programas, que são tratados no terceiro capítulo. Trata-se de propor

INTRODUÇÃO | 29

ferramentas para o controle de legalidade, legitimidade e economicidade. Nesse contexto, a pergunta inicial é encarada em cada um desses âmbitos: *como o TCU pode exercer o controle dos programas de incentivo tributário partindo da legalidade/legitimidade/economicidade como parâmetros?* Em todos esses vieses, o objetivo é compatibilizar as competências de controle externo com as limitações típicas impostas pelo regime jurídico tributário aplicável às normas que estruturam esses programas.

No viés da legalidade, o objetivo é compreender quais são as possibilidades para o exercício do controle externo pelo TCU em relação à *legalidade* dos atos praticados na gestão dos programas de incentivo tributário. Esta análise considera como principais pontos o processo de implementação das *medidas de compensação* e o *cumprimento dos requisitos pelos beneficiários* nos programas condicionados.

O capítulo analisa, na segunda parte, as características do controle dos programas de incentivo tributário sob o parâmetro da *legitimidade*, tomado de maneira ampla como elemento que "engloba todos os princípios constitucionais orçamentários e financeiros, derivados da ideia de segurança ou de justiça, que simultaneamente são princípios informativos do controle".[18] Nesse contexto, as principais questões analisadas estão atreladas ao necessário cumprimento da *transparência e sinceridade* orçamentárias.

Por fim, a última parte do terceiro capítulo analisa como o TCU pode exercer o controle de *economicidade* dos programas de incentivo tributário. Busca-se demonstrar, ainda, a importância do *controle de resultados* como instrumento para o aprimoramento das funções estatais, em uma perspectiva que transcende uma análise sobre as características específicas desses programas em relação à competência do TCU.

---

[18] TORRES, Ricardo Lobo. O Tribunal de Contas e o controle da legalidade, economicidade e legitimidade. *Revista de Informação Legislativa*, Brasília, v. 31, n. 121, jan./mar. 1994, p. 265-271, p. 269.

PROGRAMAS DE INCENTIVO TRIBUTÁRIO

Este capítulo busca reconstruir aspectos do regime jurídico dos programas de incentivo tributário tomados como *objeto* sobre o qual o Tribunal de Contas da União pode desenvolver sua atividade de controle.

Para lançar as bases para a compreensão sobre o controle exercido pelo TCU sobre os programas de incentivo tributário, propõe-se uma análise em três partes, que consideram seus aspectos estruturais.

Na primeira seção, o foco está na disciplina normativa aplicável aos *incentivos tributários*, tomados como instrumentos de intervenção estatal no domínio econômico destinada a fomentar comportamentos, visando atingir objetivos específicos. A discussão é desenvolvida em torno da premissa de que os objetivos que justificam o manejo de elementos da receita para obtenção de finalidades que transcendem a função primária de arrecadação de recursos norteiam também a atividade de controle desenvolvida pelo TCU.

A segunda seção é centrada na ideia de *programa* no contexto da técnica orçamentária, que orienta todo o desenvolvimento da obra. O objetivo é demonstrar que algumas medidas governamentais buscam realizar objetivos estatais específicos por meio do sistema tributário, característica que as aproxima de qualquer outro programa governamental implementado por gastos diretos, inclusive no controle.

A última seção do capítulo é dedicada ao universo das *renúncias de receita* e aborda a relação entre as medidas de incentivo implementadas por meio do sistema tributário e a técnica de aferição dos gastos tributários indiretos. Para tanto, escrutina-se a forma como o ordenamento brasileiro regula os impactos orçamentários das renúncias de receita decorrentes de tais programas e sua relação com o controle realizado pelo TCU.

1.1 Incentivos tributários

A primeira seção deste capítulo buscará identificar o conceito de *incentivos tributários* como técnica que, implementada pela via da política fiscal, objetiva realizar finalidades que transcendem a arrecadação de recursos para financiar as despesas públicas.

A primeira subseção aborda a atuação do Estado no domínio econômico, com foco nas técnicas de intervenção por meio da atividade administrativa de fomento, com o fim de demonstrar que o instrumental financeiro pode ser manejado para a implementação de políticas que, seja pela receita ou pela despesa, visam atingir objetivos específicos, que justificam a própria intervenção.

Na segunda subseção, o livro propõe uma conceituação de *incentivo tributário* partindo das figuras próximas e conexas – como benefícios e incentivos fiscais – de forma a apresentá-lo como política pública estruturada para a obtenção de objetivos específicos, que devem orientar a atividade de controle desenvolvida pelo TCU.

A terceira subseção é dedicada a estabelecer as diferenças de regime jurídico aplicável aos programas de incentivo tributário incondicionado e condicionado que afetam a atividade de controle desenvolvida pelo TCU.

1.1.1 Justificação da atuação do Estado no domínio econômico

O Estado moderno não é neutro em relação ao mercado e é papel da Constituição Econômica – que consiste no "sistema de normas constitucionais que tem por objeto os valores que orientam a estrutura econômica, pela integração jurídica entre a atuação dos particulares e do Estado na Economia"[19] – dar a ele maior ou menor margem de liberdade na regulação da economia.[20]

Na realização dos objetivos da atuação do Estado no domínio econômico, a Constituição Financeira oferece os meios para a realização dos valores estabelecidos pela Constituição Econômica. Os mecanismos

---

[19] TORRES, Heleno Taveira. *Direito constitucional financeiro*. São Paulo: Saraiva, 2014, p. 166.

[20] COUTO E SILVA, Clovis Veríssimo do. A ordem jurídica e a economia. *Revista do Serviço Público*. Brasília, v. 110, n. 2, p. 91-99, 1982, p. 92-93.

financeiros contribuem "com as ações do Estado e com as medidas interventivas ou da Constituição dirigente".[21,22]

A atuação estatal no domínio econômico engloba tanto os serviços públicos quanto as medidas implementadas na regulação da atividade econômica em sentido estrito. Estas últimas podem ser classificadas como ações ou medidas interventivas,[23] e acontecem "quando o Estado age intrometendo-se na atividade em princípio reservada aos particulares".[24]

A intervenção do Estado no campo das atividades econômicas em sentido estrito pode ser representada por medidas diretas – nas quais o Estado assume os meios de produção ou atua em regime de monopólio (absorção) ou desenvolve apenas parcelas da atividade econômica em concorrência com os particulares (participação) –, que representam a *intervenção no domínio econômico*, ou indiretas – em um contexto em que as medidas são desenvolvidas por meio da regulação do processo econômico, tanto por mecanismos compulsórios (direção) quanto por incentivos destinados a induzir os agentes privados a realizarem comportamentos pretendidos pelo Estado (indução) –, que representam a *intervenção sobre o domínio econômico*.[25]

Sob qualquer forma, a atuação do Estado *no* (ou *sobre o*) domínio econômico sempre deve estar orientada à realização de objetivos fixados pela política econômica de maneira sistemática. Nas palavras de Lúcia Valle Figueiredo, a intervenção do Estado na ordem econômica "justifica-se se e na medida da consagração dos valores assinalados no texto constitucional".[26]

---

[21] TORRES, Heleno Taveira. *Direito constitucional financeiro*. Op. cit., p. 179.

[22] José Casalta Nabais entende que a Constituição Econômica garante ao Estado a possibilidade de estabelecer diretrizes para economia, e a Constituição Financeira fornece os instrumentos jurídicos para o exercício desse aspecto de sua soberania. O autor denuncia a redução da soberania da nação portuguesa, que, desde a entrada na União Europeia, perdeu a capacidade real de definir os rumos de sua economia e, com o tratado de ajuste fiscal assinado com o bloco em 2008, se vê cada vez mais alijada da possibilidade do manejo de instrumentos financeiros para atingir objetivos na ordem econômica (NABAIS, José Casalta. Reflexões sobre a constituição econômica, financeira e fiscal portuguesa. *Revista de Direito Público da Economia – RDPE*. Belo Horizonte, v. 12, n. 47, p. 153-174, jul./set. 2014).

[23] GRAU, Eros Roberto. *A ordem econômica na constituição de 1988*. 8. ed. São Paulo: Malheiros, 2003, p. 93.

[24] HORVATH, Estevão. *Contribuições de intervenção no domínio econômico*. São Paulo: Dialética, 2009, p. 62.

[25] GRAU, Eros Roberto. *A ordem econômica...* Op. cit., p. 127.

[26] FIGUEIREDO, Lúcia Valle. Reflexões sobre a intervenção do Estado no domínio econômico e as contribuições interventivas. In: MACHADO, Hugo de Brito (coord.). *As contribuições no sistema tributário brasileiro*. São Paulo: Dialética, 2003, p. 391-401, p. 391.

A relação finalística da intervenção do Estado na ordem econômica impõe o planejamento como elemento de racionalidade que qualifica a sua atuação.[27] O planejamento permeia e orienta toda a atuação estatal, sendo a política fiscal uma das formas de agir do Estado para realizar os objetivos da ordem econômica, impondo a adoção de um conjunto de normas que integrem um todo coerente e sistematizado, com vistas a realizar os fins pretendidos.[28] A política fiscal, assim, é tomada como "o conjunto de medidas financeiras (despesas públicas, impostos, empréstimos, etc.) empregadas pelos governos para o comando da conjuntura econômica".[29] Por meio dela é possível realizar ajustes deliberados para promover maior estabilidade econômica,[30] a partir de ações corretivas ou compensatórias.[31]

A atuação estatal via política fiscal para atingir objetivos de ordem econômica foi consagrada pela obra de John Maynard Keynes, que ressaltava a importância de instrumentos tributários e financeiros para a conservação do equilíbrio econômico.[32] Ela é definida em função dos objetivos que pretende atingir, ostentando, pois, uma natureza finalística.[33]

O planejamento é um elemento de integração entre os objetivos mais abstratos da atuação estatal com aqueles específicos que se pretende atingir com uma medida de política fiscal.[34]

A política fiscal é um instrumento da política econômica, ao que deve ser coordenada com outros instrumentos, como a política monetária, creditícia e cambial, formas de controle direto da economia e de

---

[27] GRAU, Eros. *Planejamento econômico e regra jurídica*. 1977. 262 p. Tese (Livre-Docência em Direito) – Faculdade de Direito, Universidade de São Paulo, São Paulo, 1977, p. 25.

[28] SCAFF, Fernando Facury. *Responsabilidade do Estado intervencionista*. São Paulo: Saraiva, 1990, p. 51.

[29] BALEEIRO, Aliomar. *Uma introdução à ciência das finanças*. 15. ed. Rio de Janeiro: Forense, 1998, p. 29.

[30] KAUFMANN, Mateo. *El equilibrio del presupuesto*. Madrid: Editorial de Derecho Financiero, 1964, p. 41.

[31] SILVA, Gerson Augusto da. *A política tributária como instrumento de desenvolvimento*. 2. ed. Brasília: ESAF, 2009, p. 88.

[32] BALEEIRO, Aliomar. *Uma introdução...* Op. cit., p. 29.

[33] SILVA, Gerson Augusto da. *A política tributária...* Op. cit., p. 88.

[34] BOUAERT, Claeys. Reflexões sobre as bases de uma política fiscal. *In*: TAVOLARO, Agostinho Toffoli; MARTINS, Ives Gandra da Silva. *Princípios tributários no direito brasileiro e comparado*: estudos em homenagem a Gilberto de Ulhôa Canto. Rio de Janeiro: Forense, 1988. p. 371-392, p. 372.

adaptação institucional, para a realização dos fins preconizados pelo planejamento para a economia como um todo.[35]

O planejamento como elemento estrutural das medidas interventivas estatais é uma decorrência do caráter excepcional da atuação estatal no domínio econômico. Essa excepcionalidade deriva da eleição da livre inciativa como valor estruturante da ordem econômica brasileira, que torna inviável a adoção de medidas totalizantes e que afastam, por completo, a liberdade de atuação dos agentes econômicos.[36]

O reconhecimento da livre inciativa como um dos pilares da ordem econômica significa que o Estado deve agir excepcionalmente, garantindo o máximo de liberdade aos agentes econômicos.[37]

Porém, defender a excepcionalidade da atuação estatal no domínio econômico não significa aceitar que a possibilidade de o Estado atuar na economia seja subsidiária e decorrente da incapacidade do fornecimento de bens e serviços na economia pelos agentes do mercado.[38] Tal compreensão do chamado "princípio da subsidiariedade", que o apresenta como limite material à atuação estatal, decorre de uma interpretação hiperexpansiva do princípio da livre iniciativa,[39] que não é compatível com a ordem econômica fundada pela Constituição de 1988, que, em uma perspectiva macroeconômica, atribui ao Estado o papel de estabelecer objetivos comuns para toda a sociedade e de, na sua busca, coordenar os comportamentos individuais.[40]

Embora a Constituição Econômica assegure a liberdade de iniciativa como valor da ordem econômica, não atribui a esse valor qualquer

---

[35] NUSDEO, Fábio. *Da política econômica ao direito econômico*. 1977. 197 p. Tese (Livre-Docência em Direito) – Faculdade de Direito, Universidade de São Paulo, São Paulo, 1977, p. 89.

[36] BARROSO, Luis Roberto. A ordem econômica constitucional e os limites à atuação estatal no controle de preços. *Revista de Direito Administrativo*, FGV, Rio de Janeiro, n. 226, p. 187-2012, out./dez. 2001, p. 205.

[37] SCHOUERI, Luís Eduardo. *Normas tributárias...* Op. cit., p. 54.

[38] Nesse sentido, Floriano de Azevedo Marques Neto defende que a "ação estatal só será justificável na medida em que os organismos autônomos sejam incapazes de atender às necessidades sociais" (MARQUES NETO, Floriano de Azevedo. Limites à abrangência e à intensidade da intervenção estatal. *Revista Eletrônica de Direito Administrativo Econômico (REDAE)*. Salvador, Instituto Brasileiro de Direito Público, n. 4, nov. 2005/jan. 2006. Disponível em: http://www.direitodoEstado.com.br/redae.asp. Acesso em: 22 jan. 2021).

[39] SOUZA NETO, Cláudio Pereira de; MENDONÇA, José Vicente Santos de. Fundamentalização e fundamentalismo na interpretação do princípio constitucional da livre iniciativa. *In*: SOUZA NETO, Cláudio Pereira de; SARMENTO, Daniel. *A constitucionalização do direito*: fundamentos teóricos e aplicações específicas. Rio de Janeiro: Lúmen Juris, 2007, p. 709-741.

[40] BERCOVICI, Gilberto; OCTAVIANI, Alessandro. Direito e subdesenvolvimento. *In*: OCTAVIANI, Alessandro. *Estudos, pareceres e votos de direito econômico*. São Paulo: Singular, 2014, p. 65-84, p. 69.

tipo de precedência em relação aos demais.[41] Ao lado da livre iniciativa, a cabeça do artigo 170 da Constituição da República Federativa do Brasil (CRFB) também consagra a valorização do trabalho no rol das principais diretrizes da atuação estatal na Economia.[42]

Embora a chamada "Lei da Liberdade Econômica" (Lei n. 13.874, de 20 de setembro de 2019) aponte como princípio interpretativo "a intervenção subsidiária e excepcional do Estado sobre o exercício das atividades econômicas" (art. 2º, inciso III),[43] a compreensão da subsidiariedade não pode se dar afastada da excepcionalidade. Ser subsidiária e excepcional não significa que existam campos em que o Estado não pode intervir, apenas que a implementação de medidas no domínio econômico deve ser motivada em função os objetivos pretendidos.[44]

1.1.1.1 Fomento por meio da tributação

A função de incentivo é um dos papéis atribuídos ao Estado brasileiro no domínio econômico, que compreende a intervenção por meio da indução de relações de economia de mercado ou oferecimento de condições favoráveis para o atingimento de finalidades públicas objetivadas pela política econômica adotada. Nesse contexto, não há que se falar em ações adotadas em caráter cogente ou impositivo.[45]

A atividade administrativa de fomento compreende o uso de técnicas econômicas que estimulam (fomentam) a atividade privada e engloba a concessão de vantagens fiscais, créditos públicos e

---

[41] Não se trata de uma ordem econômica da livre inciativa, como defende Hugo de Brito Machado (MACHADO, Hugo de Brito. Ordem econômica e tributação. *In*: FERRAZ, Roberto (coord.). *Princípios e limites da tributação*: v. 2: os princípios da ordem econômica e a tributação. São Paulo: Quartier Latin, 2009, p. 375-396, p. 376).

[42] ANDRADE, José Maria Arruda de. *Economização do direito concorrencial*. São Paulo: Quartier Latin, 2014, p. 170.

[43] BRASIL. *Lei n. 13.874, de 20 de setembro de 2019*. Disponível em: http://www.planalto.gov. br/ccivil_03/_ato2019-2022/2019/lei/L13874.htm. Acesso em: 10 abr. 2022.

[44] Como explica Silvia Faber Torres, "tem-se, assim, na competência interventiva estatal, ou na 'ordem corretiva imposta', uma medida de *exceção*. A função do Estado na vida econômica, nesse diapasão, é subsidiária em relação aos indivíduos e grupos sociais, se manifestando sob a forma de *ajuda* para eliminar as disfunções que desumanizam a ordem espontânea" (TORRES, Silvia Faber. *O princípio da subsidiariedade no direito público contemporâneo*. Rio de Janeiro: Renovar, 2001, p. 154).

[45] ADRI, Renata Porto. Da função estatal de planejar a atividade econômica: breves considerações sobre o art. 174 da Constituição Federal. *In*: SPARAPANI, Priscila; ADRI, Renata Porto (coord.). *Intervenção do Estado no domínio econômico e social*: homenagem ao Professor Celso Antônio Bandeira de Melo. Belo Horizonte: Fórum, 2010, p. 145-158, p. 148.

subvenções.[46] Trata-se de uma modalidade de ação governamental que visa proteger ou incentivar atividades dos particulares que realizam necessidades públicas ou de interesse geral, sem utilizar mecanismos de coação direta ou criar serviços públicos.[47]

A atividade administrativa de fomento consiste em "uma atividade de estímulo e pressão, realizada de modo não coativo, sobre os cidadãos e grupos sociais, para imprimir um determinado sentido a sua atuação".[48] Esses estímulos de caráter econômico podem ser introduzidos por meio da política fiscal.

Pela via indireta dos estímulos e desestímulos, o Estado busca influir sobre o comportamento do mercado, "introduzindo distorções no sistema de preços com vistas a condicionar as decisões dos particulares".[49] Por essa toada, as medidas de política fiscal configuram hipóteses de intervenção sobre o domínio econômico na modalidade de indução.[50]

Na perspectiva econômica, os ingressos e os gastos públicos exercem, inevitavelmente, influência na economia. Partindo dessa premissa, os objetivos da política fiscal, buscados por meio de medidas restritivas ou expansionistas, podem ser obtidos tanto por meio dos gastos quanto pelo lado das receitas.

Na via do gasto, a concessão de subvenções públicas é a representação da atividade administrativa de fomento por excelência.[51] Ela se caracteriza como uma prestação pecuniária realizada pelo Estado a um sujeito de direito privado, "ao qual corresponde aplicar os valores percebidos, desinteressadamente e com concorrência de recursos ou bens próprios, no desenvolvimento de uma atividade revestida de interesse público".[52]

---

[46] ORTEGA, Ricardo Rivero. *Derecho administrativo económico*. 5. ed. Madri: Marcial Pons, 2009, p. 177.

[47] POZAS, Luis Jordana de. Ensayo de una teoría del fomento en el derecho administrativo. *Revista de Estudios Políticos*, n. 48, p. 44-54, 1949, p. 46.

[48] No original "*una actividad de estímulo y presión, realizada de modo no coactivo, sobre los ciudadanos y grupos sociales, para imprimir un determinado sentido a su actuación.*" (ORTIZ, Gaspar Ariño. *Principios de derecho público económico*. Granada (ESP): Marcial Pons, 1999, p. 290).

[49] NUSDEO, Fábio. *Da política econômica...* Op. cit., p. 89.

[50] Gaspar Ariño Ortiz ressalta a importância da política fiscal como instrumento de atuação do Estado nos campos da atividade econômica que são de responsabilidade da economia privada. Por meio dela, a Administração Pública pode orientar, incentivar ou dissuadir os agentes econômicos para a produção de determinados bens e serviços necessários para a coletividade (ORTIZ, Gaspar Ariño. *Principios...* Op. cit., p. 290).

[51] ORTEGA, Ricardo Rivero. *Derecho...* Op. cit., p. 177.

[52] VALIM, Rafael. *A subvenção no direito administrativo brasileiro*. São Paulo: Contracorrente, 2015, p. 89.

O fomento pela via da despesa pública não se limita à figura das subvenções. O ordenamento jurídico brasileiro admite que outros incentivos financeiros – como créditos facilitados ou mesmo restituição de parcela de tributos pagos[53] – sejam utilizados para o estímulo de atividades econômicas que realizem objetivos de interesse social.[54]

Pelo lado da receita, as desonerações tributárias são a principal modalidade de estímulo positivo implementada pela política fiscal que, por meio da redução ou diferimento dos custos de produção, busca induzir o comportamento dos agentes econômicos em um determinado sentido.[55]

Além dos incentivos positivos, é importante destacar também o papel do Estado na introdução de estímulos negativos, com o agravamento da tributação incidente sobre determinadas atividades,[56] de forma a desestimular algumas atividades econômicas potencialmente geradoras de custos públicos,[57] como as atividades poluidoras, nocivas ou perigosas.[58]

Para Estevão Horvath, a função atribuída ao Estado para estimular a atividade econômica, no campo tributário se restringe à utilização dos tributos com finalidades extrafiscais: "ao se pretender estimular ou desestimular determinada atividade econômica (ou social, ou cultural),

---

[53] ATALIBA, Geraldo. Subvenção municipal a empresas, como incentivo à industrialização – A impropriamente designada "Devolução de I.C.M.". *Justitia*. São Paulo, v. 33, n. 72, p. 151-156, primeiro trimestre 1971, p. 153.

[54] SILVEIRA, Alexandre Coutinho da; SCAFF, Fernando Facury. Incentivos fiscais na federação brasileira. *In*: MACHADO, Hugo de Brito (coord.). *Regime jurídico dos incentivos fiscais*. São Paulo: Malheiros, 2015, p. 19-53, p. 35.

[55] MARQUES NETO, Floriano de Azevedo. Fomento. *In*: KLEIN, Aline Alícia; MARQUES NETO, Floriano de Azevedo. *Funções Administrativas do Estado*. São Paulo: RT, 2014, p. 404-508, p. 445.

[56] Nas palavras de Ruy Barbosa Nogueira: "Por meio do tributo o poder público poderá fomentar uma atividade, como poderá restringi-la ou até impedir uma atividade ilícita." (NOGUEIRA, Ruy Barbosa. *Curso de direito tributário*. 9. ed., São Paulo: Saraiva, 1989. p. 186).

[57] Como exemplo desta atuação do Estado para desincentivar atividades potencialmente danosas ao meio ambiente, Fabio Goulart Tomkowski ressalta a utilização dos chamados "tributos pigouvianos", como instrumento para a criação artificial de "um custo a ser arcado pelos poluidores, de caráter majoritariamente extrafiscal, incentivando a mudança de comportamento por parte deles e dos consumidores de produtos poluentes" (TOMKOWSKI, Fábio Goulart. *Direito tributário e heurísticas*. São Paulo: Almedina, 2017, P.101).

[58] FERRAZ, Roberto. *Taxa instrumento de sustentabilidade*. São Paulo: Quartier Latin, 2013, p. 283.

PROGRAMAS DE INCENTIVO TRIBUTÁRIO | 39

deve-se tributar as suas consequências de modo mais gravoso no primeiro caso e incentivar (isentando, por exemplo), no segundo".[59] Embora os instrumentos de receita e de despesa, manejados pela atividade administrativa de fomento, estejam sujeitos a regimes jurídicos diferentes,[60] todos representam uma modalidade de intervenção no domínio econômico, voltada à realização de um objetivo específico. Esta relação de finalidade presente na modalidade de fomento está atrelada a todas as dimensões do planejamento que perpassam a estruturação do programa. Seja uma subvenção ou um instrumento tributário (como uma isenção, diferimento, remissão etc.), sua concessão deve estar inserida nas diretrizes estabelecidas pela política econômica para a atuação do Estado, sua implementação depende de compatibilização com o sistema orçamentário e sua estruturação deve mobilizar o instrumento escolhido (pela despesa ou receita) para a realizar o objetivo pretendido.

O planejamento das medidas de fomento, portanto, é um elemento fundamental que permite o exercício da atividade de controle, possibilitando um juízo relacional entre o meio escolhido e os objetivos que se pretendem atingir.

1.1.2 Incentivos tributários como instrumento de políticas públicas

A tributação também possui uma função regulatória[61] e, por meio dela, o Estado pode desenvolver a atividade administrativa de fomento, estimulando ou desestimulando uma atividade.[62]

A utilização da tributação como instrumento de fomento passa pelo conceito de benefícios fiscais, denominação ampla que, a partir do art. 165, §6º, da CRFB, engloba tanto os benefícios financeiros e creditícios, realizados por meio de fundos e investimentos do governo,

---

[59] HORVATH, Estevão. *Contribuições...* Op. cit., p. 76.
[60] Nesse sentido: BORGES, José Souto Maior. Subvenção financeira, isenção e dedução tributárias. *Revista de Direito Público*, v. 8, n. 41-42, p. 43-54, jan./jun. 1977; BANDEIRA DE MELLO, Celso Antônio; ATALIBA, Geraldo. Subvenções: natureza jurídica: não se confundem com isenções: irretroatividade da lei: direito adquirido não gozado. *Revista de Direito Público*, n. 20, p. 85-100, 1972.
[61] MÉLEGA, Luiz. O poder de tributar e o poder de regular. *Direito Tributário Atual*. São Paulo: IBDT, p. 1.769-1.812, 1987-1988; AVI-YONAH. Reuven S. Os três objetivos da tributação. *Revista de Direito Tributário Atual*. São Paulo: Dialética, n. 22, p. 7-29, 2008.
[62] NOGUEIRA, Ruy Barbosa. *Curso de direito tributário*. 9. ed. São Paulo: Saraiva, 1989, p. 186.

quanto os benefícios tributários, relativos a medidas de desoneração implementadas para a promoção do desenvolvimento econômico ou social.[63]

A ideia de benefício fiscal compreende situações vantajosas ou benéficas que, no campo da tributação, afastam tanto a necessidade de prestar tributo (obrigação principal) quanto os custos de conformidade a eles relacionados (obrigação acessória), independentemente de estarem associadas à realização de objetivos fixados por uma política.[64] Benefícios fiscais de natureza tributária são, pois, uma categoria ampla, que engloba a previsão de situações benéficas ao contribuinte.[65]

Os incentivos fiscais são uma modalidade de benefícios fiscais concedidos com vista a fomentar uma atividade.[66] Como aponta Estevão Horvath, "o vocábulo incentivo tem um conteúdo semântico mínimo (pelo menos) e nuclear, que significa algo que incentiva, que estimula, encoraja".[67] O Estado oferece uma situação benéfica na perspectiva fiscal para incentivar comportamentos do contribuinte que são considerados interessantes para a coletividade, ao que a noção pode ser tomada como "intuitiva", pois decorre do sentido usual das palavras *incentivo* e *fiscal*.[68]

---

[63] DINIZ, Érica; AFONSO, José Roberto. Benefícios fiscais concedidos (e mensurados) pelo Governo Federal. *Texto de Discussão IBRE*, v. 26, p. 2-25, 2014, p. 2. Disponível em: https://portalibre.fgv.br/sites/default/files/2021-03/benef_cios-fiscais-concedidos-_e-mensurados_-pelo-governo-federal.pdf. Acesso em: 02 fev. 2022.

[64] ALHO NETO, João de Souza. *Interpretação e aplicação de benefícios fiscais*. São Paulo: IBDT, 2021, p.71.

[65] Os benefícios tributários "constituem menos um privilégio conferido aos outorgados do que um benefício à coletividade, pela contribuição que podem trazer ao desenvolvimento da economia". Ou seja, eles representam exceções à igualdade tributária que se justificam em razão dos dividendos que buscam realizar (CANTO, Gilberto de Ulhôa. Incentivos fiscais (SUDENE): isenção fiscal condicionada: irrevogabilidade e inalterabilidade em detrimento do contribuinte: direito adquirido e expectativa de direito: direito intertemporal: competência da autoridade administrativa. *In*: CANTO, Gilberto de Ulhôa. *Direito tributário aplicado*: pareceres. Rio de Janeiro: Forense, 1992, p. 23-72, p. 47-48).

[66] Para Schubert de Farias Machado, "os incentivos fiscais, os benefícios fiscais e os alívios fiscais, ou qualquer meio pelo qual seja reduzida a carga tributária em relação a determinado grupo de contribuintes devido à condição das pessoas, das coisas ou das situações envolvidas, não podem ser confundidos com meros favores, e devem, antes de tudo, decorrer da necessidade de intervenção do Estado na economia visando à realização de algum interesse público primário e em estrita obediência ao princípio da isonomia, no que ficam sujeitos ao mesmo regime jurídico dos tributos aos quais digam respeito" (MACHADO, Schubert Farias. Regime jurídico dos incentivos fiscais. *In*: MACHADO, Hugo de Brito. *Regime jurídico dos incentivos fiscais*. São Paulo: Malheiros, p. 507-536, 2015, p. 509).

[67] HORVATH, Estevão. *Contribuições*... Op. cit., p. 76.

[68] MACHADO, Hugo de Brito; MACHADO SEGUNDO, Hugo de Brito. Incentivos fiscais: regime automotivo do Norte, Nordeste e Centro-Oeste: titularidade e limites. *Revista Dialética de Direito Tributário*. São Paulo, v. 138, p. 115-122, mar. 2007, p. 116.

Incentivos fiscais são compreendidos no contexto da função promocional do direito, na qual o Estado se utiliza de sanções positivas, que configuram situações vantajosas oferecidas como recompensa, para estimular comportamentos considerados socialmente úteis.[69] Nesse contexto, configuram "mecanismos institucionais indissociáveis e sempre presentes na implementação do planejamento, aos níveis regional e nacional, e cujo objetivo final é o desenvolvimento".[70]

Na perspectiva da ação estatal, os incentivos fiscais são o gênero – que abrange incentivos tributários (instrumentalizados pela receita) e financeiros (implementados via crédito público, com impacto sobre a despesa)[71] – e visam "estimular o desenvolvimento econômico de determinado setor de atividade ou região do país".[72]

Os incentivos tributários representam a utilização de normas jurídicas tributárias com vistas a obter objetivos que transcendem a finalidade arrecadatória (fiscalidade), com objetivo de estimular, induzir ou coibir comportamentos visando à realização de outros valores constitucionalmente consagrados (extrafiscalidade).[73]

Não existem tributos puramente fiscais ou extrafiscais, sendo tal qualificação aplicável às finalidades que se pretende atingir, "seja principalmente abastecer os cofres públicos, no primeiro caso, ou de estimular ou desestimular comportamentos, na segunda hipótese".[74]

Na extrafiscalidade, o perfil instrumental da norma tributária é modificado em função do escopo político que pretende atingir.[75] Trata-se do paradigma da "norma tributária indutora", que "vincula a determinado comportamento um consequente, que poderá consistir em

---

[69] BOBBIO, Norberto. *Da estrutura à função*. Barueri: Manole, 2007, p. 24.

[70] MELO FILHO, Álvaro. *Teoria e prática dos incentivos fiscais*: introdução ao direito premial. Rio de Janeiro: Eldorado, 1976, p. 172.

[71] LIMA, Rogério. Incentivo tributário. *In*: MACHADO, Hugo de Brito. *Regime jurídico dos incentivos fiscais*. São Paulo: Malheiros, 2015, p. 482-506, p. 495; TRENNEPOHL, Terence Dorneles. *Incentivos fiscais no direito ambiental*: para uma matriz energética limpa e o caso do etanol brasileiro. 2. ed. São Paulo: Saraiva, 2011, p. 124-127.

[72] CALDERARO, Francisco Roberto Souza. *Incentivos fiscais à exportação*. São Paulo: Resenha Tributária, 1973, p. 17

[73] ATALIBA, Geraldo. IPTU: progressividade. *Revista de Direito Público*. São Paulo: RT, v. 23, n. 93, p. 233-238, jan./mar. 1999, p. 234; CARRAZZA, Elisabeth Nazar. *IPTU e progressividade, igualdade e capacidade contributiva*. 2. ed. São Paulo: Quartier Latin, 2015, p. 96.

[74] HORVATH, Estevão. *O princípio do não-confisco no direito tributário*. São Paulo: Dialética, 2002, p. 88.

[75] MITA, Enrico de. *Principi di diritto tributario*. Milano: Giuffrè, 2011, p. 98-99.

vantagem (estímulo) ou agravamento de natureza tributária".[76] Nesse contexto, quando o Estado incentiva ou desincentiva um comportamento, o principal critério de justificação e controle da norma tributária deixa de ser a capacidade contributiva, que "cede ante a presença de interesse público de natureza social ou econômica".[77]

Compreender as relações entre capacidade contributiva e extrafiscalidade é importante para que não se confundam incentivos tributários com outras hipóteses em que a incidência da norma tributária é afastada justamente em razão da ausência da primeira.[78]

As imunidades, por exemplo, representam fatos que são qualificados por normas constitucionais para excluí-los da tributação (hipóteses de incompetência).[79] Nesses casos, a ausência de capacidade contributiva é reconhecida pela própria Constituição, que considera que os fatos imunes não representam manifestação econômica tributável,[80] uma vez que o resultado da atividade do contribuinte é integralmente aplicado na realização de valores consagrados constitucionalmente como de interesse social.[81]

As isenções técnicas também representam uma classe de normas que afastam a incidência de outras normas tributárias, com o fim de garantir que fatos que não representem capacidade contributiva não sejam atingidos pela tributação. Essas não se confundem com as chamadas "isenções extrafiscais" (incentivos), que são concedidas quando o legislador deseja incentivar ou favorecer determinada atividade econômica.[82]

---

[76] SCHOUERI, Luís Eduardo. *Normas...* Op. cit., p. 30.

[77] COSTA, Regina Helena. *Princípio da capacidade contributiva*. 4. ed. São Paulo: Malheiros, 2012, p. 76.

[78] Victor Uckmar ressaltava que "a obrigação tributária não pode surgir onde falte totalmente capacidade contributiva e, somente onde esteja presente, torna-se metro de medida do saque tributário" (UCKMAR, Victor. Diretrizes da Corte Constitucional Italiana em matéria tributária. *Revista de Direito Tributário*, v. 10, n. 38, p. 7-17, out./dez. 1986, p. 11).

[79] CARVALHO, Paulo de Barros. *Curso de direito tributário*. 29. ed. São Paulo: Saraiva, 2018. p. 205.

[80] NOGUEIRA, Ruy Barbosa. Impostos direitos e indiretos: entidades sem fins lucrativos. *In*: NOGUEIRA, Ruy Barbosa. *Imunidades*. São Paulo: Saraiva, 1992, p. 13-33, p. 31.

[81] Como destaca Luís Eduardo Schoueri, as imunidades representam uma modalidade de concretização do princípio da capacidade contributiva: "se o imposto é um instrumento de captação de capacidade contributiva, a sua falta implica impossibilidade de imposição" (SCHOUERI, Luís Eduardo. *Direito tributário*. 9. ed. São Paulo: Saraiva, 2019, p. 435).

[82] SEIXAS FILHO, Aurélio Pitanga. *Teoria e prática das isenções tributárias*. 2. ed. Rio de Janeiro: Forense, 1999, p. 22-23.

Também não representam fins extrafiscais normas que estabelecem a destinação do produto da arrecadação ao financiamento de um objetivo social ou econômico específico (a finalidade permanece arrecadatória, embora vinculada a um gasto específico); as introduzidas para evitar a evasão ou elisão fiscal (cuja finalidade é apoiar a arrecadação fiscal); e aquelas que, como consequência não inicialmente pretendida de sua aplicação, acabam tendo o efeito de incentivar ou desincentivar condutas (finalidade originária não era estimular comportamentos).[83]

Em todos esses casos, o instrumental tributário não foi manejado como elemento para estruturar um programa de incentivos manejados para atingir objetivos que transcendem o sistema tributário, razão pela qual não há que se falar em extrafiscalidade.

A utilização de normas tributárias para a realização de finalidades externas à arrecadação de recursos para financiar a atividade estatal não é recente,[84] porém, nos albores do século XX, se intensificou a adoção de uma postura de maior intervenção estatal da economia.[85]

Aurélio Pitanga Seixas Filho, ao analisar a diferença entre subsídios e incentivos tributários, desde os anos 1990 alerta para o fato de que a proliferação dos incentivos fiscais, que denominava "subsídios indiretos", poderia ser atribuída à dificuldade dos legisladores de justificarem a concessão de uma subvenção, instrumento regido pelo regime das despesas públicas, que depende de previsão orçamentária.[86]

No plano pré-jurídico, é alternativa a escolha entre utilizar uma subvenção ou um instrumento tributário (como a isenção) para a realização de determinado objetivo,[87] sendo a primeira outorgada *para que*

---

[83] CRESPO, César Augusto Domínguez. *Los fines extrafiscales de los tributos*. Ciudad de México: Porrúa, 2014, p. 31-54.

[84] Antonio Roberto Sampaio Dória localiza em meados do século XVIII a utilização do tributo como elemento coadjuvante das regulamentações implementadas pelo Poder Público. O autor aponta que, como este instrumento atua pela via indireta, era "política e psicologicamente recomendável onde a atuação direta suscitaria protestos ou tropeçaria em óbices práticos de execução" (SAMPÁIO DÓRIA, Antônio Roberto. *Direito constitucional tributário e "due process of law"*. 2. ed. Rio de Janeiro: Forense, 1986, p. 175).

[85] Nos Estados Unidos da América do Norte, a doutrina aponta a década de 1930 como o ponto de intensificação da utilização de ajustes deliberados na receita e na despesa para atingir objetivos de estabilidade econômica (PECHMAN, Joseph A. *Federal Tax Policy*. 5. ed. Washington: The Brooking Institution, 1987, p. 8; DUE, John F. *Government Finance, an Economic Analysis*. 3. ed. Homewood (US): Richard D. Irwin, 1963, p. 508).

[86] SEIXAS FILHO, Aurélio Pitanga. *Teoria...* Op. cit., p. 58.

[87] BANDEIRA DE MELLO, Celso Antônio; ATALIBA, Geraldo. Subvenções... Op. cit., p. 93.

seja realizada determinada finalidade e a segunda *apenas se* for realizada uma finalidade pelo beneficiário.[88]

Embora não se negue que incentivos tributários e subvenções estejam sujeitos a regimes jurídicos diversos para instituição e implementação,[89] estas figuras são instrumentos de intervenção no domínio econômico, por meio da atividade administrativa de fomento, e, como tal, se justificam a partir dos objetivos que pretendem atingir.

A análise do direito positivo brasileiro evidencia a equivalência de efeitos entre incentivos diretos e indiretos. No caso das subvenções para investimento, previstas na Lei n. 12.973, de 13 de maio de 2014, a própria redação do art. 30 equipara as transferências diretas (subvenções e doações) àquelas concedidas por meio de "isenção ou redução de impostos".[90] Essa hipótese demonstra que, na perspectiva do destinatário, os programas de incentivo que se utilizam de gastos diretos ou indiretos (via sistema tributário) representam a alocação econômica de recursos pelo Poder Público, em benefício dos agentes privados, com vistas à realização de objetivos específicos.

O uso de instrumentos financeiros – seja pela via da receita ou da despesa – para o incentivo de determinados comportamentos é neutro, "o bom ou o mau uso desse mesmo instrumento só pode e deve ser creditado ao legislador que o criou e ao administrador que deve vigiá-lo e sugerir seu aprimoramento".[91]

O controle dos programas de política fiscal implementados pelo lado da receita ou da despesa deve levar em conta os objetivos pretendidos no momento do planejamento da medida.

Especificamente em relação aos incentivos tributários, a atividade de controle deve ter em consideração que "o uso da extrafiscalidade acaba por produzir efeitos semelhantes àqueles alcançados mediante a aplicação dos recursos arrecadados pelo Estados (tributários e não tributários)".[92] Nessa linha, os programas de incentivo tributário representam a alocação econômica de recursos públicos, pela via indireta, no

---

[88] BORGES, José Souto Maior. Subvenção... Op. cit., p. 50.

[89] VALIM, Rafael. *A subvenção...* Op. cit., p. 89.

[90] BRASIL. *Lei n. 12.973, de 13 de maio de 2014.* Disponível em: http://www.planalto.gov.br/ccivil_03/_Ato2011-2014/2014/Lei/L12973.htm. Acesso em: 08 fev. 2022.

[91] CALDERARO, Francisco Roberto Souza. *Incentivos fiscais:* sua natureza jurídica. São Paulo: Aduaneiras, [1980], p. 37.

[92] HORVATH, Estevão. *O direito tributário no contexto da atividade financeira do Estado.* 2009. 221 p. Tese (Titularidade em Direito) – Faculdade de Direito da Universidade de São Paulo, São Paulo, 2009, p. 50.

financiamento de atividades de interesse comum e, como o tal, devem ser fiscalizados.

A extrafiscalidade, no contexto de programas de incentivo tributário, é um instrumento de promoção de uma política pública, que conta "com a participação direta dos contribuintes que, para fazem jus a determinados benefícios fiscais, ou, ainda, para não se verem onerados por cargas tributárias mais elevadas, mudam seu modo de agir".[93]

Tratar os incentivos tributários introduzidos com objetivos extrafiscais específicos como políticas públicas significa reconhecer um influxo finalístico necessário para o dimensionamento da atividade de controle.

As políticas públicas implementadas pela via da extrafiscalidade representam verdadeiros programas governamentais, como modalidade de atuação que visa atingir objetivos específicos, como se demonstrará adiante.[94]

Pensar os incentivos tributários como programas implica a necessidade de garantir sua coordenação com os objetivos estabelecidos para a atuação do Estado no domínio econômico, promover a sua compatibilidade com o sistema de leis que estabelece o orçamento público e analisar a adequação e eficácia dos instrumentos manejados em face dos resultados identificados.

A perspectiva do programa de incentivo tributário possibilita que o TCU desempenhe em relação a esta modalidade de fomento um controle finalístico, que transcende a análise formal atinente ao cumprimento dos requisitos legais pelos gestores, para vê-lo como uma política pública voltada a atingir objetivos, cuja realização deve ser acompanhada a partir dos resultados obtidos e dos custos públicos associados.

1.1.3 Incentivos condicionados e incondicionados

Os incentivos tributários podem ser estruturados a partir de uma gama de instrumentos de política fiscal que alteram a estrutura das normas de tributação para estimular ou desestimular determinados comportamentos.

O estímulo ou desestímulo pretendidos no contexto dos programas de incentivo tributário representam um *tratamento diferenciado*

---

[93] TOMÉ, Fabiana Del Padre. A extrafiscalidade... Op. cit., p. 211.
[94] Conforme exposto na seção 1.2.

dispensado em favor do agente beneficiado, com vistas a realizar as finalidades extrafiscais pretendidas.

Esta interpretação está lastreada no enunciado do §1º do art. 14 da Lei de Responsabilidade Fiscal (LRF), que, após enumerar exemplificativamente um conjunto de instrumentos tributários e financeiros cuja aplicação pode resultar em renúncia de receita,[95] estabelece cláusula de generalização para abranger "outros benefícios que correspondam a tratamento diferenciado".[96]

Todos os instrumentos enumerados expressamente pelo art. 14, §1º, da LRF representam elementos de política fiscal que podem reduzir a arrecadação e, portanto, implicam a necessidade de avaliar o seu impacto em sede de renúncia de receitas.

Em relação aos instrumentos que podem ser utilizados para a implementação de incentivos tributários, a LRF faz expressa referência à anistia e à remissão, que representam modalidades de extinção do crédito tributário já constituído ("a posteriori"). A lei também relaciona a isenção em caráter não geral e as alterações de alíquota ou modificação de base de cálculo que representam redução discriminada de tributos, que são modalidades de desoneração que impedem o surgimento do vínculo jurídico tributário ("a priori").[97]

Para além das desonerações, é possível que os incentivos tributários também sejam estruturados a partir de normas tributárias cuja aplicação não necessariamente represente renúncia de receita. Eles podem operar sobre obrigações acessórias, por exemplo, garantindo um regime jurídico específico para setores determinados, com vistas a facilitar o cumprimento dos deveres instrumentais.[98] Nesses casos, embora a norma conceda benefício decorrente de um tratamento diferenciado a alguns setores, não haveria, necessariamente, custos públicos envolvidos, embora, a rigor, caiba ao gestor demonstrar essa neutralidade, pois a parte final do art. 14, §1º, da LRF estende esse dever a toda e qualquer condição que outorgue tratamento diferenciado.

---

[95] HENRIQUES, Elcio Fiori. *O regime jurídico...* Op. cit., p. 97.

[96] BRASIL. *Lei Complementar n. 101, de 04 de maio de 2000 (Lei de Responsabilidade Fiscal – LRF).* Disponível em: http://www.planalto.gov.br/ccivil_03/leis/lcp/lcp101.htm. Acesso em: 11 jan. 2022.

[97] BORGES, José Souto Maior. *Teoria geral da isenção tributária.* 3. ed. São Paulo: Malheiros, 2001, p. 211-217.

[98] ALHO NETO, João de Souza. *Interpretação...* Op. cit., p. 71.

Independentemente do instrumento utilizado, os incentivos tributários que visam fomentar a atividade de um conjunto determinado – e excludente em relação ao regime regular – de sujeitos podem ser estruturados com ou sem a exigência de condições ou contrapartidas dos beneficiados.

Nos programas de incentivo tributário condicionado, o benefício tributário é restrito àqueles sujeitos que atendem a alguns requisitos e se comprometerem a realizar contrapartidas. Ao assumir a realização das condições como contrapartida ao benefício recebido, os contribuintes firmam contratos fiscais[99] com a Administração, estabelecendo um vínculo sinalagmático e oneroso, que conecta as partes e não pode ser suprimido unilateralmente.[100]

A implementação desses programas exige a emissão de um ato de concessão, que tem natureza declaratória em relação ao cumprimento dos requisitos para acesso ao favor fiscal e sua eficácia reporta-se "à data da verificação dos pressupostos de facto dos benefícios".[101]

Nos programas estruturados a partir de benefícios condicionados, apenas parte do universo de contribuintes é atingido pela norma tributária que estabelece a condição favorável. Isso porque o acesso ao benefício depende do preenchimento de condições de legitimação, previstas em lei como condição para a sua fruição, bem como do cumprimento das próprias contrapartidas durante a sua fruição. Caso não sejam cumpridos os requisitos ou condições, o acesso ao incentivo pode ser revogado.[102]

Os programas de incentivo incondicionado são aqueles em relação aos quais não há a exigência de contrapartidas dos beneficiários para o acesso a condições favoráveis.[103] Nesses casos, a condição benéfica é oriunda da própria norma tributária e sua aplicação não depende do cumprimento de condições onerosas pelos beneficiários.

Nos programas de incentivo tributário incondicionado, o acesso ao tratamento diferenciado é conferido a todos aqueles sujeitos que

---

[99] POLIZELLI, Victor Borges. *Contratos fiscais*: viabilidade e limites no contexto do direito tributário brasileiro. 2013. 305 p. Tese (Doutorado em Direito) – Faculdade de Direito, Universidade de São Paulo, São Paulo, 2013, p. 139.

[100] BINENBOJM, Gustavo. Benefícios fiscais como regulação por incentivos. *In*: BINENBOJM, Gustavo. *Estudos de direito público*. Rio de Janeiro: Renovar, 2015, p. 275-300, p. 297.

[101] NABAIS, José Casalta. *Direito fiscal*. 10. ed. Coimbra: Almedina, 2017, p. 406.

[102] TORRES, Ricardo Lobo. Anulação de benefícios fiscais: efeitos no tempo. *Revista dialética de Direito Tributário*. São Paulo, n. 121, p. 127-146, out. 2005, p. 142.

[103] BORGES, José Souto Maior. *Teoria*... Op. cit., p. 79.

integram o universo de destinatários da norma fomentadora, independentemente da exigência do cumprimento de condições, o que garante a realização dos princípios da igualdade na tributação e da capacidade contributiva (art. 150, inciso II, e 145, §2º, da CF).[104]

Como não há exigência de contrapartidas, trata-se de uma relação de fomento unilateral, que estará vigente enquanto a lei criadora do programa produzir efeitos no ordenamento jurídico.

Tanto em programas de incentivo condicionado quanto naqueles de incentivo incondicionado, a estruturação de um programa de incentivo tributário – no qual a ação administrativa é mobilizada com vistas a obter objetivos específicos por meio do fomento da atividade dos agentes privados – cria expectativas legítimas nos beneficiários, cuja manutenção é garantida pelo princípio da proteção à confiança, um corolário da segurança jurídica,[105] destinado a proteger a boa-fé do contribuinte,[106] que mobilizou recursos e orientou sua atividade confiando na estabilidade da atuação administrativa.[107]

Embora a proteção da confiança seja um valor aplicável tanto a incentivos condicionados quanto a incondicionados, a forma como o ordenamento a tutela é diferente.

Nos programas de incentivo tributário condicionado, ao exigir contrapartidas dos destinatários, a ação do Estado cria expectativas legítimas em relação à manutenção das condições oferecidas pela lei instituidora.[108] Uma vez cumpridas as contrapartidas pelo beneficiário, a legítima proteção da sua confiança depende da manutenção do ato de concessão, pelo prazo estabelecido em lei.

O ordenamento positivo brasileiro, por meio do Código Tributário Nacional (CTN), reconhece e protege a confiança legítima derivada dos

---

[104] SAMPÁIO DÓRIA, Antônio Roberto. *Direito...* Op. cit., p. 149.

[105] Para Heleno Taveira Torres, "a confiança protegida é aquela que se vê provada nas suas repercussões jurídicas a partir de uma comparação entre o estado prévio de confiança e a ação ou reação estatal incoerente com aquele 'estado de confiança' objetivamente evidenciado. Essa objetividade da confiança virá identificada pela 'legitimidade' dos modos de manifestação, como transparência de atividades, acesso a informações, atuação conforme a pretensão alegada e outros, de sorte a justificar o 'estado de expectativa de confiança legítima' ao longo do exercício do direito ou na sua omissão." (TORRES, Heleno Taveira. *Direito constitucional tributário e segurança jurídica*. São Paulo: RT, 2004, p. 222).

[106] COUTO E SILVA, Almiro do. O princípio da proteção a confiança e a teoria da invalidade dos atos administrativos no direito brasileiro. *In*: COUTO E SILVA, Almiro do. *Conceitos constitucionais do direito no Estado constitucional*. São Paulo: Malheiros, 2015, p. 91-119.

[107] TORRES, Ricardo Lobo. Anulação... Op. cit., p. 132.

[108] RUBINSTEIN, Flávio. *Boa-fé objetiva no direito financeiro e tributário*. São Paulo: Quartier Latin, 2010, p. 171.

programas de incentivo tributário condicionado. Em relação às isenções concedidas mediantes contrapartidas, o Código admite a sua revogação ou modificação por lei apenas nos casos em que o benefício não for concedido "por prazo certo e em função de determinadas condições" (art. 178 do CTN).[109] Pela negativa, a referida norma "deixa evidente que se se tratar de isenção onerosa, ou seja, concedida mediante o preenchimento de certas condições e por prazo certo, não pode ser revogada por lei posterior até que ocorra o seu termo final".[110]

A partir do art. 178 do CTN, é possível compreender que nem uma lei posterior, que cesse a possibilidade de concessão de novos vínculos de isenção condicional, tem o poder de afetar os contratos já firmados.

Tratando da moratória concedida em caráter individual, o CTN reconhece que ela pode ser revogada apenas se for apurado "que o beneficiado não satisfazia ou deixou de satisfazer as condições ou não cumprira ou deixou de cumprir os requisitos para a concessão do favor" (art. 155 do CTN). Seu enunciado já indica que, caso o beneficiário cumpra os requisitos, não há liberdade para revogação do ato de concessão. Essa mesma regra é aplicável, por referência legislativa expressa, às isenções condicionadas supramencionadas (art. 179, §2º, do CTN), mas também ao parcelamento (art. 155-A, §2º do CTN), à remissão (art. 172, parágrafo único, do CTN), à anistia (art. 182, parágrafo único, do CTN).[111] Em todos os casos, a condição para a revogação de um benefício condicionado é o descumprimento das contrapartidas pelo particular.

Embora as regras de imutabilidade previstas no CTN façam referência a instrumentos específicos, em especial às isenções onerosas, Ricardo Lobo Torres sustenta que elas "aplicam-se a qualquer benefício fiscal obtido também a prazo certo e sob determinadas condições".[112] Para o autor, esta equiparação está baseada na uniformidade de tratamento conferida pela Constituição da República (art. 156, §6º, e art. 41 do Ato das Disposições Constitucionais Transitórias – ADCT) e pela

---

[109] BRASIL. *Lei n. 5.172, de 25 de outubro de 1966.* Dispõe sobre o Sistema Tributário Nacional e institui normas gerais de direito tributário aplicáveis à União, Estados e Municípios. Disponível em: http://www.planalto.gov.br/ccivil_03/leis/l5172compilado.htm. Acesso em: 23 abr. 2022.

[110] MARTINS, Ives Gandra da Silva; SOUZA, Fátima Fernandes Rodrigues de. Incentivo fiscal: Lei 1.605/83: direito adquirido: opção pelos estímulos da Lei n. 1.939/93 não exercida: ausência de fundamento legal para cobrança de FMPE. *Revista Dialética de Direito Tributário.* São Paulo, n. 81, p. 163-170, jun. 2002, p. 166.

[111] BRASIL. *Lei n. 5.172, de 25 de outubro de 1966.* Op. cit.

[112] TORRES, Ricardo Lobo. Anulação... Op. cit., p. 132.

Lei de Responsabilidade Fiscal (art. 14 da LRF) a todos os instrumentos tributários que operam renúncias de receita. A jurisprudência do STF, por meio da Súmula n. 544, reconhece que a onerosidade dos benefícios, que sujeitam os particulares ao cumprimento de condições, impede sua livre supressão.[113] Diante do cumprimento das contrapartidas, na visão da corte, "corre em favor do contribuinte o instituto do direito adquirido".[114] Embora o STF tenha construído esse entendimento sobre casos em que se julgavam isenções onerosas, reputa-se que sua lógica argumentativa é aplicável a todo o universo de programas de incentivo tributário condicionado, na medida em que, como já explicitado, a Constituição da República e a LRF conferem tratamento semelhante a essas figuras. Nesse contexto, "o que importa não é a espécie de incentivos, mas o fundamento que leva à impossibilidade de revogação, que é o direito adquirido".[115]

Em relação aos programas de incentivo tributário condicionado, a proteção da confiança legítima dos beneficiários é garantia por meio da imutabilidade das condições iniciais, conferida pelo reconhecimento do direito adquirido àqueles que regularmente cumprem as contrapartidas estabelecidas.

Porém, caso haja o descumprimento das condições, a Administração Tributária tem o dever de revogar, de ofício, o ato de concessão e cobrar o crédito decorrente das operações incentivadas, acrescido dos juros de mora e penalidade, esta última condicionada aos casos de dolo ou simulação do beneficiário (art. 155 do CTN).

Nos casos de programas de incentivo tributário incondicionado, embora não haja direito à imutabilidade da situação favorável, que deriva diretamente da aplicação da norma tributária benéfica para um conjunto de sujeitos beneficiados (e não depende de um ato que estabeleça condições onerosas), qualquer alteração no regime favorável somente produzirá efeitos prospectivos. Trata-se de compreender que a revogação da situação favorável jamais pode retroagir para atingir situações consolidadas.

---

[113] Súmula 544 do STF: "isenções tributárias concedidas, sob condição onerosa, não podem ser livremente suprimidas" (BRASIL. Supremo Tribunal Federal. *Súmula n. 544*, j. 03 dez. 1969, DJ 12 dez. 1969).

[114] BRASIL. Supremo Tribunal Federal. *Recurso Extraordinário n. 169.880/SP*. Rel. Carlos Velloso, 2ª T., j. 29 out. 1996, DJ 19 dez. 1996.

[115] MARTINS, Ives Gandra da Silva; SOUZA, Fátima Fernandes Rodrigues de. Incentivo fiscal... Op. cit., p. 166.

A irretroatividade da norma que revoga incentivo tributário incondicionado já foi reconhecida pelo STF, quando da declaração da inconstitucionalidade da aplicação retroativa das alíquotas majoradas pela Lei n. 7.988, de 28 de dezembro de 1989, para o lucro proveniente de operações de exportação incentivadas pelo Decreto-Lei n. 2.413, de 10 de fevereiro de 1988. A Corte reconheceu na postura da Administração Tributária Federal de incentivar as exportações com alíquotas favoráveis para depois aumentá-las e pretender aplicar o patamar mais gravoso retroativamente uma manobra inconstitucional. Como ficou consignado na decisão, essa postura "gera extrema desconfiança sobre a lisura das práticas de arrecadação da Administração Tributária" e, portanto, "ofende de maneira direta a segurança jurídica".[116]

Embora a posição do STF nos casos de exportações incentivadas não passe livre de críticas,[117] suas decisões reconhecem que os particulares realizaram estas operações confiando na aplicabilidade das alíquotas vantajosas, e que a pretendida retroação das alíquotas mais gravosas representava uma quebra na confiança depositada.

O conjunto de decisões sobre o caso das exportações incentivadas evidencia que, mesmo em programas de incentivo incondicionado, a proteção da confiança dos contribuintes assegura que qualquer alteração nas condições favoráveis oferecidas tenha efeitos apenas para o futuro.

1.2 Programa na técnica orçamentária

Para evidenciar o papel do programa na técnica orçamentária, esta seção partirá dos fundamentos do orçamento moderno, com vistas a identificar a necessária integração das dimensões de planejamento, orçamento e controle.

A primeira subseção busca reconstruir o papel central da figura do programa como elemento central no orçamento na atualidade, que

---

[116] BRASIL. Supremo Tribunal Federal. *Recurso Extraordinário n. 183.130/PR*. Rel. Min. Teori Zavascki, Tribunal Pleno, j. 25 set. 2014, DJe n. 225, pub. 17 nov. 2014; BRASIL. Supremo Tribunal Federal. *Recurso Extraordinário com Repercussão Geral n. 592.396*. Rel. Min. Edson Fachin, Tribunal Pleno, j. 03 dez. 2015, DJe n. 054, pub. 28 mar. 2016.

[117] SCHOUERI, Luís Eduardo; GALENDI JÚNIOR, Ricardo André. Irretroatividade e função extrafiscal do tributo: elementos para superação definitiva da súmula 584 do STF. *In:* LOBATO, Valter de Souza. *Extrafiscalidade*: conceito, interpretação, limites e alcance. Belo Horizonte: Fórum, 2017, p. 141-166.

estrutura o planejamento das ações estatais e lança as bases para o controle.

A segunda subseção busca demonstrar a adoção do paradigma do orçamento-programa no direito positivo brasileiro, a partir da superação do orçamento clássico, então focado na autorização para a realização de despesas individualmente consideradas, em prol de um sistema que privilegie a atuação estatal em função dos objetivos almejados.

Na terceira subseção, apresenta-se o conceito de "programa" como elemento integrador no orçamento brasileiro e a importância da sua aplicação como guia para o controle das medidas de incentivo tributário.

1.2.1 Fundamentos do orçamento moderno

O orçamento moderno está ligado ao controle do exercício do poder estatal e, na origem desse fenômeno, está a ideia de consentimento.

O episódio da assinatura da Magna Carta de 1215 na Inglaterra,[118] no qual o Rei João Sem Terra teve o poder de tributar limitado pelos barões feudais integrantes do Conselho dos Comuns, revela uma das clássicas manifestações da necessidade de consentimento para que se possa cobrar tributos. A autorização para tributar poderia ser demandada caso o nível de gastos superasse o patamar de recursos provenientes da exploração do patrimônio estatal.[119] Nesse documento medieval,[120] o consentimento para tributar condicionava, indiretamente,

---

[118] Na tradução de Antonio Manoel Bandeira Cardoso, o art. 12 da Magna Carta previa: "Art. 12 - Não lançaremos taxas ou tributos sem o consentimento do conselho geral do reino (*commune concilium regni*), a não ser para resgate da nossa pessoa, para armar cavaleiro o nosso filho mais velho e para celebrar, mais de uma única vez, o casamento da nossa filha mais velha; e esses tributos não excederão limites razoáveis. De igual maneira se procederá quanto aos impostos da cidade de Londres" (CARDOSO, Antonio Manoel Bandeira. A Magna Carta: conceituação e antecedentes. *Revista de Informação legislativa*, v. 23, n. 91, p. 135-140, jul./set. 1986, p. 140).

[119] TORRES, Ricardo Lobo. *Tratado de direito constitucional financeiro e tributário*: o orçamento na Constituição. 2. ed. Rio de Janeiro: Renovar, 2000, v. 5, p. 3.

[120] A expressão "documento" utiliza parte da premissa de que a Magna Carta era um instrumento político excludente e destinado a assegurar os privilégios de uma elite dominante, e não uma verdadeira Constituição no sentido atual (SIQUEIRA, Gustavo Silveira. Carta Magna não é sinônimo de Constituição: uma análise do conceito no Brasil e uma breve história do documento medieval. *Revista Direito e Práxis*. Rio de Janeiro, *Ahead of print*, 2021. doi: 10.1590/2179-8966/2021/59938).

PROGRAMAS DE INCENTIVO TRIBUTÁRIO | 53

a possibilidade de realização de gastos pelo monarca acima do limite estabelecido pelas fontes próprias.[121]

O consentimento para a cobrança de impostos é um vetor que perpassa importantes marcos que influenciaram a conformação do Estado Liberal,[122] como a Declaração de Direitos inglesa de 1689, produzida no contexto da chamada "Revolução Gloriosa",[123] a Declaração do Primeiro Congresso Continental da Filadélfia de 1774, marco da independência estadunidense,[124] e a Carta de Direitos do Homem e do Cidadão de 1789, fruto da Revolução Francesa.[125]

Embora não se ignore que se trata de uma perspectiva colonizada e intraeuropeia,[126] a referência aos eventos históricos supracitados permite compreender uma ideia de consentimento para cobrar tributos como contrapartida da necessidade de recursos para o financiamento de gastos públicos. Como apontam Louis Trotabas e Jean-Marie Cotteret: "esta ideia de consentimento ou autorização é, verdadeiramente, a ideia-força das finanças públicas e o fundamento do direito orçamentário".[127]

---

[121] Como aponta Fernando Facury Scaff, "a ideia é que se debatesse, e, se fosse o caso, autorizasse a arrecadação extraordinária de receitas para a manutenção do Rei, que indiscutivelmente se encontrava submisso àquela assembleia feudal" (SCAFF, Fernando Facury. *Orçamento republicano e liberdade igual*: ensaio sobre direito financeiro, república e direitos fundamentais no Brasil. Belo Horizonte: Fórum, 2018, p. 57).

[122] Os marcos considerados adotam uma perspectiva ocidental de matriz europeia e americana (SILVA, Enio Moraes da. O Estado Democrático de Direito. *Revista de Informação Legislativa*. Brasília, v. 42, n. 167, p. 213-230, jul./set. 2005, p. 218-219).

[123] Este documento reafirmava a autoridade do parlamento para autorizar a cobrança de tributos (artigos 4 e 6). (MAER, Lucinda; GAY, Oonagh. *The Bill of Rights 1689*. Parliament and Constitution Centre. 5 out. 2009. Disponível em: https://researchbriefings.files.parliament. uk/documents/SN00293/SN00293.pdf. Acesso em: 30 dez. 2021).

[124] A declaração aponta a falta de representação legislativa dos colonos americanos no parlamento inglês como fundamento para afastar qualquer ideia de tributação, interna ou externa, para obter receitas dos cidadãos americanos sem seu consentimento (KELLY, Alfred H.; HARVISON, Winfred A. *The American Constitution*: Its Origins and Development. New York: W.W. Norton, 1948, p. 84).

[125] Nesse sentido: "Art. 14.º - Todos os cidadãos têm direito de verificar, por si mesmos ou pelos seus representantes, a necessidade da contribuição pública, de consenti-la livremente, de observar o seu emprego e de lhe fixar a repartição, a coleta, a cobrança e a duração." (FRANÇA. Declaração dos Direitos do Homem e do Cidadão. [1789]. *Embaixada da França no Brasil*, 13 jan. 2017. Disponível em: https://br.ambafrance.org/A-Declaracao-dos-Direitos-do-Homem-e-do-Cidadao. Acesso em: 30 dez. 2021).

[126] BRAGATO, Fernanda Frizzo; CASTILHO, Natália Martinuzzi. O pensamento descolonial em Enrique Dussel e a crítica do paradigma eurocêntrico dos direitos humanos. *Revista Direitos Culturais*. Santo Ângelo, v. 7, n. 13, p. 46-59, jul./dez. 2012. doi.org/10.32361/2020120210700.

[127] No original: "*Cette idée de consentement ou d'autorization est, veritablement, l'idée-force des finances publiques et le fondement du droit budgetaire.*" (TROTABAS, Louis; COTTERET, Jean-Marie. *Droit budgétaire et comptabilité publique*. 5. ed. Paris: Dalloz, 1995, p. 19).

O chamado "constitucionalismo moderno"[128] emergiu a partir da alteração da compreensão de legalidade estabelecida pelas revoluções liberais, nas quais o objetivo não era exclusivamente alterar o governante, mas conceber uma estrutura de condições para o exercício legítimo do poder, por meio de um conjunto vinculante de regras. As constituições, nesse contexto, são: estruturantes em relação ao poder estatal, na medida em que o legitimam; compreensivas, pois regulam todos os aspectos relativos ao seu exercício; e universais, dado que não excluem ninguém de seu campo de abrangência.[129]

A legalidade no paradigma constitucionalista tem reflexos diretos no orçamento, como instrumento que regula o exercício de poder no Estado de Direito. Em suas feições atuais, a lei do orçamento, expressão do consentimento, é concebida como reflexo de um princípio de legalidade material, pedra angular na relação entre os poderes do Estado.[130]

As regras, garantias e princípios que regulam a atividade financeira do Estado na constituição representam a chamada "Constituição Financeira", que é voltada para limitar a discricionariedade (como possibilidade de eleição de uma alternativa em um universo de escolhas possíveis) no exercício do poder estatal[131] e aberta em relação ao pluralismo de concepções políticas e econômicas.[132]

Em sua forma atual, o consentimento é manifestado por meio do princípio da legalidade, que – com a evolução do direito tributário e financeiro – assumiu feições diferentes para a tributação e para o orçamento público, fenômeno descrito por Estevão Horvath como "bifurcação da legalidade". Para o autor, nos tributos o consentimento é prévio e manifestado pela lei que institui a cobrança, ao passo que a autorização para gastos deve ser renovada anualmente pela lei orçamentária.[133]

Por meio da imposição da necessidade de consentimento legislativo, representado pela legalidade orçamentária, o Poder Legislativo

---

[128] Como bem aponta Ricardo Sanín Restrepo, o direito constitucional dito "moderno", de matriz europeia e americana, foi adotado nos países latino-americanos devido a um vazio provocado pela ausência de uma tradição constitucionalista de matriz local, circunstância que teria como consequência a perpetuação de uma condição de colonialidade (RESTREPO, Ricardo Sanín. *Teoría crítica constitucional*. Valencia (ES): Tirant lo Blanch, 2014, p. 139).

[129] GRIMM, Dieter. *Constitutionalism*. Oxford: Oxford University Press, 2016, p. 43.

[130] BEREIJO, Álvaro Rodrigues. Orçamento – I. *Revista de Direito Público*. São Paulo: RT, n. 94, p. 18-43, abr./jun. 1990, p. 21.

[131] TORRES, Heleno Taveira. *Direito constitucional financeiro*. Op. cit., p. 91.

[132] TORRES, Ricardo Lobo. *Tratado...* Op. cit., v. 5, p. 22.

[133] HORVATH, Estevão. *O orçamento...* Op. cit., p. 58-59.

pode conhecer, analisar e fiscalizar a atividade financeira do Estado como um todo, que compreende a fixação do volume de gastos públicos e, com isso, a pressão tributária que será imposta aos cidadãos.[134]

O orçamento tradicional, como instrumento de controle do exercício do poder, tinha como principal função o controle político. Nesse contexto, o "equilíbrio financeiro impunha-se quase que naturalmente e o volume do gasto público não chegava a pesar significativamente em termos econômicos".[135]

O chamado orçamento clássico era uma peça de previsão das receitas e de autorização das despesas individualmente consideradas, sem que fossem cogitadas as necessidades reais da administração pública ou objetivos a serem atingidos com a execução orçamentária como um todo.[136]

Com a emergência do Estado intervencionista, o papel das finanças públicas também foi alterado. Sugiram as chamadas "finanças funcionais", que representam a superação de uma postura individualista e "neutra", em prol de uma "atividade financeira orientada no sentido de influir sobre a conjuntura econômica".[137]

Com a adoção das finanças funcionais, a ideia de equilíbrio não está diretamente atrelada à elaboração do orçamento anual, mas à economia como um todo.[138] Essa transformação teve impacto direto nas técnicas orçamentárias, que precisaram ser adequadas para o atendimento dos objetivos almejados pelo planejamento econômico.[139]

A partir dessa visão instrumental das finanças públicas, surgiu o paradigma do orçamento-programa, no qual a técnica orçamentária está diretamente vinculada ao planejamento econômico e social. Se o orçamento tradicional estava limitado à função de estabelecer uma relação entre receitas e despesas, de forma a viabilizar o controle do Poder Legislativo sobre as atividades do Poder Executivo, o

---

[134] PÉREZ DE AYALA, José Luis. El principio de reserva de ley tributaria y las nuevas técnicas presupuestarias. *Revista de Direito Público*. São Paulo, RT, n. 25, p. 23-30, jul./set. 1973, p. 29

[135] GIACOMONI, James. *Orçamento público*. 18. ed. São Paulo: Atlas, 2021, p. 50.

[136] SILVA, José Afonso da. *Orçamento-programa no Brasil*. São Paulo: RT, 1973, p. 1.

[137] BALEEIRO, Aliomar. *Uma introdução...* Op. cit., p. 30.

[138] Nesse contexto, também se altera a ideia de equilíbrio, que deixa de assumir a posição de limite rígido para as despesas baseado no nível de receitas para assumir um caráter cíclico, identificado ao longo de um período (KAUFMANN, Mateo. *El equilibrio...* Op. cit., p. 102).

[139] SILVA, José Afonso da. *Orçamento...* Op. cit., p. 5.

orçamento-programa designa a técnica orçamentária que vincula o orçamento ao planejamento.[140]

O orçamento-programa é uma modalidade de orçamento que decorre do plano, sendo a lei orçamentária uma de seus componentes. Nessa modalidade, "os recursos financeiros previstos para cada unidade orçamentária, se vinculam, direta ou indiretamente, aos objetivos a serem alcançados pelo órgão".[141]

Embora existam propostas modernas de orçamentação – como o Orçamento por resultados (*Results-Based Budgeting – RBB*); Orçamento de Desempenho (*Performance budget*); Orçamento-Base Zero; Orçamento por objetivos[142] –, é importante considerar que todas estas modalidades partem do orçamento-programa e dele diferem apenas no enfoque dado a alguns aspectos do processo orçamentário.[143]

Ao adotar a ideia de orçamento-programa como paradigma, este livro busca estabelecer como unidade de sentido a superação de uma compreensão de orçamento clássica, voltada para a autorização de despesas individualmente consideradas, em prol de uma visão da orçamentação integrada com o planejamento e submetida a um controle material, que considera os objetivos que se pretende atingir com determinados programas.

O orçamento moderno é um instrumento que auxilia o Executivo na condução da Administração Pública, que parte do planejamento, passa pela execução e deságua no controle,[144] ao que, "sob qualquer de suas feições, constitui-se no plano de governo juridicizado".[145]

Embora represente um aprimoramento na forma de atuação estatal, o fundamento da ideia de orçamento permanece o mesmo: "trata-se de dinheiro público, que é recolhido do povo e para ele – sob as mais diversas maneiras – deve retornar, tudo mediante seu consentimento".[146]

---

[140] SILVA, José Afonso da. *Orçamento...* Op. cit., p. 42; KAUFMANN, Mateo. *El equilibrio...* Op. cit., p. 109.

[141] SILVA, José Afonso da. *Orçamento...* Op. cit., p. 89.

[142] BOECHAT, Stephan Righi. *Orçamento por resultados e direito financeiro*. São Paulo: Blucher, 2018, p. 40.

[143] CONTI, José Maurício. *O planejamento orçamentário da Administração Pública no Brasil*. São Paulo: Blucher, 2020, p. 25.

[144] GIACOMONI, James. *Orçamento...* Op. cit., p. 52.

[145] HORVATH, Estevão. Orçamento público e planejamento. *In*: BANDEIRA DE MELLO, Celso Antônio (org.) *Estudos em homenagem a Geraldo Ataliba*: direito tributário. São Paulo: Malheiros, 1997, p. 119-134, p. 131

[146] HORVATH, Estevão. *O orçamento...* Op. cit., p. 388.

No orçamento tradicional, o foco estava na execução: a autorização do Poder Legislativo era condição para que o Poder Executivo gastasse recursos públicos, nos limites estabelecidos. Com a adoção do orçamento-programa, o planejamento e o controle assumem papel fundamental no ciclo orçamentário.[147]

O planejamento representa a institucionalização das medidas e dos objetivos eleitos como prioridades para a execução do orçamento, figurando o Poder Legislativo como instrumento que viabiliza a participação popular na eleição das prioridades.[148] Por meio do planejamento, a execução assume um papel finalístico: o gasto deve ser realizado com vistas a atingir objetivos previamente fixados.

Por meio do planejamento, que limita a discricionariedade para escolha de uma alternativa no universo de possibilidades que se apresentam no momento da execução orçamentária, torna-se mais efetivo o exercício da atividade de controle.[149]

É importante destacar que a eleição de prioridades no planejamento não representa a obrigatoriedade de atingimento das metas fixadas.[150] Na clássica expressão de Carlos Matus, o "plano é uma aposta", que contempla fatores controláveis e não controláveis, e isso implica a necessidade de "substituir o cálculo determinístico pelo cálculo interativo e a fundamentação de apostas em contextos explícitos".[151] Nesse contexto, a não realização dos objetivos previamente fixados acarreta um ônus de justificação das escolhas e acompanhamento dos resultados da aplicação dos recursos públicos durante o desenvolvimento da política.

A partir do planejamento, é possível exercer o controle dos programas implementados pelo Estado, que não está diretamente associado

---

[147] SILVA, José Afonso da. *Orçamento...* Op. cit., p. 39.

[148] MONCADA, Luís S. Cabral de. *Perspectivas do novo direito orçamental português*. Coimbra: Coimbra Editora, 1984, p. 60.

[149] MARINHO, Josaphat. Planejamento como controle do poder. *Revista de Direito Público*. São Paulo, RT, n. 95, p. 22-27, jul./set. 1990, p. 24.

[150] Embora o planejamento de políticas públicas seja estruturado a partir de onde se quer chegar, é ilusório pensar que o Estado teria o poder de controlar e prever o futuro. Nesse contexto, ele exerce o papel de "construtor e articulador de relações na sociedade ou na organização que busca seu bem comum de maneira ética, justa e responsável" (OLIVEIRA, José Antônio. Puppim de. Desafios do planejamento em políticas públicas: diferentes visões e práticas. *Revista de Administração Pública*. Rio de Janeiro, v. 40, n. 2, p. 273-288, p. 284-285).

[151] MATUS, Carlos. O plano como aposta. *In*: GIACOMONI, James; PAGNUSSAT, José Luiz (org.). *Coletânea planejamento e orçamento governamental*: v. 1: o plano como aposta. Brasília: ENAP, 2007, p. 115-144.

ao atingimento dos resultados pretendidos, mas à gestão da atuação estatal conduzida nesse sentido.

O controle no paradigma do orçamento-programa tem como foco principal os resultados atingidos em face dos objetivos almejados. Não se despreza a necessidade de controle formal das despesas, mas este não é o único papel dos órgãos controladores, que têm o importante papel de avaliar a "adequação da atividade desenvolvida aos planos de ação econômico-social".[152]

1.2.2 Orçamento-programa no Brasil

O orçamento-programa representa uma evolução no emprego das técnicas orçamentárias mediante sua integração com o planejamento, o que viabiliza uma estrutura de controle material do orçamento em função dos objetivos previamente fixados para a atuação estatal.

A adoção do orçamento-programa no Brasil, como aponta José Afonso da Silva,[153] foi precedida de duas fases:

1. *orçamentação de planos*, que compreende experiências de planificação voltada para a realização de objetivos específicos por meio de planos setoriais (Plano Especial de Obras Públicas e Aparelhamento da Defesa Nacional,[154] Plano de Obras e Equipamentos,[155] Plano SALTE[156]), cuja execução era refletida no orçamento;

---

[152] SILVA, José Afonso da. *Orçamento...* Op. cit., p. 350.

[153] SILVA, José Afonso da. *Orçamento...* Op. cit., p. 24.

[154] Em termos de planejamento, o Plano Especial de Obras Públicas e Aparelhamento da Defesa apenas: a) estimava o volume global de gastos em um período de cinco anos; b) indicava fontes de financiamento; c) previa os objetivos a serem alcançados; e d) determinava a necessidade de um balanço específico sobre os gastos e receitas associados à sua execução (BRASIL. *Decreto-Lei n. 1.058, de 19 de janeiro de 1939.* Disponível em: https://www2.camara. leg.br/legin/fed/declei/1930-1939/decreto-lei-1058-19-janeiro-1939-349207-publicacaooriginal-1-pe.html. Acesso em: 05 jan. 2022).

[155] Também previa a autorização para um volume determinado de gastos, indicando fontes de receitas, objetivos e necessidade de uma prestação de contas específica de sua execução (BRASIL. *Decreto-Lei n. 6.144, de 29 de dezembro de 1943.* Disponível em: https://www2. camara.leg.br/legin/fed/declei/1940-1949/decreto-lei-6144-29-dezembro-1943-416189-publicacaooriginal-1-pe.html. Acesso em: 05 jan. 2022).

[156] Diferente dos anteriores, o Plano SALTE, voltado ao financiamento de empreendimentos nas áreas da saúde, da alimentação, do transporte e da energia, previa um volume de gastos anual e progressivo, fontes de receitas, que incluíam a autorização para endividamento, objetivos *específicos*, um fundo que instrumentalizava a sua execução, além da necessidade de prestação de contas específica. (BRASIL. *Lei n. 1.102, de 18 de maio de 1950.* Disponível em: http://www.planalto.gov.br/ccivil_03/leis/1950-1969/l1102.htm. Acesso em: 05 jan. 2022).

2. *planejamento-orçamento*, noção correlata ao orçamento-programa que associa o planejamento das ações governamentais ao orçamento, chegando ao nível de determinação prévia de custos e dos recursos financeiros necessários (é exemplo desse modelo o Plano de Ação do Governo Carvalho Pinto, em São Paulo[157]).

A orçamentação de planos representa uma fase inicial do planejamento das ações estatais, tendo como foco os objetivos a serem atingidos pelos planos, mas sem incluir a perspectiva orçamentária. O planejamento-orçamento já incluía a dimensão orçamentária no planejamento da atuação estatal, mas ainda não representava uma mudança estrutural na forma como o orçamento era tratado no ordenamento jurídico brasileiro.

O orçamento-programa como paradigma estruturante demanda integração completa entre as leis orçamentárias e o planejamento, e um passo fundamental para a sua adoção no Brasil foi a Lei n. 4.320, de 17 de março de 1964, que surge no contexto do Programa de Ação Econômica do Governo (PAEG), que tinha forte viés centralizador e introduziu uma série de reformas estruturais visando à modernização e à adequação dos mecanismos financeiros.[158]

A Lei n. 4.320/1964 exerce importante função padronizadora dos orçamentos na federação brasileira e, na perspectiva da contabilidade pública, adotou um plano de contas único para as três esferas.[159] Ela apresenta orçamento e planejamento como indissociáveis, ao estabelecer que a discriminação da receita e da despesa tem o objetivo de "evidenciar a política econômica financeira e o programa de trabalho do Govêrno" (art. 2º).[160]

As normas gerais sobre elaboração das leis orçamentárias infundiram uma padronização da ideia de programa em todos os níveis

---

[157] Esse plano estabeleceu de maneira pioneira o chamado "Orçamento Programa do Estado", no qual o planejamento das ações do ente federativo como um todo era contemplado em uma perspectiva plurianual. (SÃO PAULO. *Decreto n. 52.747, de 27 de maio de 1971*. Disponível em: https://www.al.sp.gov.br/repositorio/legislacao/decreto/1971/decreto-52747-27.05.1971. html. Acesso em: 05 jan. 2022).

[158] GIAMBIAGI, Fábio; ALÉM, Ana Cláudia. *Finanças públicas*: teoria e prática no Brasil. 4. ed. Rio de Janeiro: Elsevier, 2011, p. 84.

[159] GIACOMONI, James. *Orçamento...* Op. cit., p. 42.

[160] BRASIL. *Lei n. 4.320, de 17 de março de 1964*. Disponível em: http://www.planalto.gov.br/ ccivil_03/leis/l4320.htm. Acesso em: 05 maio 2022.

federativos. Um dos instrumentos que organizam a atuação do Estado a partir da ideia de programa é o plano anual de trabalho; elaborado a partir do planejamento global do governo, estabelece quais ações deverão ser executadas pelas unidades orçamentárias (art. 2º, §2º, inciso III, da Lei n. 4.320/1964). Essa organização da autorização de despesas reflete no momento da sua execução, cabendo ao Poder Executivo, no momento de fixar as cotas trimestrais de recursos, assegurar, em tempo útil, o repasse de recursos suficientes para sua realização de cada programa (art. 48, "a", da Lei n. 4.320/1964).

A "Lei do Orçamento" também cria a figura dos programas especiais, que inserem no orçamento os planejamentos específicos para investimentos, que, por envolverem despesas de capital, são sujeitos a restrições específicas (art. 12, §4º; art. 20, parágrafo único; art. 22, inciso IV, da Lei n. 4.320/1964).

Também foi criado um sistema de planejamento trienal para as receitas e despesas de capital, o chamado Quadro de Recursos e de Aplicação de Capital, que permitiu a compreensão dos programas plurianuais de investimento como um todo, e não apenas o gasto que seria executado em um exercício financeiro (art. 23 da Lei n. 4.320/1964). Os programas constantes nesse quadro devem estar atrelados à realização de metas objetivas, tomadas como "os resultados que se pretendem obter com a realização de cada programa" (art. 25 da Lei n. 4.320/1964). Este instrumento de planejamento também serve de guia para a elaboração do orçamento anual (art. 26 da Lei n. 4.320/1964).[161] Foi um instrumento relevante para a integração entre orçamento e planejamento, uma espécie de precursor do Plano Plurianual.

A ideia de programa na Lei n. 4.320/1964 assume caráter fundamental no exercício do controle da execução orçamentária, sendo um dos pilares desta atividade a verificação do "cumprimento do programa de trabalho expresso em têrmos monetários e em têrmos de realização de obras e prestação de serviços" (art. 75, inciso III).[162]

A Lei n. 4.320/1964 foi complementada por um conjunto de normas administrativas, entre eles a Portaria n. 9, de 28 de janeiro de 1974, que introduziu a classificação funcional-programática da despesa pública.[163] Essa classificação conjuga as funções do governo com os programas a

---

[161] BRASIL. *Lei n. 4.320, de 17 de março de 1964*. Op. cit.
[162] BRASIL. *Lei n. 4.320, de 17 de março de 1964*. Op. cit.
[163] GIACOMONI, James. *Orçamento...* Op. cit., p. 42.

serem desenvolvidos, "fornecendo informações mais amplas sobre as programações de planejamento e orçamento".[164]

Embora não seja o elemento definitivo para a adoção do modelo de orçamento-programa no Brasil,[165] a Lei n. 4.320/1964 representa o rompimento – vinculante para todas as esferas de governo – com a ideia de orçamento clássico, que se limitava à previsão de receitas e fixação de despesas. A introdução da ideia de programa na formulação da peça orçamentária abarca uma perspectiva de planejamento e lança as bases para um controle que não está exclusivamente atrelado à formalidade do gasto individualmente considerado, mas olha para a sua adequação aos objetivos pretendidos pelo programa no qual é executado.

A edição do Decreto-Lei n. 200, de 25 de fevereiro de 1967, que estabeleceu as diretrizes para a Reforma Administrativa Federal, também pode ser colocada como uma etapa de sedimentação do processo de institucionalização do orçamento-programa no Brasil. Esta lei estabelece o planejamento, a coordenação, a descentralização, a delegação de competência e o controle como princípios fundamentais orientadores da Administração Federal (art. 6º).

O planejamento previsto no Decreto-Lei n. 200/1967 era baseado em planos e programas e tinha como principais instrumentos o plano geral de governo; os programas plurianuais de natureza geral, setorial e regional; o orçamento-programa anual; e a programação financeira de desembolso (art. 7º). A integração dos programas, como instrumentos de planejamento, com o orçamento e sua execução sedimentaram a adoção do paradigma do orçamento-programa no Brasil.

Os programas gerais, setoriais e regionais de duração plurianual assumiram a função de capitanear a atuação administrativa. Os programas setoriais e regionais passaram a ser elaborados de forma descentralizada pelos ministérios, cabendo à Presidência da República a

---

[164] KOHAMA, Helio. *Contabilidade pública*: teoria e prática. São Paulo: Atlas, 2003, p. 115.

[165] Originariamente, as despesas na Lei n. 4.320/1964 eram classificadas exclusivamente com base na classificação econômica das transações governamentais, circunstância a partir da qual J. Teixeira Machado Jr. refutava a afirmação de que este instrumento legislativo teria inserido a ideia de orçamento-programa para as três esferas de governo no Brasil. Porém, o autor admite que a legislação não obstava que as unidades federadas adotassem o modelo de orçamento-programa na condução de suas finanças (MACHADO JR, J. Teixeira. A experiência brasileira em orçamento-programa: uma primeira visão. *Revista de Administração Pública*. Rio de Janeiro, v. 1, n. 1, p. 145-172, 1967, p. 151).

tarefa de consolidá-los na elaboração da programação geral do governo (art. 15 do Decreto-Lei n. 200/1967).[166] Uma vez aprovado, o planejamento passava a ser o norte da elaboração do orçamento anual, que deveria indicar qual etapa do programa plurianual seria realizada no exercício correspondente (art. 16 do Decreto-Lei n. 200/1967).[167]

A última fase desse modelo de integração do planejamento com o orçamento-programa está ligada à sua execução, sendo de responsabilidade do Ministério da Fazenda a elaboração de programação financeira de desembolso, de forma a assegurar a liberação automática e oportuna de recursos para a execução dos programas anuais de trabalho (art. 18 do Decreto-Lei n. 200/1967).

Aspecto fundamental na ideia de programa adotada pelo Decreto-Lei n. 200/1967 é a atribuição de responsabilidade pela sua execução, sempre associada ao controle, em nível hierárquico, pelos órgãos de controle interno, e da aplicação dos recursos públicos (art. 13).

Os instrumentos orçamentários de integração entre planejamento e orçamento previstos pela Lei n. 4.320/1964 e pelo Decreto-Lei n. 200/1967 em grande medida foram sucedidos por aqueles criados pela Constituição de 1988,[168] que, para além de consignar a obrigatoriedade de uma ação planejada do setor público (art. 174 da CRFB), promoveu a integração desse planejamento com o Plano Plurianual (PPA), Lei de Diretrizes Orçamentárias (LDO) e Lei Orçamentária Anual (LOA), em um movimento de aprimoramento do paradigma do orçamento-programa no Brasil.

O Plano Plurianual é um instrumento importante para a integração do planejamento com o orçamento.[169] Por meio desta lei, de

---

[166] Esta integração tinha caráter dinâmico. Não se tratava da "simples justaposição de planos, de uma vinculação permanente e contínua, que não admite interrupção, de sorte que os planos mais gerais e globais abrangem os mais concretos, de forma que a execução destes leva à materialização daqueles" (SILVA, José Afonso da. *Orçamento...* Op. cit., p. 74).

[167] Como destaca José Maurício Conti: "o Decreto-Lei n. 200/1967, apesar de prever a integração entre os planejamentos, não previu uma figura que pudesse fazer essa 'ponte plurianual' entre os programas e planos econômicos (PND, por exemplo) — intrinsecamente plurianuais — e o orçamento-programa, de característica anual — o que seria solucionado posteriormente com o Orçamento Plurianual de Investimentos (OPI)", que viria a ser instituição pela Reforma Constitucional de 1967 (CONTI, José Maurício. *O planejamento...* Op. cit., p. 68).

[168] CONTI, José Maurício. Arts. 22 a 33. *In*: CONTI, José Maurício. *Orçamentos públicos: a Lei 4.320/1964 comentada.* 4. ed. São Paulo: RT, 2019, p. 103-129, p. 104.

[169] FARIA, Rodrigo Oliveira. PPA versus orçamento: uma leitura do escopo, extensão e integração dos instrumentos constitucionais brasileiros do planejamento. *In*: CONTI, José Maurício;

maneira regionalizada, devem ser positivadas "as diretrizes, objetivos e metas da administração pública federal para as despesas de capital e outras delas decorrentes e para as relativas aos programas de duração continuada" (art. 165, §1º, da CRFB).[170]

O PPA é vinculante em relação à elaboração das demais leis orçamentárias, o que cria um fluxo de positivação que permite a coesão e integração dos programas nele previstos com as demais leis orçamentárias (art. 165, §7º, e art. 166, §3º, inciso I, da CRFB).[171]

A LDO, em seus estritos limites constitucionais, representava um instrumento de controle político em relação à competência exclusiva do Poder Executivo para a elaboração da LOA (art. 165, §2º, da CRFB).[172] Partindo daquilo que foi estabelecido pelo PPA, cabia à LDO estabelecer as metas e prioridades para a Administração Pública federal para o exercício subsequente, o que limitava a capacidade do chefe do Executivo de definir quais programas seriam (ou não) executados.

Porém, com a edição da Lei de Responsabilidade Fiscal (LRF), a LDO assumiu um caráter fundamental para o acompanhamento do planejamento orçamentário, tornando-se um instrumento de controle em relação aos objetivos e metas econômicos da Administração Pública (art. 4º da LRF).[173] O chamado "Anexo de Metas Fiscais" tornou obrigatório o acompanhamento do desempenho dos programas no exercício anterior, com a necessária projeção dos resultados para os dois exercícios subsequentes, além de tornar obrigatória a compatibilização dos objetivos pretendidos com as metas estabelecidas pela política econômica do setor público com um todo.

Por fim, a Constituição da República positivou o modelo de unidade orçamentária na LOA, que não exclui receitas e despesas da

---

SCAFF, Fernando Facury (coord.). *Orçamentos públicos e direito financeiro*. São Paulo: RT, 2011, p. 661-693.

[170] BRASIL. *Constituição da República Federativa do Brasil de 1988*. Disponível em: http://www.planalto.gov.br/ccivil_03/constituicao/constituicao.htm. Acesso em: 23 abr. 2022.

[171] CONTI, José Maurício. O plano plurianual – PPA. *In*: MARTINS, Ives Gandra da Silva; MENDES, Gilmar Ferreira; NASCIMENTO, Carlos Valder (coord.). *Tratado de direito financeiro*. São Paulo: Saraiva, 2013, v. 1, p. 322-339, p. 338.

[172] OLIVEIRA, Weder de. *Lei de Diretrizes Orçamentárias*: gênese, funcionalidade e constitucionalidade. Belo Horizonte: Fórum, 2017, p. 98.

[173] FIGUEIREDO, Carlos Maurício. Lei de Responsabilidade Fiscal: o resgate do planejamento governamental. *In*: FIGUEIREDO, Carlos Maurício; NÓBREGA, Marcos. *Responsabilidade fiscal*: aspectos polêmicos. Belo Horizonte: Fórum, 2006, p. 135-152.

Administração Pública (art. 165, §5º, da CRFB),[174] além de considerar os impactos dos gastos indiretos derivados de instrumentos de política fiscal (art. 165, §6º, da CRFB).[175]

Também positivou a orçamentação por meio de programas, ao vedar expressamente "o início de programas ou projetos não incluídos na lei orçamentária anual" (art. 167, inciso I, da CRFB).[176] Por meio dessa vedação, a Constituição não se limita a exigir a autorização para execução de despesas, mas prevê a necessidade de que a atuação governamental seja estruturada em torno de programas com um objetivo a ser desenvolvido no contexto do planejamento.

O paradigma do orçamento-programa na Constituição de 1988 também pode ser evidenciado pelo escrutínio do papel dos órgãos de controle interno na avaliação do "cumprimento das metas previstas no plano plurianual, a execução dos programas de governo e dos orçamentos da União" (art. 74, inciso I, da CRFB). Trata-se de uma visão de controle interno que lhe atribui o papel de acompanhar "as políticas traçadas pelo gestor, e dar subsídios para correções, ajustes e aperfeiçoamentos voltados a atingir metas, além, de fornecer informações úteis e necessárias para a tomada de decisões".[177]

1.2.3 Conceito de programa aplicado na política fiscal

Ao longo do texto constitucional é possível identificar a referência a "programa" como conceito estruturante da atuação estatal em diversas áreas.[178] A adoção do paradigma do orçamento-programa pela Constituição Financeira evidencia que ele é "a peça fundamental na

---

[174] LOCHAGIN, Gabriel Loretto. Unificação dos orçamentos públicos pela constituição. *In*: CONTI, José Maurício; SCAFF, Fernando Facury (coord.). *Orçamentos públicos e direito financeiro*. São Paulo: RT, 2011, p. 187-202.

[175] HORVATH, Estevão. *O orçamento...* Op. cit., p. 315.

[176] BRASIL. *Constituição da República Federativa do Brasil de 1988*. Op. cit.

[177] CONTI, José Maurício; CARVALHO, André de Castro. O controle interno da administração pública brasileira: qualidade do gasto público e responsabilidade fiscal. *Revista de Direito Público*. Brasília, n. 37, p. 201-220, jan./fev. 2011, p. 207.

[178] O texto da Constituição de 1988 faz expressa referência a programas que devem ser desenvolvidos pelo Estado brasileiro para atendimento de necessidades públicas nas áreas de: segurança alimentar (art. 6, parágrafo único); habitação (art. 243) e saneamento básico (art. 23, inciso IX); educação (art. 30, inciso VI; art. 208, inciso VII); promoção do desenvolvimento, nacional, regional e setorial (art. 48, IV; art. 159, I, "c"); reforma agrária (art. 148, §4º); assistência social (art. 204, inciso I); cultura (art. 206, §6º, 206-A, §1º, inciso V, e §2º, inciso VIII); proteção à saúde infanto-juvenil (art. 227, §1º, §3º, inciso VII); atenção à pessoas portadoras de deficiência (art. 227, §1º, inciso II) e amparo a idosos (art. 230, §1º).

vinculação entre o plano e o orçamento, bem como no estabelecimento de um novo papel para o gestor público, que passa a se comprometer com os resultados de sua ação para a sociedade".[179]

A Lei n. 4.320/1964, que estabelece normas gerais de direito financeiro para elaboração das propostas orçamentárias, delegou ao órgão de planejamento federal o papel de uniformizar a sua aplicação, podendo expedir recomendações técnicas e atualizar os anexos da Lei, que traziam uma forma padrão para a contabilidade do setor público (art. 113).

No exercício dessa competência, foi editada a Portaria n. 42, de 14 de abril de 1999, que atualizou a discriminação de despesa por funções, estabelecendo os conceitos de *função, subfunção, programa, projeto, atividade* e *operações especiais*. O artigo 2º deste instrumento define *programa* como "o instrumento de organização da ação governamental visando à concretização dos objetivos pretendidos, sendo mensurado por indicadores estabelecidos no plano plurianual".[180]

A delegação de competência para a União estabelecer normas gerais em matéria de contabilidade pública ficou mais clara com a edição da Lei de Responsabilidade Fiscal, que atribui esse papel ao órgão central de contabilidade na esfera federal (art. 50, §2º, da LRF).

Com a edição da Lei n. 10.180, de 06 de fevereiro de 2001, foi criado o Sistema de Administração Financeira Nacional, ao qual foi atribuída a competência para "editar normas sobre a programação financeira e execução orçamentária e financeira" (art. 12, inciso VII).[181]

A partir dessa competência, passou a ser editado o Manual de Contabilidade Aplicada ao Setor Público (MCASP), que atualmente está na sua 8ª edição, introduzida pela Portaria Conjunta STN/SOF/ME n. 21, de 23 de fevereiro de 2021, que consolidou o sistema de classificação das despesas por programas.

O MCASP, ao explicar a classificação das despesas por estrutura programática, retoma o conceito de *programa* como elemento estruturante da atuação governamental voltado para a realização dos objetivos estratégicos previstos no PPA:

---

[179] CONTI, José Maurício. *O planejamento...* Op. cit., p. 90.

[180] BRASIL. Ministério do Orçamento e Gestão. *Portaria n. 42, de 14 de abril de 1999*. Disponível em: http://www.orcamentofederal.gov.br/orcamentos-anuais/orcamento-1999/Portaria_Ministerial_42_de_140499.pdf. Acesso em: 09 jan. 2022.

[181] BRASIL. *Lei n. 10.180, de 06 de fevereiro de 2001*. Disponível em: http://www.planalto.gov.br/ccivil_03/leis/leis_2001/l10180.htm. Acesso em: 09 jan. 2022.

> Programa é o instrumento de organização da atuação governamental que articula um conjunto de ações que concorrem para a concretização de um objetivo comum preestabelecido, visando à solução de um problema ou ao atendimento de determinada necessidade ou demanda da sociedade.[182]

Como bem aponta James Giacomoni, "a finalidade básica da classificação por programas é demonstrar as realizações do governo, o resultado final de seu trabalho em prol da sociedade".[183] Por meio dos programas, ações governamentais (que compreendem atividades, projetos ou operações especiais) são congregadas em torno de objetivos e mensuradas por meio de indicadores positivados no PPA. É, pois, um importante elemento para a integração dos objetivos previstos no planejamento com as previsões positivadas na estrutura orçamentária.

Além de associar ações a objetivos, a ideia de programa também estabelece os agentes responsáveis pela execução e acompanhamento e os indicadores de resultado utilizados para o seu acompanhamento, de forma que se torna possível o controle finalístico da ação estatal.

A Lei n. 13.971, de 27 de dezembro de 2019, que estabelece o PPA 2020-2023, é estruturada em torno de programas finalísticos, que congregam ações "suficientes para enfrentar problema da sociedade, conforme objetivo e meta" (art. 2, inc. XII), e programas de gestão, relacionados "à gestão da atuação governamental ou à manutenção a capacidade produtiva das empresas estatais" (art. 2, inc. XV).[184]

No PPA 2020-2023, os programas finalísticos compreendem os seguintes elementos:

1. Diretriz: "declaração ou conjunto de declarações que orientam os programas abrangidos no PPA 2020-2023, com fundamento nas demandas da população" (art. 2, inc. XI).
2. Unidade responsável: "órgão ou entidade da administração pública federal direta ou indireta, responsável pela gestão de programa finalístico" (art. 2, inc. XIII);

---

[182] BRASIL. Ministério da Fazenda. Secretaria do Tesouro Nacional. *Manual de contabilidade aplicada ao setor público*. 8. ed. Brasília: Secretaria do Tesouro Nacional, 2021. Disponível em: https://www.tesourotransparente.gov.br/publicacoes/manual-de-contabilidade-aplicada-ao-setor-publico-mcasp/2019/26. Acesso em: 09 jan. 2021, p. 74.

[183] GIACOMONI, James. *Orçamento*... Op. cit., p. 92.

[184] BRASIL. *Lei n. 13.971, de 27 de dezembro de 2019*. Disponível em: http://www.planalto.gov.br/ccivil_03/_ato2019-2022/2019/lei/L13971.htm. Acesso em: 09 jan. 2022.

3. Objetivo: "declaração de resultado a ser alcançado que expressa, em seu conteúdo, o que deve ser feito para a transformação de determinada realidade" (art. 2, inc. I);

4. Meta: "declaração de resultado a ser alcançado, de natureza quantitativa ou qualitativa, que contribui para o alcance do objetivo" (art. 2, inc. II).[185]

O PPA 2020-2023 estabelece diretrizes que permitem a coordenação entre programas que buscam satisfazer necessidades públicas semelhantes (art. 3 da Lei n. 13.971/2019). Essas diretrizes são linhas mestras que orientam a elaboração da LOA e da LDO (art. 10 da Lei n. 13.971/2019).

Cada programa finalístico é associado a uma unidade responsável, que permite identificar os órgãos aos quais foi atribuído o dever de acompanhar os resultados obtidos e prestar contas aos entes controladores (art. 4, §2º, da Lei n. 13.971/2019) e à própria sociedade.[186,187]

A eleição de um objetivo é outro elemento do programa finalístico no PPA 2020-2023. Declara-se o que se pretende atingir e sua realização é verificada por meio da meta fixada, que, partindo da constatação da realidade, propõe o atingimento de um estado de coisas. A verificação das metas é realizada por meio de indicadores de resultado também previstos no PPA 2020-2023 para cada programa.

O monitoramento e a avaliação da realização dos objetivos, atingimento das metas e evolução dos indicadores integra um sistema de avaliação sistemático, integrado e institucionalizado previsto pelo PPA 2020-2023, que permite um processo de monitoramento dos programas finalísticos em face dos seus objetivos, metas e evolução dos indicadores (arts. 13, 14 e 15 da Lei n. 13.971/2019).

---

[185] BRASIL. *Lei n. 13.971, de 27 de dezembro de 2019*. Op. cit.

[186] A Lei n. 12.527, de 18 de novembro de 2011 (Lei de Acesso à Informação – LAI), estabelece o direito ao acesso à informação relativa a "implementação, acompanhamento e resultados dos programas, projetos e ações dos órgãos e entidades públicas, bem como metas e indicadores propostos" (art. 7º, inciso VII, "a") (BRASIL. *Lei n. 12.527, de 18 de novembro de 2011*. Disponível em: http://www.planalto.gov.br/ccivil_03/_ato2011-2014/2011/lei/l12527.htm. Acesso em: 11 jan. 2022).

[187] A Lei de Responsabilidade Fiscal estabelece, como instrumento de transparência na gestão fiscal, "liberação ao pleno conhecimento e acompanhamento da sociedade, em tempo real, de informações pormenorizadas sobre a execução orçamentária e financeira, em meios eletrônicos de acesso público" (art. 48, §10, inciso II, da LRF) (BRASIL. *Lei Complementar n. 101, de 04 de maio de 2000 (Lei de Responsabilidade Fiscal – LRF)*. Op. cit.).

O modelo adotado pelo PPA 2020-2023 representa importante instrumento de integração entre o planejamento, o ciclo orçamentário e o controle dos programas. Por meio da fixação de diretrizes, órgãos responsáveis, objetivo, meta e indicadores, torna-se possível o monitoramento e o controle dos programas finalísticos.

Porém, embora inclua como custos eventuais os gastos tributários associados a alguns programas, o PPA 2020-2023 não estende o tratamento de programa finalístico a atuações estatais estruturadas por meio da tributação para o atendimento de objetivos específicos.

No paradigma do orçamento-programa, a integração do orçamento público com o planejamento econômico garante a coordenação entre a política fiscal e a política econômica, na medida em que esta abrange aquela. Tal integração "dá configuração de orçamento-programa ao orçamento anual, que adquire, além do mais, característica operativa de todo o processo de planejamento do desenvolvimento econômico".[188]

Essa integração propicia uma dimensão de controle econômico do orçamento, que, para além da garantir a correção dos investimentos e propiciar o acompanhamento da evolução das despesas públicas, possibilita aferir a eficácia da atividade financeira do Estado como um todo e a orientação da política fiscal, que também compreende as medidas aplicadas no viés da receita pública.[189]

Embora, atualmente, a ideia de programa seja utilizada para congregar despesas referentes a uma ação governamental, por meio da chamada "classificação programática", esse conceito no nível do PPA não se restringe a medidas que são concretizadas por meio do gasto público direto. Algumas medidas implementadas por meio da tributação representam verdadeiros programas conduzidos por meio da política fiscal dos ingressos públicos, na medida em que são criadas com vistas a realizar objetivos específicos.

A utilização do sistema tributário para atingir objetivos de política fiscal tem efeito semelhante aos gastos diretos no orçamento público.[190] Com a evolução da teoria dos gastos tributários, esta perspectiva foi adotada pela Constituição de 1988, que tornou obrigatória a elaboração de demonstrativo regionalizado do efeito sobre receitas

---

[188] SILVA, José Afonso da. *Orçamento…* Op. cit., p. 74.

[189] SILVA, José Afonso da. *Orçamento…* Op. cit., p. 359.

[190] SURREY, Stanley S. Tax Incentives as Device for Implementing Government Policy: A Comparison with Direct Government Expenditures. *Harvard Law Review*, v. 83, n. 4, p. 705-738, fev. 1970, p. 706.

e despesas, das medidas implementadas por meio da tributação (art. 165, §6º, da CRFB).[191]

Para além da nomenclatura, tratar incentivos tributários criados com finalidades específicas como programas tem o objetivo de viabilizar seu monitoramento e avaliação, em paralelo ao que se propõe para as despesas públicas.

Na perspectiva da política fiscal, são equivalentes os programas implementados pela receita ou pela despesa. Nos dois casos, tem-se o manejo de instrumentos financeiros para atingir objetivos pretendidos com a atuação estatal.

No campo das despesas públicas, o Brasil implementa medidas que utilizam o poder de compra estatal como instrumento para realização de objetivos que transcendem a função primária das contratações públicas (originalmente utilizadas, "simplesmente", para adquirir um bem ou contratar um serviço ou uma obra). Marina Fontão Zago define esse fenômeno como função derivada, apontando que "representa a atribuição, de forma indireta (não inserida em seu objeto principal), de finalidade nova à contratação, adicional à função primária".[192]

Nas compras estatais, portanto, existem dois vértices passíveis de controle: a função primária, centrada no processo de aquisição de bens e serviços pelo Estado, e a função derivada, que se revela nos casos em que esse processo é utilizado para buscar a realização de outras finalidades sociais que vão além da própria compra.

A utilização das compras estatais para obtenção de objetivos outros que transcendem sua função primária representa uma modalidade de manejo da política fiscal dos gastos públicos para atender a objetivos que transcendem a compra em si, o que exige mecanismos próprios de controle da efetividade desse gasto. O TCU reconhece a necessidade de controlar a função derivada das compras públicas e, em um relatório de auditoria operacional sobre o Programa de Desenvolvimento de Submarinos (Prosub), determinou que o Ministério da Defesa estabeleça indicadores para mensurar os processos de transferência de tecnologia (as chamadas "medidas de *offset*", consideradas como uma função derivada da compra, em si, de submarinos) no contexto do programa,

---

[191] CARVALHO, Raimundo Eloi de. Instrumentos y técnicas para la medición y análisis del gasto tributario. *In*: CENTRO INTERAMERICANO DE ADMINISTRACIONES TRIBUTARIAS – CIAT. *El Papel de Las administraciones Tributarias en la Crisis Global*. Montevideo (URU): CIAT, 2010, p. 300-315, p. 302.

[192] ZAGO, Marina Fontão. *Poder de compra estatal como instrumento de políticas públicas*. Brasília: ENAP, 2018, p. 270.

de forma que se pudesse possa avaliar os benefícios decorrentes da aquisição mais onerosa dispendiosa de equipamentos.[193]

O exemplo da atuação do TCU no caso do Prosub representa uma atuação do órgão de controle para garantir que os resultados decorrentes da função derivada da compra pública sejam medidos, de forma que se possa avaliar a realização dos objetivos indiretos pretendidos com a utilização desse instrumento de política fiscal.

A ideia de função derivada das compras públicas, como manejo de um instrumento de política fiscal das despesas para atingir objetivos que transcendem sua função primária, é próxima da ideia de extrafiscalidade tributária[194], fenômeno em que os instrumentos de receita são utilizados para a realização de objetivos externos à própria tributação. Nos dois casos, o controle das medidas pelo TCU deve ter como foco a realização dos objetivos que a medida pretende atingir. O exemplo do Prosub, pelo viés da despesa, demonstra que essa sindicância finalística em relação aos objetivos buscados com a função derivada das compras pode ser uma realidade. O desafio é transpor essa atividade para as medidas de política fiscal implementadas pela via da tributação e sua realização passa pela sua compreensão como verdadeiros programas governamentais.

O manejo de instrumentos da despesa ou da receita públicas para obtenção de objetivos que transcendem sua finalidade primária é equivalente na perspectiva da política fiscal. Nessa linha, o controle exercido pelo TCU não deve se restringir aos programas implementados pela via do gasto direto, mas englobar também os programas implementados na via da receita, como os programas de incentivo fiscal.

Todo programa representa um "instrumento de organização da ação governamental" (Portaria n. 42/1999),[195] que visa à "solução de um problema ou ao atendimento de uma necessidade ou demanda da sociedade" (MCASP).[196] Esses dois aspectos são aplicáveis aos incentivos tributários, que representam o manejo de instrumentos de política fiscal para a realização de objetivos que, buscando realizar outros

---

[193] BRASIL. Tribunal de Contas da União. *Acórdão n. 2.952/2013*. Rel. Raimundo Carreiro, Plenário, j. 30 out. 2013.

[194] Como tratado no item 1.1.2.

[195] BRASIL. Ministério do Orçamento e Gestão. *Portaria n. 42, de 14 de abril de 1999*. Disponível em: http://www.orcamentofederal.gov.br/orcamentos-anuais/orcamento-1999/Portaria_Ministerial_42_de_140499.pdf. Acesso em: 09 jan. 2022.

[196] BRASIL. Ministério da Fazenda. Secretaria do Tesouro Nacional. *Manual de contabilidade aplicada ao setor público*. 8. ed. Brasília: Secretaria do Tesouro Nacional, 2021, p. 74. Disponível em: https://www.tesourotransparente.gov.br/publicacoes/manual-de-contabilidade-aplicada-ao-setor-publico-mcasp/2019/26. Acesso em: 09 jan. 2021.

valores igualmente relevantes, transcendem a finalidade arrecadatória típica das normas tributárias.

O enquadramento dos incentivos tributários como programa permite que esses instrumentos sejam compatibilizados com o planejamento estatal, bem como coordenados com as medidas implementadas por meio de despesas públicas no ciclo orçamentário.

Também permite que esses programas sejam monitorados e avaliados, em uma perspectiva de controle finalístico, que os submete ao escrutínio dos órgãos responsáveis, entre eles o Tribunal de Contas.

1.3 Renúncia de receitas

As duas primeiras seções deste capítulo buscaram apresentar a ideia de programas de incentivo tributário como instrumento manejado pelo Estado, no contexto da atividade administrativa de fomento, para a obtenção de objetivos específicos, que devem orientar um controle finalístico pelo TCU. Porém, ao lado da análise dos resultados obtidos na busca da finalidade que legitimou a sua instituição, o controle desses programas deve considerar a perspectiva dos custos públicos envolvidos, tema que será abordado nesta seção.

Na primeira subseção, o objetivo é apresentar os gastos tributários indiretos como técnica econômica desenvolvida para apurar o custo estimado das políticas implementadas por meio da tributação.

A subseção seguinte apresenta os impactos orçamentários derivados de programas de incentivo tributário, com foco para delimitar as consequências para a atividade de controle do TCU.

1.3.1 Gastos tributários como técnica de apuração do custo

A teoria dos gastos tributários é consequência da erosão das bases tributárias em países industrializados e em desenvolvimento[197] decorrente da expansão da utilização de instrumentos tributários da política fiscal para "influenciar escolhas econômico-sociais dos indivíduos e dos negócios", que teve início na década de 1930.[198]

---

[197] BRIXI, Hana Polackova. Managing Tax Expenditures: Policy Options. *In*: BRIXI, Hana Polackova; VALENDUC, Christian N. A.; SWIFT, Zhicheng Li (ed.). *Tax Expenditures*: Shedding Light on Government Spending through the Tax System. Washington: The World Bank, 2004, p. 227-233, p. 288.

[198] Tradução livre. No original "[...] *influence economic and social choices by individuals*". (OLIVER, Philip D. *Tax Policy, Readings and Materials*. New York: Thomson-West, 2004, p. 667).

Nesse período de política fiscal expansionista, que se estendeu do período entre as duas guerras mundiais e o final da década de 1950, "concediam-se incentivos e isenções fiscais livremente, não existindo nenhum controle jurídico formal sobre seus efeitos ao Erário público, em vista da convicção de que tais benefícios conduzem ao crescimento econômico".[199]

Uma métrica para apurar o impacto dos programas implementados por meio de incentivos fiscais no orçamento foi desenvolvida, no final da década de 1960, pelo economista Stanley Surrey, que atuava como secretário-assistente do tesouro americano, e cunhou a expressão "*tax expenditures*" para designar "aquelas disposições especiais do sistema federal de renda que representam gastos realizados no interior daquele sistema para atingir objetivos sociais e econômicos".[200]

Nos Estados Unidos, o primeiro "*tax expenditure budget*" foi publicado em 1969 e tinha como alvo apurar as perdas de receita decorrentes de benefícios concedidos no imposto sobre a renda. Essa contribuição dos economistas americanos veio a modificar a legislação orçamentária[201] e, no ano de 1974, o Congresso americano tornou obrigatória a elaboração de uma lista anual dessas medidas que representava exceções a um padrão de tributação "normal".[202]

Luiz Arruda Villela, em trabalho seminal sobre o tema no Brasil, traduz a expressão "*tax expenditures*" como "gastos tributários indiretos".[203] Para o autor, embora tenha surgido no campo da tributação sobre a renda, trata-se de fenômeno amplo que designa a apuração dos impactos orçamentários de toda espécie de benefícios fiscais.[204]

---

[199] HENRIQUES, Elcio Fiori. *O regime jurídico...* Op. cit., p. 65.

[200] Tradução livre. No original "[...] *those special provisions of the federal income tax which represent government expenditures made through that system to achieve various social and economic objectives.*" (SURREY, Stanley S. Tax Incentives... Op. cit., p. 706).

[201] TORRES, Ricardo Lobo. *Tratado...* Op. cit., v. 5, p. 57.

[202] SUNLEY, Emil. Tax Expenditures in the United States: Experience and Practice. *In*: BRIXI, Hana Polackova; VALENDUC, Christian N. A.; SWIFT, Zhicheng Li (ed.). *Tax Expenditures*: Shedding Light on Government Spending through the Tax System. Washington: The World Bank, 2004, p. 155-172, p. 156.

[203] VILLELA, Luiz Arruda. *Gastos tributários e justiça fiscal*: o caso do IRPF no Brasil. 1981. 97 p. Dissertação (Mestrado em Economia) – Departamento de Economia, Pontifícia Universidade Católica do Rio de Janeiro, Rio de Janeiro, 1981, p. 1.

[204] VILLELA, Luiz. Gastos tributarios: medición de la erosión de la base imponible. *In*: CENTRO INTERAMERICANO DE ADIMINISTRACIONES TRIBUTARIAS – CIAT. *La recaudación potencial como meta de la administración tributaria*. Florianópolis: Instituto de Estudios Fiscales, 2007, p. 1-10.

Países como a Austrália[205] e a Bélgica[206] adotam a teoria dos gastos tributários para apuração dos impactos orçamentários dos incentivos vigentes desde a década de 1980. A China incorporou essa metodologia em sua reforma fiscal de 1994, com objetivo de aprimorar a gestão dos programas implementados por meio da política fiscal.[207] Na América Latina, Colômbia, Argentina, Guatemala, Peru e México adotaram regimes obrigatórios da apuração dos gastos tributários a partir da década de 2000[208], e o Paraguai incorporou sua medição periódica em 2013.[209]

A Constituição da República de 1988 reconhece a importância da dimensão do custo para o controle dos benefícios fiscais (em sentido amplo), tendo previsto a necessidade de a LOA ser acompanhada de uma estimativa dos gastos tributários envolvidos (art. 165, §6º, da CRFB). A primeira versão dessa apuração foi realizada para acompanhar o Projeto de Lei Orçamentária Anual para o exercício de 1989.[210]

Em sua origem, o levantamento dos gastos tributários promovido por Stanley Surrey no orçamento estadunidense tinha dois principais objetivos: identificar todos os incentivos existentes e estimar seu custo a partir da perda de arrecadação que eles implicavam. A partir desses dois pilares, os programas implementados pela via da política fiscal poderiam ser comparados a outros implementados pela via do gasto

---

[205] BROWN, Colin. Tax Expenditures in Australia. *In*: BRIXI, Hana Polackova; VALENDUC, Christian N. A.; SWIFT, Zhicheng Li (ed.). *Tax Expenditures*: Shedding Light on Government Spending through the Tax System. Washington: The World Bank, 2004, p. 45-61, p. 45.

[206] VALENDUC, Christian. From Tax Expenditure Reporting to Tax Policy Analysis: Some Experience from Belgium. *In*: BRIXI, Hana Polackova; VALENDUC, Christian N. A.; SWIFT, Zhicheng Li (ed.). *Tax Expenditures*: Shedding Light on Government Spending through the Tax System. Washington: The World Bank, 2004, p. 69-96, p. 70.

[207] SHI, Yaobin. Estabilishing a Tax Expenditure Adminstrative System That Achieves a Sound Fiscal System in China. *In*: BRIXI, Hana Polackova; VALENDUC, Christian N. A.; SWIFT, Zhicheng Li (ed.). *Tax Expenditures*: Shedding Light on Government Spending through the Tax System. Washington: The World Bank, 2004, p. 173-189, p. 156.

[208] JIMÉNES, Juan Pablo; PODESTÁ, Andrea. *Inversión, incentivos fiscales y gastos tributarios en América Latina*. Santiago de Chile: CEPAL, 2009. Disponível em: https://repositorio.cepal.org/bitstream/handle/11362/46783/1/LCL3004P_es.pdf. Acesso em: 14 fev. 2022.

[209] CENTRO INTERAMERICANO DE ADIMINISTRACIONES TRIBUTARIAS – CIAT. *Estimación de los gastos tributarios en la República del Paraguay 2013-2016*. 2015. Disponível em: https://www.ciat.org/Biblioteca/Estudios/2015_estimacion_gasto_tributario_paraguay_giz_set_ciat.pdf. Acesso em: 14 fev. 2022.

[210] BRASIL. Secretaria Especial de Assuntos Econômicos. *Nota técnica ao Ministro da Fazenda: Orçamento de incentivos fiscais*. Disponível em: https://www.gov.br/receitafederal/pt-br/centrais-de-conteudo/publicacoes/relatorios/renuncia/gastos-tributarios-ploa/dgt-1989/@@download/file/dgt-1989.pdf. Acesso em: 14 fev. 2022.

direto.[211] Portanto, a ideia de gastos tributários está ligada ao controle da alocação indireta de recursos na realização de finalidades públicas.

A teoria dos gastos tributários os coloca "como equivalentes a gastos diretos do governo, tendo apenas a particularidade de serem canalizados através do sistema tributário" e, por meio dela, torna-se possível avaliar: a escolha de realizar o gasto indireto em determinado volume, o desempenho em função dos objetivos fixados e o conjunto de beneficiários atingido.[212]

É importante destacar que a escolha entre implementar um programa pela via do gasto direito ou indireto é neutra. Ambas estão sujeitas a ineficiências e riscos de captura.[213] Assim, não cabe criticar, *a priori*, a possibilidade de o Estado utilizar instrumentos tributários para a realização de objetivos extrafiscais. Em alguns casos, as ferramentas da política fiscal podem, inclusive, ser mais eficientes que o gasto direito para determinadas finalidades.[214] Adicionalmente, é importante compreender que mesmo as políticas de gasto direto, em alguma medida, são sujeitas a ineficiências e riscos de captura.

Especificamente em relação aos programas de incentivo tributário, as técnicas de quantificação de seu custo sofrem duras críticas que denunciam, em um primeiro momento, a suposição de que existiria um padrão de tributação "normal", a partir do qual as medidas implementadas pela política fiscal representariam "exceções".[215]

Douglas A. Kahn e Jeffrey S. Lehman, ao olharem para a realidade estadunidense da tributação sobre a renda, defendem que, considerando a amplitude do conceito de *renda*, classificar determinadas

---

[211] SURREY, Stanley; MCDANIEL, Paul. The Tax Expenditure Concept and the Budget Reform Act of 1974. *Boston College Industrial and Commercial Law Review*, v. 17, n. 5, p. 679-725, jun. 1976, p. 681.

[212] VILLELA, Luiz Arruda. *Gastos tributários e justiça fiscal...* Op. cit., p. 14.

[213] ZELINSKY, Edward A. James Madison and Public Choice at Gucci Gulch: A Procedural Defense of Tax Expenditures and Tax Institutions. *In*: OLIVER, Philip D. *Tax Policy*: Readings and Materials. New York: Thomson-West, 2004, p. 704-715, p. 705.

[214] Como assevera Francisco Carlos Ribeiro de Almeida, "além do mais, em alguns casos, pode ser realmente desejável o uso de gastos tributários, quando as vantagens são nitidamente superiores às desvantagens e os custos menores que os benefícios. Isto não deve significar, contudo, falta de controle, fiscalização e quantificação dos benefícios fiscais." (ALMEIDA, Francisco Carlos Ribeiro de. A renúncia de receita como fonte alternativa de recursos orçamentários. *Revista do Tribunal de Contas da União*. Brasília, v. 32, n. 88, p. 54-65, abr./jun. 2002, p. 61)

[215] MELLO, Henrique. Sobre o sistema tributário de referência para os gastos indiretos. *Interesse Público – IP*. Belo Horizonte, v. 18, n. 99, p. 137-150, set./out. 2016.

deduções como "exceções" seria uma espécie de absolutismo moral.[216] Para os autores, existiria uma dificuldade inerente em separar quais deduções teriam o objetivo realizar a capacidade contributiva (isenções técnicas) e quais objetivariam a realização de outros valores por meio da tributação (isenções extrafiscais).

No Brasil, Gustavo Gonçalves Vettori se utiliza da alegoria do "copo meio cheio ou meio vazio" para ilustrar aquilo que o denomina como parcialidade do critério da tributação "normal", que parte de uma das visões possíveis daquilo que seria uma tributação padrão para quantificar o desvio representado por uma medida de incentivo implementada por meio do sistema tributário.[217]

Porém, é importante destacar que a dificuldade de apuração de um patamar de tributação "normal" é muito mais evidente no paradigma do imposto sobre a renda, que é baseado em uma manifestação de riqueza muito abstrata,[218] a partir da qual podem afluir questionamentos sobre a capacidade contributiva dos contribuintes, que deságuam em um juízo sobre o caráter técnico ou extrafiscal das deduções admitidas.[219]

O objetivo da técnica dos gastos tributários é estimar o custo de determinada medida de política fiscal. Ela é neutra em relação à regra que estabelece a exceção ao regime tributário tomado como referência. A circunstância de a administração quantificar os custos estimados das deduções relativas a despesas com saúde no imposto sobre a renda brasileiro, por exemplo, não implica o reconhecimento da sua condição de incentivo tributário. A atividade de apurar o impacto orçamentário destas medidas não decorre de sua natureza jurídica. A técnica dos gastos tributários possibilita a compreensão do impacto tributário

---

[216] KAHN, Douglas A.; LEHMAN, Jeffrey S. Expenditure Budgets: A Critical Review. *In*: OLIVER, Philip D. *Tax Policy*: Readings and Materials. New York: Thomson-West, 2004, p. 721-724, p. 721.

[217] Em suas palavras: "diferentes definições do parâmetro implicarão diferentes mensurações dos gastos públicos veiculados por meio de normas tributárias" (VETTORI, Gustavo Gonçalves. *Contribuição ao estudo sobre as influências recíprocas entre tributação da renda e o comércio internacional*. 2011. 212 p. Tese (Doutorado em Direito) – Faculdade de Direito, Universidade de São Paulo, São Paulo, 2011, p. 21).

[218] Para Kevin Holmes o conceito de *renda* é subjetivo, abstrato e complexo, pois está atrelado à percepção de bem-estar proporcionada por bens materiais e imateriais consumidos, que podem variar na sociedade (HOLMES, Kevin. *The Concept of Income*: Multi-Disciplinary Analysis. Amsterdam: IBDF, 2000, p. 5).

[219] É nesse sentido que Willian D. Andrews questiona, na perspectiva estadunidense, se a dedutibilidade das despesas com saúde não seria uma garantia de realização da capacidade contributiva (ANDREWS, Willian D. Personal Deductions in an Ideal Income Tax. *In*: CARON, Paul L.; BURKE, Karen C.; MCCOUCH, Grayson M. P. *Federal Income Tax Anthology*. Cincinnati (US): Anderson Publishing, 1997, p. 277-282, p. 279).

de uma norma que exclui determinados fatos da regra de tributação (para incentivar determinado comportamento ou realizar o princípio da capacidade contributiva) até para que a sociedade possa calibrar a tributação como um todo.[220]

O objetivo da técnica dos gastos tributários é, por meio de diferentes metodologias, revelar o custo estimado de uma medida implementada por meio do sistema tributário. Em especial nos países em desenvolvimento, essa estimativa – longe de configurar uma contabilização completa, como propõe Boris Bittker[221] – tem como fim "favorecer a simplicidade e a transparência em detrimento da exatidão e do rigor acadêmico".[222]

Vistos como uma técnica para a estimativa dos custos de uma medida implementada por meio da política fiscal, os gastos tributários convertem-se em uma ferramenta de avaliação do desempenho dos programas de incentivo tributário, que, na proposta de Gordon J. Lenjosek a partir do orçamento do Canadá, permitem uma avaliação a partir de três critérios:

- *Relevância*, que questiona se o instrumento tributário utilizado é adequado para realizar os objetivos da política que se pretende implementar em uma perspectiva realista;
- *Efetividade*, que, na implementação, analisa se os objetivos pretendidos estão sendo atingidos, dentro dos custos estimados e sem externalidades indesejáveis;
- *Eficiência*, que avalia se a medida tributária proposta é o meio mais eficiente para atingir os objetivos pretendidos entre as alternativas institucionais disponíveis.[223]

---

[220] Como destaca Francisco Carlos Ribeiro de Almeida, "ao executivo, as informações que um orçamento de gastos tributários pode proporcionar são importantes na revisão da política tributária, na recuperação da carga tributária sem elevação de alíquotas, no controle e compatibilização das políticas de gasto público que por vezes se dão de forma direta e em outras por meio de renúncia à arrecadação tributária. O governo, independentemente do processo legislativo, precisa saber mais a respeito de seus programas assistenciais e sobre como os recursos públicos disponíveis são alocados" (ALMEIDA, Francisco Carlos Ribeiro de. A renúncia de receita... Op. cit., p. 60).

[221] BITTKER, Boris. Accounting for federal "Tax Subsidies" in the National Budget". *In*: OLIVER, Philip D. *Tax Policy, Readings and Materials*. New York: Thomson-West, 2004, p. 724-731, p. 728.

[222] Tradução livre. No original: "[...] *favor simplicity and clarity to exactness and academic rigor.*" (BRIXI, Hana Polackova. Managing Tax... Op. cit., p. 229).

[223] LENJOSEK. Gordon J. A Framework for Evaluating Tax Measures and Some Methodological Issues. *In*: BRIXI, Hana Polackova; VALENDUC, Christian N. A.; SWIFT, Zhicheng Li

Os gastos tributários são, portanto, importante instrumento para a avaliação e controle de elementos da política fiscal. Em relação aos programas de incentivo tributário, a estimativa do custo aproximado, para além de seus impactos orçamentários, é instrumento para calibrar os objetivos almejados e acompanhar os resultados à medida em que forem sendo obtidos.

Um exemplo de programa que teve seus resultados avaliados desde seu início e confrontados com os custos públicos envolvidos é a chamada "Desoneração da Folha de Pagamentos", criada pela Lei n. 12.546/2011.[224] Esta medida foi sucessivamente renovada e o debate sobre seu custo em face dos resultados obtidos sempre foi central.[225]

Os gastos tributários são ferramentas para estimar o custo de elementos da política fiscal, que representam exceções a um padrão tomado como sistema de referência. Porém, nem todo elemento da política fiscal quantificável por meio de gastos tributários gera impactos orçamentários.

Apurar o gasto tributário referente a regras de imunidade, por exemplo, não implica impactos orçamentários, já que a regra imunizante é estruturante do sistema tributário, sendo prévia à própria tributação e de hierarquia superior.[226] Embora não gere impactos orçamentários, para fins de transparência e controle social, é importante que o orçamento explicite, a partir dos dados da receita, qual é o custo das exceções tributárias estabelecidas pela Constituição da República até para que, em algum momento, essas decisões sejam submetidas ao escrutínio público e, eventualmente, revisitadas.

Gastos tributários são, portanto, uma ferramenta da ciência econômica e, como tal, sua utilização é instrumental para a realização de outras finalidades. No Brasil, em nível federal, essa ferramenta tem

---

(ed.). *Tax Expenditures*: Shedding Light on Government Spending through the Tax System. Washington: The World Bank, 2004, p. 19-44, p. 19.

[224] Uma análise de custo-benefício dessa medida: AFONSO, José Roberto; BARROS, Gabriel Leal de. *Nota técnica*: desoneração da folha: renúncia revisitada. São Paulo: FGV-IBRE, 2013. Disponível em: http://bibliotecadigital.fgv.br/dspace/bitstream/handle/10438/11698/Desonera%E7%E3o%20da%20Folha%20(2).pdf?sequence=1. Acesso em: 19 fev. 2021.

[225] ANDRADE, José Maria Arruda de. A política econômica da desoneração da folha de pagamento. *Consultor Jurídico*, 30 ago. 2015. Disponível em: https://www.conjur.com.br/2015-set-27/estado-economia-politica-economica-desoneracao-folha-pagamento. Publicado em 30 ago. 2015. Acesso em: 19 fev. 2021.

[226] AGUIAR, Andrei; NAMI, Beatriz Dib. As entidades religiosas e as classificações do terceiro setor: consequências na concessão e controle de gastos públicos. *Revista de Direito do Terceiro Setor – RDTS*. Belo Horizonte, v. 11, n. 21, p. 67-85, jan./jun. 2017, p. 78.

sido utilizada para quantificar exceções a um sistema tributário de referência, a partir de bases metodológicas propostas pela Receita Federal do Brasil e aprimoradas a partir de muitas contribuições do próprio Tribunal de Contas da União.[227] Entretanto, fazer constar a apuração do custo de uma determinada medida não acarreta consequências jurídico-orçamentárias.

A apuração do custo das medidas implementadas por meio da política fiscal a partir dos gastos tributários somente gera impacto orçamentário quando importar renúncia de receita. A renúncia de receita, como se verá adiante, é uma consequência orçamentária da implementação medidas de política fiscal que utilizem a tributação como instrumento para a obtenção de objetivos específicos, e os gastos tributários são uma técnica para sua quantificação. No ordenamento brasileiro, apenas os gastos tributários que importem renúncia de receita têm consequências jurídicas na perspectiva do orçamento.

Em relação aos programas de incentivo tributário, a quantificação dos gastos tributários é uma importante ferramenta de gestão, que possibilita confrontar os resultados obtidos com os custos envolvidos. No âmbito da competência do TCU para realizar a atividade administrativa de controle no viés da eficiência (mas não apenas), a dimensão do custo estimado é fundamental.

1.3.2 Impactos orçamentários dos programas de incentivo tributário

Parte da doutrina[228] e o próprio TCU[229] tratam as expressões *gastos tributários* e *renúncia de receita* como sinônimas, quando empregadas na

---

[227] BRASIL. Tribunal de Contas da União. *Acórdão n. 747/2010*. Rel. Min. Augusto Nardes, Plenário, jul. 14 abr. 2010; BRASIL. Tribunal de Contas da União. *Acórdão n. 809/2014*. Rel. Min. Benjamin Zymler,Plenário, j. 02 abr. 2014; BRASIL. Tribunal de Contas da União. *Acórdão n. 1.205/2014*. Rel. Min. Raimundo Carreiro, Plenário, 14 maio 2014; BRASIL. Tribunal de Contas da União. *Acórdão n. 384/2016*. Rel. Min. Augusto Nardes, 02 mar. 2016; BRASIL. Tribunal de Contas da União. *Acórdão n. 2.198/2020*. Rel. Min. Vital do Rego, Plenário, 19 ago. 2020.

[228] HORVATH, Estevão. *O direito tributário...* Op. cit.; AGUIAR, Andrei; NAMI, Beatriz Dib. As entidades religiosas... Op. cit.; SCAFF, Fernando Facury. *Orçamento...* Op. cit.; ANDRADE, José Maria Arruda de. Responsabilidade fiscal dinâmica e incentivos tributários: de quem é o dever de apresentar os números do impacto fiscal? *Revista Fórum de Direito Financeiro e Econômico – RFDFE*. Belo Horizonte, v. 10, n. 19, p. 189-213, mar./ago. 2021.

[229] Para o TCU: "as renúncias de receita, ou renúncias fiscais, ou gastos tributários, constituem a dimensão financeira que estima ou quantifica a perda intencional de arrecadação pelo poder público, cujos efeitos equivalem aos de um pagamento feito pelo Estado, e que decorrem

apuração do custo estimado das medidas de política fiscal implementadas por meio do sistema tributário. Porém, embora haja parcial sobreposição nos campos semânticos correspondentes, é possível identificar uma diferenciação entre esses conceitos que coloca a primeira como mais ampla que a segunda. É dizer, tudo que é renúncia de receita representa gasto tributário, mas nem tudo que pode ter seu impacto apurado por meio da técnica dos gastos tributários representa renúncia de receitas.

Gastos tributários são uma técnica para apurar o custo estimado de medidas de política fiscal implementadas por meio do sistema tributário. Esse custo, em alguns casos, pode representar impactos orçamentários, sendo estes denominados pelo direito positivo brasileiro como renúncias de receita.

A diferença entre gastos tributários e renúncias de receitas deriva da própria forma como o art. 165, §6º, da Constituição da República introduziu a necessidade de consideração dos custos indiretos de medidas de política fiscal, implementadas via receita ou despesa, no orçamento público. Esse dispositivo estabelece que o projeto de LOA deverá "ser acompanhado de demonstrativo regionalizado do efeito, sobre as receitas e despesas, decorrente de isenções, anistias, remissões, subsídios e benefícios de natureza financeira, tributária e creditícia".[230]

Em uma primeira aproximação, é importante destacar que este enunciado não traz o conceito de *gastos tributários* nem de *renúncia de receitas*. A norma dele emergente apenas determina que seja apurado o "efeito, sobre receitas e despesas", decorrente da implementação benefícios fiscais (adotados em seu conceito amplo, que engloba aqueles de natureza tributária, financeira e creditícia), enumerados em rol exemplificativo, de forma a não delimitar o alcance do controle.[231]

A apuração dos efeitos sobre o orçamento anual – a que alude o art. 165, §6º, da CRFB – é objeto de um demonstrativo regionalizado, que, por si só, não gera nenhuma consequência além de dar publicidade aos custos estimados de um conjunto amplo de medidas, o que promove um estado de transparência e viabiliza o controle de sua legitimidade.[232]

---

da existência de benefícios fiscais instituídos previamente" (BRASIL. Tribunal de Contas da União. *Acórdão n. 1.205/2014*. Rel. Min. Raimundo Carreiro, Plenário, 14 maio 2014.).

[230] BRASIL. *Constituição da República Federativa do Brasil de 1988*. Op. cit.

[231] ANDRADE, José Maria Arruda de. Responsabilidade fiscal... Op. cit., p. 191.

[232] TORRES, Ricardo Lobo. O princípio da transparência no direito financeiro. *Revista de Direito da Associação dos Procuradorias do Novo Estado do Rio de Janeiro*. Rio de Janeiro, 1999, n. 8, p. 133-156, 2001, p. 140.

Na perspectiva constitucional, o demonstrativo a que alude o art. 165, §6º, da CRFB pode abarcar um espectro amplo de medidas implementadas por meio da política fiscal (implementadas pela tributação, subvenções financeiras ou política creditícia), cujos custos podem ser quantificados, ainda que não gerem impacto orçamentário. Seu objetivo é demonstrar os efeitos sobre receitas e despesas, conferindo publicidade aos custos públicos envolvidos.[233] Partindo dessa disposição, não haveria inconstitucionalidade decorrente da apuração dos custos de imunidades ou medidas de isenção técnica, por exemplo, ainda que a sua implementação não tenha consequências jurídico-orçamentárias.

A expressão "renúncia de receitas" aparece no ordenamento positivo brasileiro no contexto da atividade de controle. O art. 70 da CRFB estende o alcance da atividade fiscalização contábil, financeira, orçamentária, operacional e patrimonial à "renúncia de receitas", ao que é possível entender que o próprio texto constitucional concebe esse fenômeno como uma modalidade de alocação econômica indireta de recursos públicos submetida ao escrutínio do controle externo.[234]

A Lei de Responsabilidade Fiscal faz referência à obediência de limites e condições associadas a renúncia de receitas como elemento da responsabilidade da gestão fiscal (art. 1º, §1º). Desse enunciado é possível construir que existem limites e condicionantes para a sua realização no ordenamento brasileiro e que seu respeito é elemento de responsabilidade na gestão fiscal.[235]

Renúncias de receitas podem ser diferenciadas de outros elementos do sistema tributário que têm seu custo apurado no demonstrativo de gastos tributários. Essa diferença pode ser evidenciada a partir da análise do enunciado normativo do art. 5º, inciso II, da LRF, que, ao tratar do projeto de lei orçamentária anual, estabelece que este será acompanhado "do documento a que se refere o §6º do art. 165 da Constituição, bem como das medidas de compensação a renúncias de receita e ao aumento de despesas obrigatórias de caráter continuado".[236]

Esse enunciado, em sua primeira parte, faz referência ao demonstrativo preconizado pelo art. 165, §6º, da CRFB, como um "documento" que acompanha a Lei Orçamentária Anual. Tal documento é autônomo

---

[233] GIACOMONI, James. *Orçamento...* Op. cit., p. 217.
[234] BRASIL. *Constituição da República Federativa do Brasil de 1988.* Op. cit.
[235] BRASIL. *Lei Complementar n. 101, de 04 de maio de 2000.* Op. cit.
[236] BRASIL. *Lei Complementar n. 101, de 04 de maio de 2000.* Op. cit.

e tem o objetivo de discriminar os custos estimados decorrentes da aplicação de normas integrantes do sistema tributário.

A segunda parte do inciso II do art. 5º da LRF estabelece o dever de prever medidas de compensação relativas apenas às renúncias de receitas. Na perspectiva da política tributária, essa divisão – que separa de um lado os gastos tributários e de outro as renúncias de receitas – já seria uma evidência para demonstrar que não há correspondência integral em relação a essas figuras.

Outro elemento que demonstra a diferença desses conceitos está na circunstância de que a norma não exige a compensação em relação a todos os gastos tributários, mas apenas em relação àqueles que representam renúncias de receita. Ou seja, podem existir gastos tributários mencionados no DGT que não implicam renúncias de receita.

Na mesma linha de raciocínio, o art. 14 da LRF estabelece que as medidas de compensação – referidas no enunciado do art. 5, inciso II – somente são aplicáveis para a "concessão ou ampliação de incentivo ou benefício de natureza tributária da qual decorra renúncia de receita".[237] Pela negativa, a norma admite que poderão existir programas de incentivo ou benefícios de natureza tributária dos quais não decorre renúncia de receita.

A análise do enunciado desse artigo também é lapidar para demonstrar que as renúncias de receita decorrem de uma lei que previu a concessão ou ampliação de benefício de natureza tributária. Portanto, trata-se se uma *decisão* que representou renúncia ao direito de arrecadar um determinado volume de recursos, que, caso não tivesse sido tomada, estariam disponíveis para alocação orçamentária. A decisão de renunciar significa a escolha por alocar esses recursos na finalidade que legitimou a criação do programa de incentivo tributário.[238]

Essa digressão tem o objetivo de demonstrar que gastos tributários e renúncias de receita servem a propósitos distintos no ordenamento jurídico brasileiro.

O demonstrativo que acompanha o projeto de lei orçamentária anual (art. 165, §6º, da CRFB) visa garantir a transparência de situações benéficas geradas por normas tributárias ou financeiras, o que

---

[237] BRASIL. *Lei Complementar n. 101, de 04 de maio de 2000*. Op. cit.

[238] Marcos Abraham aponta três efeitos concretos das renúncias de receita: "a) redução na arrecadação potencial; b) aumento na disponibilidade econômica e financeira do contribuinte; c) exceção à regra jurídica impositiva geral" (ABRAHAM, Marcos. *Curso de direito financeiro brasileiro*. 4. ed. Rio de Janeiro: Forense, 2017, p. 388).

possibilita um confronto entre o custo estimado destas e os valores que pretende realizar.

Por outro lado, as renúncias de receita são custos públicos decorrem da decisão de conceder ou ampliar benefícios de natureza tributária e, nessa condição, devem ser tratadas "como se fosse uma nova despesa (despesa tributária) e, por isso, os mecanismos de compensação, em alguns casos, devem entrar em ação".[239]

Os programas de incentivo tributário podem representar renúncias de receita, enquanto decisões de alocação indireta de recursos públicos, e seus custos devem ser estimados no demonstrativo de gastos tributários que acompanha a LOA. Nessa condição, as medidas de compensação devidas são um importante tema de controle de legalidade na sua implementação, como se verá adiante.[240]

Porém, entender as medidas de incentivo tributário como programas tem consequências nas leis orçamentárias que vão para além daquelas decorrentes das renúncias de receitas envolvidas.

1.3.2.1   Plano Plurianual

Uma das funções do plano plurianual é estabelecer diretrizes, objetivos e metas da Administração Pública "relativas aos programas de duração continuada" (art. 165, §1º, da CRFB).[241] Essas diretrizes são vinculantes[242] e condicionam a elaboração da LDO e da LOA, estabelecendo um liame que une as leis orçamentárias brasileiras, "de modo a tornar coeso o sistema de planejamento da ação governamental no âmbito de cada ente federativo".[243]

Porém, como observa James Giacomoni, nunca foi editada uma lei complementar para dispor sobre o plano plurianual, como determina o art. 165, §9º, da CRFB, ao que o conceito de "programas de duração continuada" é tratado de maneira diferente por regras do ordenamento jurídico que, muitas vezes, buscam restringi-lo. O autor propõe um conceito amplo, no qual, "com exceção dos investimentos, que têm prazos

---

[239] NÓBREGA, Marcos; FIGUEIREDO, Carlos Maurício. Renúncia de receita; guerra fiscal e *tax expenditure*: uma abordagem do artigo 14 da LRF. *In*: NÓBREGA, Marcos; FIGUEIREDO, Carlos Maurício. *Responsabilidade fiscal*: aspectos polêmicos. Belo Horizonte: Fórum, 2006, p. 109-134, p. 122.

[240] Como exposto na seção n. 3.1.1.

[241] BRASIL. *Constituição da República Federativa do Brasil de 1988*. Op. cit.

[242] HORVATH, Estevão. *O orçamento...* Op. cit., p. 294-295.

[243] CONTI, José Maurício. O plano plurianual... Op. cit., p. 327).

de início e conclusão, as demais ações governamentais inserem-se em programas de duração continuada".[244]

Partindo da premissa de que o PPA tem o objetivo de estabelecer os rumos da atuação administrativa, figurando com peça de integração entre o planejamento da ação estatal e o orçamento público, adotar um conceito amplo de *programas de duração continuada* é importante para garantir a positivação das diretrizes, objetivos e metas para cada uma das atuações finalísticas do Estado. Nesse contexto, de maneira objetiva, é possível conceituá-los como "aqueles cujo prazo de duração ultrapasse um exercício financeiro".[245]

Em relação aos incentivos tributários, encará-los como programa implica na necessidade de positivar no PPA os objetivos, diretrizes e metas que se pretende atingir com sua implementação. Tais parâmetros são importantes para orientar a elaboração das outras leis que integram o ciclo orçamentário e para balizar a atividade de controle, tanto pelos órgãos institucionalmente habilitados para tanto (entre eles, na esfera federal, o TCU) quanto pela sociedade.

Ao analisar a forma como os gastos tributários eram integrados no orçamento federal, o TCU reconheceu a necessidade de inclusão dos gastos tributários decorrentes de medidas de incentivo fiscal no PPA como medida de transparência. Porém, ao fazê-lo, recomendou que as renúncias de receitas fossem incluídas de forma associada a outros programas temáticos, e não de forma autônoma.[246] Essa recomendação foi seguida nas leis de PPA para os períodos de 2016-2019[247] e 2020-2022,[248] que relacionaram custos de "gastos tributários" associados a outros gastos diretos na realização de outros programas temáticos.

Embora represente acréscimo de transparência, essa decisão de apurar "gastos tributários" associados a programas temáticos amplos é insuficiente para instrumentalizar um controle efetivo de programas de incentivo tributário, dado que não positiva os objetivos, diretrizes e metas específicos para balizar a atividade dos órgãos responsáveis.

---

[244] GIACOMONI, James. *Orçamento...* Op. cit., p. 210-211.

[245] ABRAHAM, Marcos. *Curso...* Op. cit., p. 303.

[246] BRASIL. Tribunal de Contas da União. *Acórdão n. 1.205/2014*. Rel. Min. Raimundo Carreiro, Plenário, 14 maio 2014.

[247] BRASIL. *Lei n. 13.249, de 13 de janeiro de 2016*. Institui o Plano Plurianual da União para o período de 2016 a 2019. Disponível em: https://www.planalto.gov.br/ccivil_03/_ato2015-2018/2016/lei/L13249.htm. Acesso em: 23 fev. 2022.

[248] BRASIL. *Lei n. 13.971, de 27 de dezembro de 2019*. Op. cit.

Como instrumentos de ação voltados para o atendimento de necessidades sociais, os programas de incentivo tributário enquadram-se no conceito amplo de "programa de duração continuada", sendo a positivação de objetivos, diretrizes e metas específicos no PPA uma decorrência direta da regra do art. 165, §1º, da CRFB.

Embora não seja essencial para o controle, a positivação dos objetivos, diretrizes e metas dos programas de incentivo tributário no PPA teria o efeito de direcionar a forma como essa atividade será desenvolvida.[249]

1.3.2.2 Lei de Diretrizes Orçamentárias

Tratar as medidas de incentivo implementadas pelo sistema tributário como programas também tem impacto direto na forma como essas são previstas na Lei de Diretrizes Orçamentárias.

O art. 165, §2º, da CRFB, após as alterações promovidas pela Emenda Constitucional n. 109, de 15 de março de 2021,[250] prevê que são funções da LDO:

a) estabelecer "metas e prioridades para a administração pública federal";
b) fixar "as diretrizes de política fiscal e respectivas metas, em consonância com trajetória sustentável da dívida pública";
c) dispor "sobre as alterações na legislação tributária";
d) estabelecer "a política de aplicação das agências financeiras oficiais de fomento".[251]

A Lei de Responsabilidade Fiscal estabelece que o Anexo de Metas Fiscais da LDO, que promove a estimativa das metas anuais para o exercício a que se referir a lei e os dois subsequentes (art. 4, §1º, da

---

[249] Heleno Taveira Torres denomina por *parametricidade obrigatória* a proibição da prática de atos contrários ao orçamento, sancionável como crime de responsabilidade, nos termos do art. 85, inciso VI, da CRFB. Para o autor: "Esse efeito de parametricidade vinculante que deriva da lei orçamentária alcança também a aprovação do direcionamento econômico-financeiro da política nacional de financiamento do Estado, na sua totalidade, quanto à função de 'planejamento' e de dirigismo. Logicamente, pela compatibilidade necessária entre o plano plurianual e a lei de diretrizes orçamentárias, a execução da lei de orçamento anual restringe todo o agir da Administração às escolhas públicas definidas nessas leis" (TORRES, Heleno Taveira. *Direito constitucional financeiro.* Op. cit., p. 351).

[250] BRASIL. *Emenda Constitucional n. 109, de 15 de março de 2021.* Disponível em: http://www.planalto.gov.br/ccivil_03/constituicao/Emendas/Emc/emc109.htm. Acesso em: 23 fev. 2022.

[251] BRASIL. *Constituição da República Federativa do Brasil de 1988.* Op. cit.

LRF), deverá ser acompanhado de um "demonstrativo da estimativa e compensação da renúncia de receita" (art. 4, §2º, V, da LRF).[252]

Essa norma busca assegurar que as perdas de arrecadação sejam consideradas na fixação da receita e não afetem os resultados fiscais. Ela garante transparência, evidenciando e estimando o impacto da renúncia de receitas decorrente sobre a arrecadação potencial no exercício a que a lei se refere e nos dois seguintes; e coerência, ao determinar que essas estimativas sejam associadas às medidas de compensação determinadas pelo art. 14 da LRF.[253]

As medidas de compensação alternativas previstas no art. 14 da LRF – consideração dos impactos no cálculo da receita da LOA e na fixação das metas de resultados fiscais ou aumento de tributos – buscam neutralizar os efeitos orçamentários das renúncias de receita[254] e sua implementação é condição e "eficácia do ato de benefício ou incentivo" 255 (art. 14, §2º, da LRF).

Em relação aos programas de incentivo tributário, é na LDO que o impacto da medida deve ser estimado para o exercício financeiro em referência e para os dois subsequentes, situação que possibilita uma avaliação prospectiva de resultados.

É também na LDO que as medidas de compensação para cada programa são individualizadas, de forma a neutralizar o impacto negativo estimado sobre as receitas, evitando que haja estimativa fictícia sobre o volume de recursos disponíveis, o que, em última análise, poderia conduzir à previsão de um conjunto de despesas que jamais seriam realizadas, desestabilizando assim o planejamento orçamentário.

1.3.2.3 Lei Orçamentária Anual

A Lei Orçamentária Anual ocupa o último estágio no funil do planejamento orçamentário. A fixação das dotações para o financiamento das políticas públicas na LOA busca realizar os objetivos, diretrizes e

---

[252] BRASIL. *Lei Complementar n. 101, de 04 de maio de 2000*. Op. cit.

[253] OLIVEIRA, Weder. *Curso de responsabilidade fiscal*. 2. ed. Belo Horizonte: Fórum, 2015, p. 610.

[254] ANDRADE, José Maria Arruda de. Responsabilidade fiscal... Op. cit., p. 197.

[255] MOREIRA NETO, Diogo de Figueiredo. *Considerações sobre a Lei de Responsabilidade Fiscal*: finanças públicas democráticas. Rio de Janeiro: Renovar, 2001, p. 149.

metas estabelecidos pelo PPA, a partir dos parâmetros e padrões de equilíbrio fixados pela LDO para o exercício correspondente.[256] Em relação aos gastos diretos, a LOA tem a função de condicionar a legalidade do emprego de recursos públicos ao volume de recursos dimensionado para a realização de uma determinada finalidade.[257] A Constituição da República garante a efetividade da legalidade orçamentária na realização da despesas pública (direta) por meio de uma série de vedações presentes no art. 167, que configuram verdadeiros princípios do orçamento público, que impedem: o início de programas ou projetos não inseridos na LOA (inciso I); a realização de despesas ou a assunção de obrigações que transcendam os créditos orçamentários (inciso II); a abertura de crédito suplementar ou especial sem a indicação de recursos correspondentes sem prévia autorização legislativa (inciso V); a transposição, o remanejamento ou transferências de recursos de uma categoria de programação para outra ou de um órgão para outro sem prévia autorização legislativa (inciso VI);[258] a concessão de créditos ilimitados (inciso VII).

A legalidade orçamentária representa uma limitação direta aplicável à execução das despesas direitas. Porém, em relação às renúncias de receita, que representam gastos tributários indiretos, essa legalidade é relativizada. A norma do art. 165, §6º, da CRFB se limita a determinar que seja elaborado e enviado junto com o projeto de LOA o demonstrativo regionalizado dos efeitos dos benefícios fiscais (em sentido amplo), sem, de qualquer forma, condicionar a legalidade, vigência ou eficácia destes.

Diferentemente do paradigma das despesas públicas, a autorização para a alocação econômica indireta de recursos por meio das renúncias de receita é outorgada previamente pela própria norma tributária exonerativa. Os incentivos tributários, assim como outros benefícios fiscais, enquadram-se no paradigma das chamadas despesas "off-budget", no qual a legalidade orçamentária é flexibilizada, não sendo a previsão na LOA uma condicionante para sua realização.[259]

---

[256] HORVATH, Estevão. O orçamento... Op. cit., p. 312.

[257] TORRES, Heleno Taveira. Direito constitucional financeiro. Op. cit., p. 351.

[258] São exceções a esta proibição a transposição, o remanejamento ou a transferência de recursos de uma categoria de programação para outra no âmbito das atividades de ciência, tecnologia e inovação, com o objetivo de viabilizar os resultados de projetos restritos a essas funções, nos termos do art. 167, §5º, da CRFB.

[259] GOMES, Emerson Cesar da Silva. O direito... Op. cit., p. 431.

Em um paralelo com instrumentos de flexibilidade, por meio dos quais a aprovação parlamentar não é prévia (créditos extraordinários) ou não é específica (créditos suplementares pré-aprovados na LOA), é possível defender que as renúncias de receita estão sujeitas a um "controle parlamentar fraco" no momento de discussão e aprovação do orçamento, pois não há qualquer tipo de protagonismo do Poder Legislativo na escolha sobre a destinação dos recursos públicos não arrecadados durante o processo de discussão e aprovação do orçamento.[260]

Porém, embora o Poder Legislativo não possa decidir, na perspectiva orçamentária, sobre a destinação dos recursos aplicados indiretamente pela via da renúncia de receitas, a estimativa do impacto que acompanha da LOA tem o importante papel de quantificar, anualmente, o custo estimado das medidas, o que possibilita um juízo comparativo em relação a outras medidas, abrindo uma discussão sobre a viabilidade de manutenção para o futuro.

A necessidade de elaborar o demonstrativo de gastos tributários por ocasião da elaboração da LOA revela-se um importante instrumento para dar conhecimento ao Poder Legislativo e à sociedade de uma estimativa quantitativa do impacto dos programas implementados por meio da política tributária, possibilitando um debate público sobre sua análise e eventual revisão.

Na perspectiva do controle realizado pelo TCU, a dimensão do custo positivada na LOA possibilita um confronto entre o montante renunciado e os resultados obtidos, o que possibilita um juízo de economicidade do programa, como se verá adiante.[261]

1.4 Conclusões parciais

O orçamento é um instrumento institucional para o controle do exercício do poder estatal e suas origens remetem ao princípio do consentimento, que impõe a necessidade de autorização periódica da sociedade para o emprego dos recursos públicos.

Em sua feição moderna, o orçamento é integrado ao planejamento para mobilizar a atuação coordenada da Administração Pública para a realização dos seus fins. Trata-se do paradigma do orçamento-programa,

---

[260] LOCHAGIN, Gabriel Loretto. *A execução do orçamento público*: flexibilidade e orçamento impositivo. São Paulo: Blucher, 2016, p. 93.
[261] Conforme exposto na seção 3.3.

que foi progressivamente adotado pela legislação brasileira e culminou com a constitucionalização de instrumentos que integram os elementos de planejamento estatal ao processo de elaboração dos projetos de lei orçamentária, o que possibilita um controle que transcende os aspectos formais para sindicar os resultados atingidos em face dos objetivos almejados.

O conceito de *programa* é estruturante desse paradigma orçamentário moderno e estabelece uma lógica finalística para a ação governamental, que passa a buscar a realização de objetivos previamente estabelecidos passíveis de mensuração por meio de critérios também transparentes.

Embora a estruturação de ações realizadas por meio de gastos diretos como programas tenha experimentado sensíveis avanços desde a Constituição de 1988 (em razão da figura do PPA), ainda é tímida a utilização desse conceito em relação às medidas que são conduzidas por meio da política fiscal. Atualmente, os impactos de medidas que importam gastos tributários – entre elas os incentivos tributários – são incluídos no contexto de programas finalísticos mais amplos, situação que torna opacos os objetivos dessas medidas tributárias e os parâmetros de aferição dos seus resultados.

Os incentivos tributários como medidas implementas por meio da política fiscal para a obtenção de objetivos específicos enquadram-se no conceito de *programa* e, como o tal, devem ter seus objetivos, diretrizes e metas individualizados fixados no PPA. Com isso, além de garantir a transparência à atuação administrativa, fica instrumentalizado e orientado o controle dessas medidas em face dos resultados identificados pela sociedade e por instituições como o TCU.

A tributação pode ser manejada como um instrumento de atuação do Estado sobre o domínio econômico para atingir os objetivos fixados no planejamento, que integram e justificam a própria intervenção.

O manejo dos instrumentos de política fiscal para incentivar atividades de agentes privados, com o objetivo e induzir comportamentos que realizam diretrizes do planejamento estatal, integram a atividade administrativa de fomento.

O fomento de natureza econômica pode ser realizado por meio de gastos diretos ou indiretos, sendo a última categoria integrada pelos incentivos tributários. Embora haja diferença no regime jurídico aplicável aos estímulos realizados por meio de despesas públicas ou pela concessão de regimes tributários favoráveis, em ambos os casos o

Estado se vale dos instrumentos jurídicos objetivando a realização de uma finalidade, que deve orientar e limitar a atividade de controle a ser desenvolvida pelo TCU.

O manejo de instrumentos tributários para a realização de finalidades específicas (extrafiscais) pode ser tomado como uma política pública, que dever ser coordenada com os objetivos estabelecidos pelo Estado quando atua no domínio econômico, compatibilizada com as leis que regem o orçamento e deve ter sua eficácia confrontada em face dos resultados identificados.

Pensar os programas de incentivo tributário como política pública os aproxima de outros programas implementados por meio de gastos direitos, abrindo espaço para um controle finalístico, que transcende a fiscalização do cumprimento de requisitos legais para perquirir a adequação dos meios escolhidos, a partir do confronto dos resultados obtidos em face dos custos públicos suportados.

O sistema jurídico brasileiro estabelece tratamento diverso para incentivos condicionados e incondicionados, o que tem impacto no controle a ser realizado pelo TCU.

Para os incentivos condicionados, que têm caráter oneroso decorrente dos requisitos legais impostos aos destinatários, é garantida a imutabilidade das condições estabelecidas enquanto mantida a situação de adimplência, ao que eventual decisão do TCU jamais poderia alterar a condição subjetiva do agente privado protegida pela tutela do direito adquirido. Porém, diante do descumprimento dessas condições pelo beneficiário, fica afastada a imutabilidade, e a irregularidade pode ser alvo da fiscalização pelo órgão.

Já em relação aos incentivos incondicionados, como o gozo do benefício não depende de um ato de concessão, não se vislumbra a possibilidade de o TCU proferir decisões para afastar o acesso dos destinatários às condições mais benéficas.

Não há como pensar um controle finalístico, que analisa a adequação da medida para serem atingidos os objetivos pretendidos, sem a dimensão dos custos públicos envolvidos. O processo de apuração e positivação das renúncias de receita relativas aos programas de incentivo tributário no ciclo orçamentário representa, portanto, elemento fundamental para o exercício do controle pelo TCU.

Nesse processo, a teoria dos gastos tributários representa uma técnica econômica para apurar os impactos orçamentários de medidas de política fiscal (*lato sensu*). Sua utilização é neutra e, na perspectiva da lei orçamentária anual (art. 165, §6º, da CRFB), a adoção de uma compreensão ampla sobre o universo de instrumentos que têm seu impacto medido, tem como consequência a promoção de transparência sobre o impacto de elementos que podem ser estruturantes das finanças públicas brasileiras ou escolhas finalísticas.

O ordenamento brasileiro confere o tratamento de renúncia de receitas ao universo de medidas que representam gastos indiretos derivados de escolhas finalísticas implementadas pela política fiscal para a realização de objetivos específicos (extrafiscais), como é o caso dos incentivos tributários. O impacto estimado dessas medidas é submetido, na perspectiva orçamentária, a medidas de compensação, que buscam garantir que a decisão de renunciar a parte dos recursos aos quais o Estado teria direito não afete o equilíbrio das contas públicas.

Os programas de incentivo tributário enquadram-se no conceito amplo de programas de duração continuada e, nessa condição, deveriam estar previstos de maneira individualizada no PPA, com a indicação de objetivos, diretrizes e metas, além do volume de renúncia de receita estimado, cuja realização é sindicável pelos órgãos de controle, entre eles o TCU.

Na LDO, as renúncias de receita provenientes dos programas de incentivo tributário estão sujeitas a serem compatibilizadas com as metas fiscais estabelecidas, com a previsão das medidas de compensação necessárias a manter o equilíbrio das contas públicas. Os critérios formais destinados a garantir a compatibilidade da medida com as metas estabelecidas na LDO são importantes para o controle sobre a gestão dos programas pelo TCU.

No estágio da LOA, a individualização da renúncia de receita emergente de programas de incentivo tributário, além de induzir um estado de transparência, possibilita que os custos estimados sejam comparados com outros programas de gastos diretos. Esta dimensão comparativa é um importante critério para o desenvolvimento da atividade de controle pelo TCU.

2

COMPETÊNCIA DO TRIBUNAL DE CONTAS DA UNIÃO (TCU)

Este capítulo apresentará aspectos fundamentais da competência do Tribunal de Contas da União (TCU) na atividade de controle dos programas de incentivo tributário. *Competência*, neste contexto, refere-se aos limites e possiblidades de atuação do órgão.

A competência dos órgãos de controle para fiscalizar a aplicação de outras normas que impõem deveres no sistema jurídico é estabelecida em normas secundárias, que outorgam poderes a determinados agentes para criar ou modificar deveres ou obrigações.[262]

As normas de competência atingem diretamente a conduta de seus destinatários, estabelecendo sujeitos, procedimentos e critérios materiais de validade para seu exercício.[263] A relação jurídica de competência coloca os órgãos de fiscalização na posição de sujeito ativo, que goza do direito de introduzir normas jurídicas sobre determinado tema, ao passo que o sujeito passivo é aquele que tem o dever de respeitá-las.[264] A norma de competência estabelece a medida da jurisdição,[265] por configurar a esfera de atuação do órgão.[266]

---

[262] HART, Herbert Lionel Adolphus. *O conceito de direito*. 6. ed. Lisboa: Fundação Calouste Gulbenkian, 2011, p. 91.

[263] ÁVILA, Humberto Bergmann. *Competências tributárias*: um ensaio sobre a sua compatibilidade com as noções de tipo e conceito. São Paulo: Malheiros, 2018, p. 22.

[264] GAMA, Tácio Lacerda. *Competência tributária*: fundamentos para uma teoria da nulidade. São Paulo: Noeses, 2009, p. 76-81.

[265] DINAMARCO, Cândido Rangel. *Instituições de direito processual civil*. 7. ed. São Paulo: Malheiros, 2013, p. 304.

[266] THEODORO JÚNIOR, Humberto. *Curso de direito processual civil*. 58. ed. Rio de Janeiro: Forense, 2017, v. 1, p. 192.

O TCU, como titular de uma competência de controle, é sujeito ativo de uma norma de competência e sua atividade submete um conjunto de agentes, que devem respeitar suas decisões suportando seus efeitos. Este capítulo buscará delimitar alguns pontos-chave para configurar a esfera da competência do TCU em relação aos incentivos tributários.

Compreender a extensão dos efeitos da competência do TCU para controlar programas de incentivo tributário passa por reconhecer quem são os sujeitos passivos que estão sob o *alcance* do órgão e qual o *conteúdo* da decisão.

Pensar que o TCU pode fiscalizar a execução de programas e, eventualmente, emitir comandos e aplicar sanções importa refletir sobre quais agentes estão sujeitos a sua competência. Assim, por *alcance*, este livro se refere ao conjunto de sujeitos – agentes públicos ou privados – abrangidos pela competência fiscalizatória do TCU e que, portanto, devem responder perante o órgão.

Para entender o alcance da competência em relação aos agentes fiscalizados, este livro parte das normas sobre o TCU na Constituição Federal; passa por uma compreensão da figura do agente responsável como destinatário primordial do controle; e analisa a possibilidade de aplicação de sanções aos particulares.

A segunda parte deste capítulo tem como foco o *conteúdo* das decisões do TCU no controle dos incentivos tributários. O TCU é órgão multifacetado e sua atuação compreende a competência para editar normas, praticar atos sancionatórios, praticar atos de comando, levantar e produzir informações, formular orientações gerais e representar perante outros órgãos de controle.[267]

Partindo do espectro de competência da Corte de Contas Federal, o livro propõe-se a detalhar o *conteúdo* de uma decisão proferida no exercício de uma função de fiscalização, em relação aos atos ou contratos administrativos tomados como processos.[268] Para tanto, toma como base a análise das atribuições constitucionais do TCU, dispostas no art. 71 da CRFB; apresenta as possibilidades e limites na utilização de medidas cautelares administrativas pelo órgão; detalha quais comandos

---

[267] ROSILHO, André Janjácomo. *Tribunal de Contas da União*: competências, jurisdição e instrumentos de controle. São Paulo: Quartier Latin, 2019, p. 120.

[268] SPECK, Bruno Wilhelm. *Inovação e rotina no Tribunal de Contas da União*. São Paulo: Fundação Konrad Adenauer, 2000, p. 125.

são aplicados pelo órgão no contexto de tomadas de contas especiais; e questiona a possibilidade de controle de constitucionalidade em relação aos programas de incentivo tributário.

2.1 Alcance em relação aos agentes

Esta seção analisa qual o alcance da competência do TCU em relação aos agentes envolvidos nas relações jurídicas constituídas no contexto de programas de incentivo tributário.

Para circunscrever o universo de sujeitos que estão submetidos à competência do TCU, a primeira parte desta seção reconstruirá uma visão mais ampla do conjunto de agentes que podem ser alvo de seus comandos a partir de seu papel institucional no Estado brasileiro conferido pela Constituição de 1988.

A segunda parte desta seção é dedicada à figura do responsável, tomado como destinatário primário dos comandos do TCU. O foco da análise é o art. 70 da CRFB e sua interpretação pelo Supremo Tribunal Federal.

A parte final avalia as hipóteses em que os particulares podem ser alvo dos comandos emitidos pela Corte de Contas federal no controle dos programas de incentivo tributário.

2.1.1 TCU na Constituição da República

Os tribunais de contas no Brasil têm origem na Constituição do Império de 1824, com o papel de auxiliar o Poder Legislativo na fiscalização orçamentária, fornecendo informações e colaborando para o exame das contas públicas.[269] Sua atuação era focada no controle *a posteriori* das contas,[270] pouco influindo no processo de execução orçamentária. Esta estrutura institucional experimentou mutações durante a história constitucional brasileira.

Com o advento da ordem republicana de 1891, o tribunal de contas assumiu funções de controle *a priori*[271] e condicionante à rea-

---

[269] ROURE, Agenor de. *Formação do direito orçamentário brasileiro*. Rio de Janeiro: Typ. Jornal do Comércio, 1916, p. 191.

[270] BUZAID, Alfredo. O Tribunal de Contas do Brasil. *Revista da Faculdade de Direito*. São Paulo, Universidade de São Paulo, v. 62, n. 2, p. 37-62, 1967, p. 39.

[271] SOUZA, Luciano Brandão Alves de. A Constituição de 1988 e o Tribunal de Contas da União. *Revista de Direito Administrativo*. Rio de Janeiro, v. 175, p. 36-46, jan. 1989, p. 36.

lização das despesas,[272] modelo que era alvo de críticas por sua ineficiência.[273]

O controle preventivo foi modificado na ordem constitucional de 1967,[274] que reduziu significativamente o número de processos que eram submetidos ao registro da corte em razão da criação dos sistemas de controle interno,[275] mas manteve o modelo de controle prévio e posterior de legalidade, com a introdução de algumas competências para a realização de auditorias e fiscalizações.[276]

A Constituição de 1988 buscou superar um modelo de tribunal de contas responsável apenas pelo controle formal e contábil das atividades da Administração Pública,[277] em prol de uma visão mais crítica dos programas governamentais voltada para a "análise de equivalência entre as despesas feitas e resultados atingidos".[278]

Essa visão pode ser evidenciada com a ampliação das competências do órgão,[279] que passou a atuar antes (prévio), durante (concomitante) ou depois (posterior) da implementação de medidas pela Administração Pública.[280]

---

[272] MARANHÃO, Jarbas. Origem, importância e competência do Tribunal de Contas. *Revista de Ciência Política*, v. 23, n. 1, p. 43-48, 1980, p. 46.

[273] PEREIRA, Osny Duarte. *A constituição do Brasil (1967)*. Rio de Janeiro: Civilização Brasileira, 1967, p. 467.

[274] Como observa Luiz Octávio Gallotti, o regime estabelecido pela ordem de 1967 "sucedeu ao da Carta de 1946, que se baseava sobretudo na apreciação prévia das despesas (com o alcance progressivamente esvaziado por sucessivas leis que lhe impunham numerosas e amplas exceções) e no exame sempre a priori, dos contratos; ressentindo-se, entretanto, de meio efetivo do acompanhamento da execução e limitando-se, habitualmente, à verificação dos documentos entregues ao Tribunal" (GALLOTTI, Luiz Octávio. Atualidade do Tribunal de Contas. *Revista de Direito Público*, v. 17, n. 72, p. 5-9, out./dez. 1984, p. 6).

[275] GALLOTTI, Luiz Octavio. O Tribunal de Contas da União e a prática de sua competência constitucional. *Revista de Direito Administrativo*. Rio de Janeiro, v. 131, p. 1-10, jan. 1978, p. 1.

[276] ROSAS, Roberto. Aspectos dos tribunais de contas. *Revista de Direito Administrativo*. Rio de Janeiro, v. 101, p. 44-52, set. 1970, p. 52.

[277] Um dos aspectos inovadores da Constituição de 1988 está na adoção do princípio da legitimidade, que possibilitou um espaço de controle sobre vieses políticos das escolhas realizadas em confronto como outros princípios integrantes do ordenamento jurídico (CABRAL, Flavio Garcia. *O Tribunal de Contas da União na Constituição Federal de 1988*. São Paulo: Vebratim, 2014, p. 119).

[278] FAGUNDES, Miguel Seabra. Controle prévio e posterior. *Revista de Direito Público*, v. 22, n. 89, p. 195-200, jan./mar. 1989, p. 199.

[279] LENZ, Carlos Eduardo Thompson Flores. O Tribunal de Contas e o Poder Judiciário. *Revista de Direito Administrativo*. Rio de Janeiro, v. 238, p. 265-282, out. 2004, p. 280.

[280] SOUTO, Humberto Guimarães. Congresso Nacional, tribunal de contas e controle externo. *Revista do Tribunal de Contas da União*, n. 79, p. 31-41, 1999, p. 33.

A evolução do papel do tribunal de contas – que deixou uma perspectiva de controle voltada para a regularidade formal dos atos para assumir a função de órgão de avaliação e acompanhamento que colabora com o aprimoramento da atividade administrativa – também refletiu na sua independência, visto que, com a Constituição de 1988, assumiu a competência para praticar isoladamente um rol extenso de atividades.[281]

A outorga de competências específicas pela Constituição de 1988 é uma evidência de que o órgão deixou de ser um mero auxiliar ou "preposto" do Poder Legislativo no exercício da função de fiscalização orçamentária,[282] para assumir a posição de órgão independente, que executa suas competências de maneira paralela[283] ou próxima,[284] em harmonia com aquele Poder.

Essa independência em relação à capacidade de atuação foi acompanhada de um alargamento do poder de fiscalização, que passou a abranger tanto a aplicação direta, por meio do processo de realização da despesa pública direta, quanto a alocação indireta, que implique renúncia de receita (art. 70, *caput*, da CRFB).

Trata-se de uma competência ampla no que tange ao seu *objeto*, pois atinge "o conjunto de fatos, atos e procedimentos da Administração Pública ou de terceiros que o tribunal examina", e ao seu *parâmetro*, podendo ser exercida sob a ótica da legalidade, legitimidade ou economicidade, mas restrita em relação ao produto, pois, embora sua capacidade de representar seja extensa, seu poder e comandar é limitado.[285]

Os programas de incentivo tributário, por implicarem renúncia de receita, estão abrangidos no contexto de sua jurisdição. Isso significa que os fatos, atos e procedimentos envolvidos na gestão dos programas,

---

[281] ROSILHO, André Janjácomo. Tribunais de Contas no Brasil: quem controla o controlador? *In*: ALMEIDA, Fernando Menezes de; ZAGO, Marina Fontão. *Direito público francês*: temas fundamentais. São Paulo: Quartier Latin, 2018, p. 33-49, p. 36.

[282] CRETELLA JÚNIOR, José. Natureza das decisões do Tribunal de Contas. *Revista de Direito Administrativo*. Rio de Janeiro, v. 166, p. 1-16, fev. 1986.

[283] BRITTO, Carlos Ayres. O regime constitucional... Op. cit.; TORRES, Heleno Taveira. *Direito constitucional financeiro*. Op. cit., p. 460.

[284] SUNDFELD, Carlos Ari *et al*. O valor das decisões do Tribunal de Contas da União sobre irregularidades em contratos. *Revista Direito GV*. São Paulo, v. 13, n. 3, p. 866-890, dez. 2017. Disponível em: http://www.scielo.br/scielo.php?script=sci_arttext&pid=S1808-24322017000300866&lng=en&nrm=iso. Acesso em: 08 mar. 2020.

[285] SUNDFELD, Carlos Ari; CÂMARA, Jacinto Arruda. Competências de controle dos tribunais de contas: possibilidades e limites. *In*: SUNDFELD, Carlos Ari (org.). *Contratações públicas e seu controle*. São Paulo: Malheiros, 2013, p. 177-230, p. 182.

praticados por agentes da Administração ou terceiros (objeto) estão submetidos à análise do Tribunal de Contas, que pode exercer sua competência sob a ótica da legalidade, legitimidade ou economicidade (parâmetro). Contudo, sua capacidade de interferir diretamente na gestão desses programas é restrita, como se verá na seção que segue.[286]

A ampliação do escopo de fiscalização foi acompanhada de um alargamento do universo de sujeitos abrangidos pela competência dos tribunais de contas na ordem constitucional de 1988.[287] A abrangência dessa competência é ampla, atingindo todos os "responsáveis",[288] tomados como aqueles sujeitos obrigados a prestar contas e elencados no art. 70, parágrafo único, da Constituição Federal.

O enunciado desse dispositivo constitucional busca, em um primeiro momento, universalizar o conjunto de sujeitos abrangidos pela competência: "qualquer pessoa física ou jurídica, pública ou privada".[289] O objetivo dessa locução é incluir no dever de prestar contas sujeitos integrantes da Administração ou agentes privados envolvidos no processo de gestão do patrimônio público.

É importante destacar que, no texto originário de 1988, não havia previsão expressa da competência do TCU para fiscalizar entidades privadas, incluídas pela Emenda Constitucional n. 19/1998. O contexto dessa alteração constitucional, que implementou medidas constantes no Plano Diretor da Reforma do Aparelho do Estado,[290] é importante para compreender a mudança no texto do parágrafo único do art. 70 da CRFB, que deixou expressa a competência do TCU para fiscalizar atividades privadas.

A referida emenda constitucional propunha a superação de um paradigma burocrático em favor de uma administração gerencial, calcada da descentralização e compartilhamento de competências então exclusivas do Estado com outros atores da sociedade, cujo principal

---

[286] Tema exposto na seção 2.2.

[287] CABRAL, Dafne Reichel. *O controle externo como instrumento para a concretização do direito fundamental à boa administração pública*. 2017. 170 p. Dissertação (Mestrado em Direitos Humanos) – Faculdade de Direito, Universidade Federal do Mato Grosso do Sul, Campo Grande, 2017, p. 98.

[288] ROSILHO, André Janjácomo. *Tribunal de Contas da União...* Op. cit., p. 185.

[289] BRASIL. *Constituição da República Federativa do Brasil de 1988*. Op. cit.

[290] BRASIL. Presidência da República. *Plano Diretor da Reforma do Aparelho do Estado*. Brasília, 1995. Disponível em: http://www.bresserpereira.org.br/documents/mare/planodiretor/planodiretor.pdf. Acesso em: 07 jun. 2020.

norte seria a busca pela eficiência na gestão.[291] Nesse contexto de maior utilização de entidades descentralizadas para o desenvolvimento de atividades públicas, a emenda também incluiu as pessoas jurídicas de direito privado na redação do art. 70, parágrafo único, da CRFB, deixando clara a submissão desses gestores indiretos de recursos públicos ao sistema de controle externo.

No entanto, mesmo com a redação original, o Supremo Tribunal Federal já entendia que entidades privadas que administrem recursos públicos devem prestar contas.[292] Como enunciou o Ministro Luiz Fux: "a Emenda Constitucional 19/98 tão somente explicitou uma fiscalização que já era extraível da própria sistemática constitucional".[293]

A segunda parte do parágrafo único do art. 70 da CRFB estabelece outro critério: está submetido à fiscalização todo aquele "que utilize, arrecade, guarde, gerencie ou administre dinheiros, bens e valores públicos ou pelos quais a União responda",[294] estendendo essa responsabilidade ainda para aqueles que assumem obrigações pecuniárias em nome da Administração federal. De acordo com esse critério, administradores e demais *responsáveis* por bens ou dinheiros públicos devem prestar contas.[295]

O patrimônio público é integrado por "todo bem, material ou imaterial, que tenha valor econômico e pertença, direta ou indiretamente ao poder público".[296] São sujeitos ao controle todos os bens "que representam a tradução em objetos economicamente estimáveis, do que antes foram os dinheiros públicos, ou seja, dos bens em que se converteram estes dinheiros".[297]

É possível associar o dever de prestar contas de todo aquele que administra bens e recursos públicos à chamada "relação de administração", que atrela o gestor do patrimônio público à realização de uma

---

[291] NOHARA, Irene Patrícia. *Reforma administrativa e burocracia*: impacto da eficiência na configuração do direito administrativo brasileiro. 2011. 268 f. Tese (Livre Docência em Direito) – Faculdade de Direito, Universidade de São Paulo, São Paulo, 2011, p. 133.

[292] BRASIL. Supremo Tribunal Federal. *Mandado de Segurança n. 21.636/RJ*. Rel. Min. Marco Aurélio, Tribunal Pleno, j. 11 mar. 1993, DJ 19 maio 1993.

[293] BRASIL. Supremo Tribunal Federal. *Mandado de Segurança n. 26.969/DF*. Rel. Min. Luiz Fux, 1ª T., j. 18 nov. 2014, DJe n. 244, pub. 12 dez. 2014.

[294] BRASIL. *Constituição da República Federativa do Brasil de 1988*. Op. cit.

[295] ATALIBA, Geraldo. *República e Constituição*. 3. ed. São Paulo: Malheiros, 2011, p. 85.

[296] CONTI, José Maurício. *Direito financeiro na Constituição de 1988*. São Paulo: Oliveira de Menezes, 1998, p. 4.

[297] ATALIBA, Geraldo. Bens públicos. *Revista de Direito Público*, v. 15, n. 61, p. 101-111, jan./ mar. 1982, p. 108.

finalidade.[298] Como destaca Geraldo Ataliba, "na administração os bens e os interesses não se acham entregues à livre disposição da vontade do administrador. Antes, para este coloca-se a obrigação, o dever, de curá-los nos termos da finalidade a que estão adstritos".[299]

A vinculação de todo aquele que administra bens e dinheiros públicos a uma finalidade estabelecida pela constituição e pela lei atrai o dever de prestar contas sobre sua atuação, sendo o TCU um dos titulares do direito de exigir o cumprimento desse dever, que é intransferível (excetuada a hipótese de atribuição de responsabilidade patrimonial aos sucessores hereditários até o limite do quinhão correspondente), e, diante de eventual omissão, o tribunal de contas poderá proceder à tomada de contas.[300]

Uma compreensão abrangente da regra constitucional brasileira (art. 70, parágrafo único, da CRFB) que estabelece o universo de sujeitos que devem prestar contas ao controle vibra em uníssono com o dever correspondente aos direitos de fiscalizar o emprego de recursos públicos e de exigir prestações de contas da Administração,[301] previstos nos arts. 14 e 15 da Declaração de Direitos do Homem e Cidadão de 1789.[302]

Tais direitos foram concebidos para a proteção do indivíduo contra o Estado,[303] e sua contrapartida,[304] consubstanciada no dever de transparência na administração do patrimônio público e no dever de

---

[298] Nas palavras de Ruy Cirne de Lima: "Pôsto que administração seja essencialmente uma relação, pela qual um fato ou um bem se vincula imediatamente a um fim, êsse mesmo fim necessàriamente há de determinar, não somente o desenvolvimento da atividade propriamente dita, senão também, de um lado, a disposição e o aparelhamento ou, seja, a organização do agente *quoad actionem* e, de outro, a ação mesma do agente." (CIRNE DE LIMA, Ruy. O conceito fundamental do direito administrativo. *Revista de Direito Administrativo*, v. 12, p. 59-64, 1948, p. 62).

[299] ATALIBA, Geraldo. *República...* Op. cit., p. 168.

[300] FURTADO, José de Ribamar Caldas. Os regimes de contas públicas: contas de governo e contas de gestão. *Revista do Tribunal de Contas da União*, n. 109, p. 61-89, 2007, p. 62.

[301] BORGUETTO, Michel. *La notion de fraternité en droit public français*. Paris: LGDJ, 1993, p. 149.

[302] "Art. 14. Todos os cidadãos têm direito de verificar, por si ou pelos seus representantes, da necessidade da contribuição pública, de consenti-la livremente, de observar o seu emprego e de lhe fixar a repartição, a coleta, a cobrança e a duração. Art. 15º. A sociedade tem o direito de pedir contas a todo agente público pela sua administração." (FRANÇA. Declaração... Op. cit.).

[303] SILVA, José Afonso da. *Curso de Direito Constitucional positivo*. 36. ed. São Paulo: Malheiros, 2013, p. 160.

[304] NABAIS, José Casalta. *O dever fundamental de pagar impostos*. Coimbra: Almedina, 2004, p. 43.

prestar contas, submete à fiscalização os responsáveis pela gestão dos bens e recursos públicos.

O princípio da transparência, decorrente dos direitos de fiscalizar e exigir contas em relação à Administração, surge como uma exigência que impregna a atividade financeira como um todo, orientando o funcionamento da Administração Pública.[305] Somente há condições para o exercício do direito de fiscalizar no contexto de uma Administração permeável, ao que a transparência é indispensável para a construção da responsabilidade fiscal.[306]

De nada adianta também a transparência dissociada da sinceridade das informações prestadas. O princípio da sinceridade também pode ser considerado como implícito aos direitos a fiscalizar e a exigir prestações de contas[307] e, aplicado à atividade financeira do Estado, exige que as informações prestadas correspondam efetivamente à realidade.[308]

Embora a concepção de agente responsável pela gestão do patrimônio e dos dinheiros públicos para a configuração da competência do TCU circunscreva um conjunto amplo de sujeitos, não limitado ao campo dos integrantes da Administração Pública, os limites desse conceito vêm sendo conformados desde 1988 pela atuação do Supremo Tribunal Federal. Compreender tais limites é importante para reconstruir, de maneira concreta, o alcance do órgão sobre os agentes envolvidos nos programas de incentivo tributário sujeitos ao controle da corte de contas federal.

2.1.2 A figura do responsável

A necessidade de otimização dos princípios da transparência e da sinceridade deve orientar a interpretação do alcance da regra do art. 70, parágrafo único, da CRFB, de forma a legitimar uma interpretação ampla sobre sua aplicabilidade. Essa visão extensiva em relação à abrangência da competência do TCU é presente na jurisprudência do STF. Nos parágrafos que seguem, o livro conduz uma análise com objetivo de identificar, na jurisprudência do STF, os elementos que

---

[305] SY, Aboubakry. *La transparence dans le droit budgétaire de l'etat en France.* Paris: LGDJ, 2017, p. 240.

[306] TORRES, Ricardo Lobo. O princípio da transparência... Op. cit.

[307] PANCRAZI, Laurent. *Le principe de sincérité budgétaire.* Paris: L'Harmattan, 2012, p. 266.

[308] HORVATH, Estevão. *O orçamento...* Op. cit., p. 149.

permitem identificar a figura do "responsável" como elemento que delimita a abrangência da competência do TCU.

Ao julgar a submissão dos fundos que recebem recursos federais, como o Fundo Constitucional do Distrito Federal (FCDF), o STF se posicionou para reconhecer a competência do TCU a partir da origem dos recursos administrados.[309] A partir dessa decisão, ficou assentado que a corte de contas da União tem competência para fiscalizar fundos estaduais e distritais que recebem e administram recursos federais, aplicados em uma atividade de interesse da União.

Em caso em que se afere a legalidade de fiscalização do TCU sobre Entidades Fechadas de Previdência Privada (EFPPs), foi reconhecido em decisão monocrática que essas entidades estariam incluídas no campo de aplicabilidade do art. 70, parágrafo único, da CRFB.[310] Nesse ponto, embora a decisão de extinção tenha tido como foco o caráter privado das entidades (superado pela EC n. 19/2001), o critério utilizado para negar a liminar e ordenar a prestação de contas (reconhecendo, portanto, a competência do TCU) foi o fato de essas entidades administrarem recursos de origem pública e os aplicarem para garantir a previdência de servidores federais (tema de interesse da União).

No caso das OSCIPs, o Supremo Tribunal Federal, ao julgar a constitucionalidade da Lei n. 9.637/1998, conferiu interpretação conforme a Constituição "para afastar qualquer interpretação que restrinja o controle, pelo Ministério Público e pelo TCU, da aplicação de verbas públicas".[311] Ou seja, o critério para definir a aplicabilidade, novamente, é a responsabilidade pela administração de verbas de origem pública, destinadas ao fomento de atividades de interesse da União.[312]

Ao julgar questionamento proveniente dos conselhos profissionais (Conselho Regional de Engenharia e Agronomia – CREA, Conselho Regional de Medicina – CRM, Conselho Regional de Odontologia – CRO etc.), o STF entendeu que são autarquias federais e que as receitas das contribuições que arrecadam possuem natureza tributária,[313] fato que os

---

[309] BRASIL. Supremo Tribunal Federal. *Agravo Regimental em Mandado de Segurança n. 28.584/DF*. Rel. Min. Edson Fachin, 2ª T., j. 28 out. 2019, DJe n. 250, pub. 12 nov. 2019.

[310] BRASIL. Supremo Tribunal Federal. *Mandado de Segurança n. 21.207/DF*. Decisão Monocrática, Min. Joaquim Barbosa, j. 20 ago. 2008, DJ 11 set. 2008.

[311] BRASIL. Supremo Tribunal Federal. *Ação Direta de Inconstitucionalidade n. 1.923/DF*. Rel. Min. Luiz Fux, Tribunal Pleno, j. 16 abr. 2015, DJ 16 dez. 2015.

[312] BRASIL. Supremo Tribunal Federal. *Mandado de Segurança n. 26.969/DF*. Op. cit.

[313] BRASIL. Supremo Tribunal Federal. *Recurso Extraordinário n. 138.284/CE*. Rel. Min. Carlos Velloso, Tribunal Pleno, j. 01 jul. 1992, DJ 28 ago. 1992.

submeteria à fiscalização do TCU.[314] Neste julgamento, o critério para definir a extensão da competência do TCU foi a natureza das receitas percebidas pelos conselhos profissionais: como essas entidades se financiam, preponderantemente, por meio de contribuições, instituídas por lei federal, mas cuja arrecadação e cobrança é delegada a essas entidades (parafiscalidade[315]), trata-se de receitas públicas federais, recebidas e administradas por essas autarquias que fiscalizam o exercícios dessas profissões em nome da União.

Porém, é importante fazer uma ressalva para destacar que o STF entendeu que a Ordem dos Advogados do Brasil (OAB) é uma autarquia de natureza especial, que não integra a Administração indireta,[316] e deve ser excetuada do regime jurídico aplicável aos demais conselhos profissionais.[317] Com base nesse julgamento, o Superior Tribunal de Justiça entendeu que as contribuições à OAB não possuem natureza tributária.[318] Recentemente, a matéria sobre a abrangência da competência do TCU para fiscalizar a OAB teve repercussão geral reconhecida pelo STF.[319] Nesse contexto, caso o STF aplique o mesmo critério que já utilizou para o julgamento das outras entidades de classe e, na mesma linha do STJ, entenda pela natureza não tributária das anuidades pagas pelos advogados, seria coerente que a corte constitucional entendesse que a OAB está fora do alcance da competência do TCU por não aplicar ou gerenciar recursos públicos federais.

No que tange às empresas públicas e sociedades de economia mista, embora tenha o STF entendido, no início, pela sua exclusão,[320]

---

[314] BRASIL. Supremo Tribunal Federal. *Mandado de Segurança n. 21.797/RJ*. Rel. Min. Carlos Velloso, Tribunal Pleno, j. 09 mar. 2000, DJ 18 maio 2001; BRASIL. Supremo Tribunal Federal. Segundo *Agravo Regimental em Mandado de Segurança n. 28.469/DF*. Rel. p/ Acórdão Min. Luiz Fux, 1ª T., j. 19 fev. 2013, DJe n. 087, pub. 09 maio 2013.

[315] BARRETO, Paulo Ayres. *Contribuições*: regime jurídico, destinação e controle. São Paulo: Noeses, 2006, p. 112.

[316] BRASIL. Supremo Tribunal Federal. *Ação Direta de Inconstitucionalidade n. 3.026/DF*. Rel. Min. Eros Grau, Tribunal Pleno, j. 08 jun. 2006, DJ 29 set. 2006.

[317] BRASIL. Supremo Tribunal Federal. *Segundo Agravo Regimental em Mandado de Segurança n. 28.469/DF*. Op. cit.

[318] BRASIL. Superior Tribunal de Justiça. *Recurso Especial n. 755.040/RS*. Rel. Min. Castro Meira, 2ª T., j. 04 ago. 2005, DJ 12 set. 2005.

[319] BRASIL. Supremo Tribunal Federal. *Repercussão Geral em Recurso Extraordinário n. 1.182.189/BA*. Rel. Min. Marco Aurélio, Tribunal Pleno, j. 06 jun. 2019, DJ 25 set. 2019.

[320] BRASIL. Supremo Tribunal Federal. *Mandado de Segurança n. 23.875/DF*. Rel. Min. Carlos Velloso, Tribunal Pleno, j. 07 mar. 2003, DJ 30 abr. 2004; BRASIL. Supremo Tribunal Federal. *Mandado de Segurança n. 23.627/DF*. Rel. Min. Carlos Velloso, Tribunal Pleno, j. 07 mar. 2002, DJ 16 jun. 2006.

houve uma mudança no entendimento, passando a corte a entender que tais entidades estariam abrangidas pela competência do TCU em razão da possibilidade de repercussão econômica negativa no patrimônio público derivada de problemas na administração dessas entidades.[321] Mesmo em um caso em que a União Federal era acionista minoritária de uma empresa pública (Terracap), a corte constitucional reconheceu a competência fiscalizatória do TCU, por considerar que eventuais problemas na administração da entidade poderiam resultar em prejuízos, que, por sua vez, poderiam levar à necessidade de capitalização do empreendimento pela União.[322]

Em relação às organizações integrantes do chamado "Sistema S" (Sesc, Senai, Senac, Senar etc.), o Supremo Tribunal Federal, apesar de reconhecer sua autonomia financeira, entende também que há competência do tribunal de contas para fiscalizar a aplicação dos recursos públicos por elas recebidos (contribuições).[323]

Na hipótese de bolsas de estudos concedidas por órgãos federais de fomento (Coordenação de Aperfeiçoamento de Pessoal de Nível Superior – Capes, Conselho Nacional de Desenvolvimento Científico e Tecnológico – CNPq etc.), também é reconhecida a competência do TCU para verificar o cumprimento das condições e, na hipótese de descumprimento, determinar o ressarcimento ao erário dos recursos públicos recebidos, competência esta que independe da competência fiscalizatória das próprias agências.[324]

Outro caso que importa para a compreensão do alcance da competência do TCU para fiscalizar é aquele dos convênios firmados com a União Federal. O STF entendeu que a origem federal dos recursos é o

---

[321] BRASIL. Supremo Tribunal Federal. *Mandado de Segurança n. 25.092/DF*. Rel. Min. Carlos Velloso, Tribunal Pleno, j. 10 de nov. 2005, DJ 17 mar. 2006; BRASIL. Supremo Tribunal Federal. *Mandado de Segurança n. 25.181/DF*. Rel. Min. Marco Aurélio, Tribunal Pleno, j. 10 nov. 2005, DJ 16 jun. 2006; BRASIL. Supremo Tribunal Federal. *Agravo Regimental em Mandado de Segurança n. 23.168/DF*. Rel. Min. Rosa Weber, 1ª T., j. 28 jun. 2019, DJe n. 169, pub. 02 ago. 2019.

[322] BRASIL. Supremo Tribunal Federal. *Mandado de Segurança n. 24.423/DF*. Rel. Min. Gilmar Mendes, Tribunal Pleno, j. 10 set. 2008, DJe n. 035, pub. 19 fev. 2009.

[323] BRASIL. Supremo Tribunal Federal. *Recurso Extraordinário n. 789.874/DF*. Rel. Min. Teori Zavaski, Tribunal Pleno, j. 17 set. 2014, DJ 18 nov. 2014.

[324] BRASIL. Supremo Tribunal Federal. *Mandado de Segurança n. 24.519/DF*. Rel. Min. Eros Grau, Tribunal Pleno, j. 28 set. 2005, DJ 02 set. 2005; BRASIL. Supremo Tribunal Federal. *Mandado de Segurança n. 26.210/DF*. Rel. Min. Ricardo Lewandowski, Tribunal Pleno, j. 04 set. 2008, DJe n. 192, pub. 09 out. 2008; BRASIL. Supremo Tribunal Federal. *Agravo Regimental em Mandado de Segurança n. 31.068/DF*. Rel. Min. Luiz Fux, 1ª T., j. 27 jun. 2017, DJe n. 182, pub. 17 ago. 2017.

COMPETÊNCIA DO TRIBUNAL DE CONTAS DA UNIÃO (TCU) | 103

suficiente para estender a competência do TCU para fiscalizar contratos que tenham sido firmados diretamente por estados[325] ou municípios[326] da federação.

As entidades sindicais, por receberem as chamadas "contribuições sindicais", que tinham natureza tributária, também estavam sujeitas à competência do TCU, como decidiu o STF.[327] Contudo, com a chamada Reforma Trabalhista (Lei n. 13.467, de 13 de julho de 2017), que retirou a obrigatoriedade em relação a essas contribuições (arts. 575, 578, 579 e 582 da CLT), reputa-se que, como não mais se trata de tributo (art. 3 do CTN), por terem se tornado obrigações voluntárias (*ex voluntate*),[328] afastou-se o caráter público da receita (art. 9 da Lei n. 4.320, 17 de março de 1964) e, com isso, a competência da corte de contas federal para o controle.

Em todas as hipóteses analisadas, a jurisprudência do STF utiliza ora o critério da origem dos recursos (EFPP, OSCIP, conselhos profissionais, serviços sociais autônomos, beneficiários de bolsas de estudo federais e convênios), ora a possibilidade de repercussões negativas para o patrimônio público (empresas públicas e sociedade de economia mista) para submeter organizações ou pessoas *responsáveis pela administração de bens ou recursos públicos* sob a competência fiscalizatória do TCU. Assim, é possível concluir que o "controle realizado pelo TCU abrange os atos e contratos que digam respeito à realização de receita e à execução da despesa e os que tenham o potencial de gerar prejuízo ao erário".[329]

O artigo 5º da Lei Orgânica do Tribunal de Contas da União (LOTCU) detalha a abrangência da jurisdição desse órgão, sendo que, em todos os casos, o foco sempre é a figura do *responsável*:

---

[325] BRASIL. Supremo Tribunal Federal. *Agravo Regimental em Mandado de Segurança n. 30.946/RS.* Rel. Min. Dias Toffoli, 2ª T., j. 04 abr. 2018, DJe n. 089, pub. 08 maio 2018; BRASIL. Supremo Tribunal Federal. *Embargos de Declaração em Agravo Regimental em Recurso Extraordinário n. 669.952/BA.* Rel. Min. Dias Toffoli, Tribunal Pleno, j. 09 nov. 2016, DJe 251, pub. 24 nov. 2016.

[326] BRASIL. Supremo Tribunal Federal. *Mandado de Segurança n. 24.328/DF.* Rel. Min. Ilmar Galvão, Tribunal Pleno, j. 24 out. 2002, DJ 06 dez. 2002.

[327] BRASIL. Supremo Tribunal Federal. *Mandado de Segurança n. 28.465/DF.* Rel. Min. Marco Aurélio, 1ª T., j. 18 mar. 2014, DJe n 066, pub. 02 abr. 2014.

[328] ATALIBA, Geraldo. *Hipótese de incidência tributária.* 6. ed. São Paulo: Malheiros, 2006, p. 35.

[329] ALVES, Francisco Sérgio Maia. Controle da Administração Pública pelo Tribunal de Contas da União: espaço objetivo de incidência e parâmetro de legalidade. *Interesse Público – IP.* Belo Horizonte, v. 20, n. 108, p. 197-223, mar./abr. 2018, p. 212.

- pela utilização, arrecadação, guarda, gerenciamento ou administração de recursos públicos (inciso I);
- pela perda ou extravio de bens que resultem em dano ao erário (inciso II);
- pela direção ou liquidantes de empresas federais (inciso III);
- pelas contas nacionais das empresas supranacionais (inciso IV);
- pelas entidades parafiscais que recebam recursos federais (inciso V);
- pela aplicação de recursos de convênios e seus sucessores (incisos VI e VII);
- por atos de gestão ruinosa em empresas estatais e sociedades anônimas das quais a União participe.

Em todas as hipóteses, ao fazer referência ao responsável, a norma de competência está indicando um sujeito, figura à qual o ordenamento atribui a função de gerenciar bens e recursos públicos federais.[330]

Entender a figura do *responsável* como aquele que gerencia bens, associada à origem pública dos recursos e/ou à possibilidade de repercussão negativa no patrimônio público, confere uma ideia do conjunto de sujeitos submetidos à fiscalização.

Compreender esse universo de sujeitos submetidos a essa fiscalização é importante, na medida em que a jurisdição do TCU, justamente por ser limitada na sua capacidade de interferência direta, tem por característica fundamental a realização de controle sobre os sujeitos (responsáveis) pela atuação administrativa e não propriamente sobre o objeto dessa atuação (conteúdo dos atos e contratos).[331]

Especificamente em relação às renúncias de receita, Fernando Facury Scaff aponta que esse "toque de midas" – expressão que o autor usa para ilustrar a abrangência do alcance da regra de fiscalização que atinge todos aqueles que administram (ou "toquem") dinheiros públicos – impõe o dever de prestar contas tanto aos gestores públicos quanto aos agentes privados.[332]

Em relação às despesas diretas da União, a figura do ordenador de despesas concentra em um determinado sujeito – responsável pelos

---

[330] MILESKI, Hélio Saul. *O controle...* Op. cit., p. 302.
[331] SUNDFELD, Carlos Ari; CÂMARA, Jacinto Arruda. Competências de controle... Op. cit., p. 195.
[332] SCAFF, Fernando Facury. *Orçamento...* Op. cit., p. 447.

atos de empenho, autorização de pagamento ou suprimento de fundos – o dever de prestar contas ao TCU (arts. 80 e seguintes do Decreto-Lei n. 200/1967).

A Lei de Responsabilidade Fiscal (LRF) ampliou o papel desta figura, que passou a ser responsável, entre outras funções, por declarar a adequação com a Lei Orçamentária Anual (LOA) e a compatibilidade com a Lei de Diretrizes Orçamentárias (LDO) e o com Plano Plurianual (PPA) de despesas que impliquem criação, expansão ou aperfeiçoamento de ação governamental que acarrete aumento de despesas (art. 16, inciso II, da LRF). Com este regime o ordenador de despesa passou de um especialista em pagamento para um "verdadeiro analista de finanças públicas",[333] responsável por garantir o funcionamento e a coordenação das despesas com o sistema orçamentário de planejamento.

Embora a figura do ordenador de despesas esteja exclusivamente ligada à estrutura dos gastos diretos no Brasil, a figura do responsável pela execução, acompanhamento e avaliação de programas federais, é universal e está prevista expressamente pela Lei n. 10.180/2001 (art. 7, inciso I). Nessa linha, ainda que não haja ordenador de despesa nos gastos indiretos, sempre deverá haver responsáveis pelo acompanhamento dos programas que impliquem renúncia de receitas, em especial dos programas de incentivo tributário.

Nos programas de incentivo tributário, cabe ao responsável pela sua execução, acompanhamento e avaliação o dever de prestar contas ao TCU, por se tratar de uma modalidade de gerenciamento de recursos públicos (art. 5, inciso I, da LOTCU). Trata-se de modalidade de alocação indireta de recursos, via renúncia de receita, na realização de determinada finalidade.

Identificando falta de clareza sobre os órgãos responsáveis pela administração de programas que implicam renúncia de receita na esfera federal (não expressamente identificados na norma instituidora ou no regulamento do programa), o Tribunal de Contas da União, por meio do Acórdão n. 1.205/2014, recomendou a criação de mecanismos de acompanhamento e avaliação, com a identificação dos agentes responsáveis.[334]

---

[333] JACOBY FERNANDES, Jorge Ulisses. O ordenador de despesas e a Lei de Responsabilidade Fiscal. *Revista de Informação Legislativa*. Brasília, v. 38, n. 151, p. 153-170, 2000, p. 154.

[334] BRASIL. Tribunal de Contas da União. *Acórdão n. 1.205/2014*. Rel. Min. Raimundo Carreiro, Plenário, 14 maio 2014.

A análise desse acórdão reforça que, em nível federal, mesmo nos casos de programas que podem implicar renúncias de receitas, sempre haverá um agente público responsável pelo seu acompanhamento, nos termos do art. 7º, inciso I, da Lei n. 10.180/2001, a quem cabe o dever de prestar contas ao TCU.

Essa responsabilidade pelo acompanhamento dos programas sujeita os agentes públicos à competência do TCU para fiscalizar os atos e fatos por eles praticados, bem como os procedimentos conduzidos na gestão dos programas (objeto), sob as óticas da legalidade, legitimidade e economicidade (parâmetros), podendo esses agentes serem sujeitos a atos de comando (produtos) e a representações perante outros órgãos de controle, caso sejam identificadas irregularidades.[335]

Pensar na responsabilidade dos agentes públicos aos quais foi atribuída a função de execução, acompanhamento e avaliação dos programas de incentivo tributário está diretamente ligado à própria competência do TCU para fiscalizar renúncias de receitas (art. 70, *caput*, da CRFB).

Para os agentes administrativos, essa ideia de responsabilidade associada às competências do TCU para interferir direta ou indiretamente na atividade administrativa integra a chamada "competência corretiva", que visa induzir comportamentos e práticas que buscam à manutenção da legalidade dos atos da administração, sanando vícios ou impedindo que eles ocorram.[336]

O TCU tem a função de "fiscalizar os atos de gestão praticados por agentes públicos ou por particulares no exercício de funções públicas. Esse é o alcance da jurisdição do Tribunal".[337] Em relação aos agentes públicos, esta ideia de fiscalização sobre "atos de gestão" é mais facilmente apreensível. Porém, em algumas hipóteses, os agentes privados também podem ser responsabilizados em razão do descumprimento de regras dos programas de incentivo tributário.

---

[335] SUNDFELD, Carlos Ari; CÂMARA, Jacinto Arruda. Competências de controle... Op. cit., p. 182.

[336] JORDÃO, Eduardo. A intervenção do TCU sobre editais de licitação não publicados: controlador ou administrador? *Revista Brasileira de Direito Público*, v. 12, n. 47, p. 209-230, out./dez. 2014, p. 213.

[337] BUGARIN, Bento José. O controle externo no Brasil: evolução, características e perspectivas. *Revista do Tribunal de Contas da União*, v. 31, n. 86, p. 338-352, 2000, p. 341.

2.1.3 Sanções aos particulares

A principal norma sobre o alcance da competência do tribunal de contas está na regra de competência do art. 70, parágrafo único, da Constituição Federal. Essa norma estende a capacidade de atuação do órgão em relação aos *responsáveis* pela gestão de recursos públicos.

Seria possível aventar que haveria competência do TCU para fiscalizar os particulares beneficiários de programas de incentivo tributário, na medida em que estes supostamente administrariam a parcela dos recursos públicos não entregue aos cofres públicos em decorrência da renúncia. Porém, é preciso afastar essa hipótese baseada no chamado "toque de midas" dos recursos públicos[338] para os gastos indiretos.

Os agentes privados beneficiários de programa de incentivo tributário não administram recursos públicos ao serem beneficiados por uma norma que implica renúncia de receita. Os recursos que deixam de ser entregues ao Estado (renunciados) passam a financiar a finalidade desenvolvida diretamente pelo particular. Nesse contexto, nunca se tornam públicos, não havendo que se falar em disponibilidade do Estado sobre eles.

Os programas de incentivo tributário são estruturados a partir de normas que afastam determinados fatos da incidência da norma tributária. Como não há incidência da regra de tributação, não há que se falar em receita derivada, nos termos do art. 9º da Lei n. 4.320/1964, pois não há norma jurídica que estabeleça que tais valores pertençam ao Estado e que, portanto, devem ser integrados de maneira definitiva ao seu patrimônio.

É receita pública a entrada incorporada ao patrimônio público acrescendo-o como elemento novo e positivo.[339] O que diferencia a receita pública de meros ingressos transitórios (entradas que passam pelas contas do Estado) é o fato de que aquelas integram o patrimônio do Estado em caráter definitivo.[340]

As receitas públicas podem ser classificadas como originárias (fruto da exploração do patrimônio do Estado) ou derivadas (obtidas

---

[338] SCAFF, Fernando Facury. *Orçamento...* Op. cit., p. 447.
[339] BALEEIRO, Aliomar. *Uma introdução...* Op. cit., p. 126.
[340] ABRAHAM, Marcos. *Curso...* Op. cit., p. 96; OLIVEIRA, Regis Fernandes de. *Curso de direito financeiro.* 5. ed. São Paulo: RT, 2013, p. 147.

compulsoriamente perante os particulares).[341] Em qualquer um dos casos, existe uma relação jurídica (contratual, tributária, sancionatória etc.) que estabelece a titularidade do Estado sobre os recursos.[342]

A LOA deve prever o volume de receitas disponível e fixar a despesa (art. 165, §8º, da CRFB). Apenas os ingressos qualificados como receita integram a LOA, instrumento que disciplina a aplicação de recursos públicos. Ou seja, só é recurso público aquilo que for qualificado como receita e cujo destino é estabelecido pela LOA.

Na origem da ideia de orçamento está a necessidade de consentimento para o emprego de recursos públicos.[343] Ao atrelar a competência do TCU a todo e qualquer agente responsável pela gestão de recursos públicos, o objetivo da Constituição é proteger o consentimento na forma como exarado na lei orçamentária. Isso vale tanto para as despesas, que devem ser executadas na forma como foram autorizadas, quanto para as receitas, que devem ser arrecadas na forma prevista para compor o patrimônio público.

O conceito de *receita pública* é fundamental para entender o alcance da competência do TCU em relação aos programas de incentivo tributário, pois esta somente abrange os recursos que pertencem ao Estado e que, por isso, podem ser qualificados como públicos (art. 70, parágrafo único, da CRFB). Somente é público o recurso que, para além de um mero ingresso, configura uma modalidade de receita pública em razão de uma norma jurídica que estabelece a titularidade estatal sobre eles.

Somente recursos qualificáveis como receitas públicas estão sujeitos à competência do TCU, pois sobre eles há titularidade do Estado. Assim, a referência a "receita" presente no enunciado do art. 41 da LOTCU – que define que o TCU "efetuará a fiscalização dos atos de que resulte receita ou despesa, praticados pelos responsáveis sujeitos à sua jurisdição"[344] – deve ser compreendida como receita pública.

Nas renúncias de receita, um determinado volume de recursos a que teria direito o Estado sequer são arrecadados, pelo afastamento

---

[341] OLIVEIRA, Regis Fernandes de; HORVATH, Estevão. *Manual de direito financeiro*. 2. ed. São Paulo: RT, 1997, p. 46.

[342] BECKER, Alfredo Augusto. *Teoria geral do direito tributário*. 5. ed. São Paulo: Noeses, 2010, p. 252.

[343] HORVATH, Estevão. *O orçamento…* Op. cit., p. 388.

[344] BRASIL. *Lei n. 8.443, de 16 de julho de 1992*. Dispõe sobre a Lei Orgânica do Tribunal de Contas da União e dá outras providências. Disponível em: http://www.planalto.gov.br/ccivil_03/leis/l8443.htm. Acesso em: 11 abr. 2022.

da regra de tributação. Não é por outro motivo que a Constituição estabelece que o projeto de Lei Orçamentária Anual deve prever seu impacto, sobre as receitas e despesas (art. 165, §6º, da CRFB). Uma vez renunciados, os valores nunca se convertem em receita pública e tal "perda" de arrecadação deve ser considerada na apuração das disponibilidades (receita) e fixação de créditos orçamentários (despesa).

Diante de uma renúncia, os recursos não pagos, na origem, nunca chegaram a pertencer ao Estado e, assim, não haveria como estender a competência do tribunal de contas para fiscalizar sua aplicação, a partir do art. 70, parágrafo único, da CRFB.

A jurisprudência do STF, desde há muito, reconhece que o art. 70, parágrafo único, da CRFB inclui no campo da competência do TCU aqueles responsáveis pela administração de recursos com origem pública[345]: "a *ratio* da fiscalização pela Corte de Contas reside na origem pública dos recursos, e não no exame da natureza das entidades responsáveis pela sua gestão".[346] Como nas renúncias envolvidas nos programas de incentivo tributário, os tributos não pagos jamais convertem-se em receitas – tais recursos não são públicos na origem e, portanto, não atraem a competência do TCU.

Embora haja competência do TCU sobre recursos de origem pública que são administrados por entidades em nome do Estado, essa competência não se estende sobre recursos públicos recebidos por particulares e retidos como pagamento de uma contraprestação contratual.

O recebimento de recursos públicos por particulares não significa que estes recursos permaneceriam "atemporalmente públicos pelo fato de terem advindo de entes públicos",[347] atraindo eternamente a competência do TCU sobre as escolhas de aplicação realizadas pelos contratados. Eles são públicos no momento da arrecadação, porém, quando destinados ao pagamento do contratado, convertem-se em uma receita privada de origem contratual, cuja aplicação ulterior pelo seu titular (privado) torna-se insindicável pela corte de contas federal.

---

[345] BRASIL. Supremo Tribunal Federal. *Mandado de Segurança n. 21.644/MS*. Rel. Min. Néri da Silveira, Tribunal Pleno, j. 04 nov. 1993, DJ 08 nov. 1993; BRASIL. Supremo Tribunal Federal. *Mandado de Segurança n. 25.181/DF*. Op. cit.; BRASIL. Supremo Tribunal Federal. *Mandado de Segurança n. 30.788/MG*. Rel. Min. Roberto Barroso, Tribunal Pleno, j. 21 maio 2015, DJe n. 152, pub. 04 ago. 2015.

[346] BRASIL. Supremo Tribunal Federal. *Mandado de Segurança n. 26.969/DF*. Op. cit.

[347] ROSILHO, André Janjácomo. *Tribunal de Contas da União...* Op. cit., p. 166.

Nos contratos administrativos, os recursos recebidos a título de contraprestação, apesar de públicos na origem, remuneram uma atividade específica do particular, executada em nome próprio e não em nome do Estado. Assim, a fiscalização da corte de contas federal restringe-se à execução do contrato, não à aplicação dos recursos, como reconhece a própria jurisprudência do TCU.[348]

Situação análoga ocorre com os contratos de concessão de serviço público, nos quais o particular está incumbido de prestar um serviço e, para tanto, pode receber recursos públicos. Nessas hipóteses, o próprio TCU entende que não lhe compete sindicar diretamente a aplicação dos recursos pelas concessionárias, mas sim examinar se o poder concedente está fiscalizando de forma adequada a execução dos contratos de concessão.[349] Ou seja, a atuação do TCU é uma atuação de segunda ordem.[350]

A compreensão de que não há legitimidade para fiscalizar diretamente as concessionárias está atrelada ao fato de que os recursos administrados, ainda que sejam públicos na origem, convertem-se em receitas privadas quando remuneram a atividade do particular, o que afastaria a incidência do art. 70, parágrafo único, da CRFB.

Da mesma forma como ocorre nos contratos administrativos, o montante renunciado nos programas de incentivo tributário não configura uma receita pública administrada pelo particular e aplicada em nome do Estado. São receitas privadas e não há competência do TCU para fiscalizar sua aplicação, em simetria ao que já ocorre com os contratos administrativos.[351]

Em relações desse tipo, a competência do TCU restringe-se à fiscalização sobre a realização do objeto, quando há uma relação sinalagmática com o Estado, sendo vedado que a corte de contas fiscalize cada ato de aplicação dos recursos transferidos.

---

[348] BRASIL. Tribunal de Contas da União. *Acórdão n. 3.514/2017*. Rel. Min. Vital do Rêgo, 1ª C., j. 23 maio 2017.

[349] BRASIL. Tribunal de Contas da União. *Acórdão n. 1.703/2004*. Rel. Min. Augusto Nardes, Plenário, j. 03 nov. 2004; BRASIL. Tribunal de Contas da União. *Acórdão n. 2.527/2015*. Rel. Min. Bruno Dantas, Plenário, j. 14 out. 2015; BRASIL. Tribunal de Contas da União. *Acórdão n. 174/2019*. Rel. Min. Benjamin Zymler, Plenário, j. 6 fev. 2019.

[350] MERLOTTO, Nara Carolina. *A atuação do Tribunal de Contas da União sobre as agências reguladoras*: entre a independência e o controle. 2018. 268 f. Dissertação (Mestrado em Direito) – Faculdade de Direito, Universidade de São Paulo, São Paulo, 2018, p. 131.

[351] ROSILHO, André. *Tribunal de Contas da União...* Op. cit., p. 186.

COMPETÊNCIA DO TRIBUNAL DE CONTAS DA UNIÃO (TCU)² | 111

Para além da gestão de receitas públicas, o art. 70, parágrafo único, da CRFB estende a competência do TCU a agentes, públicos ou privados, que provoquem ou possam provocar prejuízo ao erário público.[352]

O potencial de dano ao erário foi o fundamento do STF para o reconhecimento do alcance da competência do TCU sobre as empresas públicas em que a União detém participação. Isto porque a gestão dessas entidades privadas (que gerem recursos privados) pode impactar negativamente o patrimônio federal.[353] Diante desse quadro, questiona-se se haveria como incluir os agentes privados beneficiários de programas de incentivo tributário no alcance da competência do TCU diante da frustração dos objetivos do programa ou caso, de alguma forma, seja constatada uma malversação da renúncia envolvida.

Diferentemente da hipótese do Estado acionista, cujos prejuízos podem derivar da má gestão de parte de seu patrimônio, representada pela participação acionária (ainda que minoritária), em um programa de incentivo tributário o Poder Público é apenas agente fomentador de determinado comportamento, e não guarda, necessariamente, uma relação com o agente fomentado.

Os recursos não entregues ao Estado por força de uma norma de desoneração no escopo de um programa de incentivo tributário nunca integraram o patrimônio público. Assim, o agente privado não utiliza, não arrecada, não guarda, não gerencia nem administra recursos públicos e, assim, sua atuação não poderia importar responsabilidade direta por dano ao erário.

Os agentes privados beneficiários de programas de incentivo tributário estão em situação diferente da dos destinatários de subvenções, recursos transferidos para que particulares realizem finalidades em nome do Estado, o que acarreta o inarredável dever de prestar contas.[354] Esses agentes, por receberem recursos de origem pública e os administrarem em nome do Estado, podem ser chamados a responder por ações das quais resulte prejuízo ao erário.[355]

A competência para fiscalizar visando evitar prejuízos está ligada aos atos de gestão, ou seja, prejuízos provocados pelos agentes

---

[352] ALVES, Francisco Sérgio Maia. Controle da Administração Pública... Op. cit., p. 212.
[353] BRASIL. Supremo Tribunal Federal. *Mandado de Segurança n. 24.423/DF*. Op. cit.
[354] VALIM, Rafael. *A subvenção...* Op. cit., p. 145.
[355] SOUZA, Rodrigo Pagani de. *Controle estatal...* Op. cit., p. 175.

responsáveis pela gestão dos recursos públicos.[356] Nessa linha, um particular pode causar prejuízo ao Estado pelo descumprimento de um contrato sem que isso atraia a competência do TCU para fiscalizá-lo. Se não houver concurso do particular com um agente público, a corte de contas federal não pode buscar o ressarcimento do dano diretamente do particular, pois o prejuízo não derivou de um ato de gestão.[357]

Nos programas de incentivo tributário, os particulares não são responsáveis pela prática de atos de gestão. Eles se limitam a figurar no polo da relação jurídico-tributária exonerativa e sua atuação não poderia configurar um risco de prejuízo ao erário que poderia atrair a competência do TCU para fiscalizar.

A competência para fiscalizar (e, eventualmente, sancionar) agentes não é uma carta branca para a proteção do erário público, ela surge diante do exercício de uma função administrativa (*lato sensu*) por um sujeito colocado na posição de agente público. Caso um particular, sem qualquer vínculo de sujeição especial com a administração, "vier a lesá-la, os caminhos para a reparação serão um processo administrativo ou um processo judicial, mas não um processo de controle externo (ou processo de contas)".[358]

Somente haveria competência para atuar contra os particulares com base nesse fundamento – atos de gestão que possam causar prejuízo ao erário – se houvesse concurso ou uma relação de interesse (terceiro interessado) no dano causado por um agente público.

---

[356] AGUIAR, Ubiratan Diniz de; ALBUQUERQUE, Marcio André Santos de; MEDEIROS, Paulo Henrique Ramos. *A Administração Pública sob a perspectiva do controle externo*. Belo Horizonte: Fórum, 2011, p. 207.

[357] Como ilustra Bento José Bugarin, "[…] não se insere na jurisdição do TCU o particular que cause dano ao erário em decorrência do descumprimento de cláusula contratual legitimamente acordada, e sem que tenha havido o concurso de agente público na prática do ato irregular. É o caso do correntista que deixa de pagar empréstimo que tomara junto ao Banco do Brasil. Nessas situações compete ao Tribunal verificar se a entidade estatal adotou as devidas providências para se ressarcir dos prejuízos causados pelo particular. Não pode, porém, atuar diretamente contra o particular, pois a Constituição não pretendeu dar tal alcance ao TCU, e, se tivesse dado, o Tribunal seria incapaz de cumprir a missão, porquanto não conseguiria atuar junto a todos os particulares que causam prejuízos ao erário. O Tribunal de Contas existe não para esta finalidade, mas sim para fiscalizar os atos de gestão praticados por agentes públicos ou por particulares no exercício de funções públicas. Esse é o alcance da jurisdição do Tribunal" (BUGARIN, Bento José. O controle… Op. cit., p. 341).

[358] HELLER, Gabriel; CAVICHIOLI CARMONA, Paulo Afonso. Reparação e sanção no controle de atos e contratos administrativos: as diferentes formas de responsabilização pelo Tribunal de Contas. *Revista de Direito Administrativo*. Rio de Janeiro, v. 279, n. 1, p. 51-78, abr. 2020, p. 56.

A única hipótese em que se vislumbra a competência do TCU para fiscalizar a atuação dos particulares está associada aos programas de incentivo tributário condicionado, nos quais há uma relação contraprestacional entre Poder Público e particulares beneficiários, na qual estes se comprometem a realizar um conjunto de condições para ter acesso à renúncia fiscal.

A ideia de contratos fiscais[359] abrange uma relação jurídica na qual os contribuintes formulam pedidos de adesão a um conjunto de condições e, havendo concertação administrativa,[360] tem lugar uma decisão outorgando um regime jurídico específico.

Mesmo que se negue conceitualmente a natureza contratual de incentivos condicionados,[361] há que se reconhecer que existe a estipulação de requisitos específicos para acesso às condições favorecidas e que esta adesão depende de uma decisão administrativa.

Nas relações contratuais ordinárias, o TCU tem competência para determinar a adoção de medidas necessárias à correção de ilegalidade de ato e contrato (art. 45 da LOTCU). Entre tais medidas está a possibilidade de "aplicação de sanções ao contratado, pela violação ao contrato, no caso de omissão da autoridade administrativa".[362]

Condicionar o acesso às condições favoráveis de um programa de incentivo tributário ao cumprimento de condições implica o dever constitucional de monitoramento dessa política.[363] Na omissão desse dever, haveria competência do TCU para fiscalizar esse "contrato fiscal" da mesma forma como atingiria qualquer outra relação contratual da Administração Pública.[364]

Embora os particulares não realizem a gestão de recursos públicos nos contratos – e, por isso, não estejam circunscritos ao dever de

---

[359] NABAIS, José Casalta. *Contratos fiscais*: reflexões acerca da sua admissibilidade. Coimbra: Coimbra Editora, 1994, p. 181.

[360] POLIZELLI, Victor Borges. *Contratos fiscais...* Op. cit., p. 269.

[361] SCHOUERI, Luís Eduardo. *Direito tributário*. Op. cit., p. 734-742.

[362] DIAS, Eduardo Rocha. Os tribunais de contas e o sancionamento de licitantes e contratados. *Pensar – Revista de Ciências Jurídicas*, v. 5, n. 1, p. 47-62, 2010, p. 51.

[363] BARCELLOS, Ana Paula de. Políticas públicas e o dever de monitoramento: "levando direitos a sério". *Revista Brasileira de Políticas Públicas*, v. 8, n. 2, p. 251-265, 2018, p. 257.

[364] Esta conclusão é coerente com o "Princípio da sindicabilidade ampla dos atos, contratos e procedimentos administrativos, bem como controle das políticas públicas", na perspectiva do controle externo, que se apoia na interpretação dos arts. 49, X, e 71 da CRFB (FREITAS, Juarez de. *O controle...* Op. cit., p. 99).

prestar contas do art. 70, parágrafo único, da CRFB[365] – eles podem ser responsabilizados como *interessados*, caso hajam concorrido para o cometimento de dano ao erário (art. 16, §2º, "b", da LOTCU).

O descumprimento de condições poderia conduzir ao julgamento de irregularidade de contas e ter como efeito a condenação do beneficiário à devolução do valor equivalente ao tributo não recolhido, imputada como dano ao erário.

Assim, os particulares beneficiários de programas de incentivo tributário somente poderiam ser sancionados na condição de *interessados*, jamais como responsáveis, pois não administram recursos públicos.

Jamais estariam no alcance do órgão os particulares destinatários de programas de incentivo tributário incondicionado, pois não haveria como atrelar a sua conduta a eventual dano ao erário derivado da má gestão do programa como um todo, que não atingiu objetivos e metas preestabelecidos. Ainda que pudesse ser apurada vantagem econômica desses terceiros (derivada da condição fiscal favorável), não haveria *interesse*, qualificado nos termos do art. 16, §2º, "b", da LOCTU, para estender a eles as sanções que seriam aplicáveis aos responsáveis pela gestão do programa.

Somente estariam ao alcance da competência do TCU os particulares beneficiários de programas de incentivo tributário condicionado, em que haveria uma relação jurídica entre estes e o Estado, na qual o destinatário se compromete a realizar determinadas condições para ter acesso a uma condição fiscal favorável, diferente do regime aplicável aos demais.

Nesse contexto, o descumprimento das condições pelo agente privado poderia ser uma das causas de insucesso dos objetivos e metas a serem atingidos pelo programa como um todo, o que poderia configurar dano ao erário público. Nessa linha, se for possível atrelar, em algum nível, a não realização de objetivos e metas do programa ao benefício econômico do particular, seria possível que esse agente fosse responsabilizado na condição de terceiro interessado nesse dano (art. 16, §2º, "b", da LOTCU).

---

[365] BRASIL. Tribunal de Contas da União. *Acórdão n. 4.404/2016*. Rel. Min. Augusto Sherman, 1ª C., j. 05 jul. 2016; BRASIL. Tribunal de Contas da União. *Acórdão n. 3.514/2017*. Rel. Min. Vital do Rêgo, 1ª C., j. 23 maio 2017.

2.2 Conteúdo das decisões

Na segunda parte deste capítulo, o livro propõe uma reflexão sobre o conteúdo das decisões do TCU no controle de programas de incentivo tributário. Pensar no conteúdo da decisão é refletir sobre os limites normativos para o exercício da competência do TCU em relação aos sujeitos sob seu alcance.

Para escrutinar os aspectos fundamentais que definirão o conteúdo das decisões do TCU na fiscalização dos programas de incentivo tributário, esta seção propõe uma análise em quatro subseções.

Na primeira, analisam-se as atribuições constitucionais de competência do TCU, previstas no art. 71 da Constituição da República e reguladas pela LOTCU, e como estas podem se manifestar em relação aos programas de incentivo tributário.

O segundo ponto se dedica às medidas cautelares administrativas, aspecto específico da competência para sustar atos destinados a garantir a efetividade das decisões do TCU, com o objetivo de analisar sua manifestação em relação aos programas de incentivo tributário.

A terceira subseção é centrada na figura da tomada de contas como processo por meio do qual o órgão exerce suas competências constitucionalmente atribuídas. O mote é sistematizar a forma como a LOTCU regulou o exercício das competências pelo órgão, com foco nas peculiaridades dos programas de incentivo tributário.

Na etapa final deste capítulo, o centro da discussão está na possibilidade de o TCU exercer controle de constitucionalidade das normas que são aplicadas pelos agentes na execução dos programas fiscalizados.

2.2.1 Atribuições constitucionais do TCU

O art. 70, *caput*, da CRFB, ao estabelecer a competência do controle externo, faz referência à "fiscalização contábil, financeira, orçamentária, operacional e patrimonial". Esses termos designam *âmbitos* nos quais a atividade de fiscalização ocorre e englobam "*quase* tudo que se relaciona à Administração Pública",[366] em uma perspectiva de ampla sindicabilidade da atividade administrativa.[367]

---

[366] SUNDFELD, Carlos Ari; CÂMARA, Jacinto Arruda. Op. cit., p. 182.
[367] FREITAS, Juarez de. *O controle...* Op. cit., p. 99.

As competências específicas do TCU encontram-se expressamente delineadas no art. 71 da CRFB. Em uma visão mais objetiva, a atividade do TCU compreende atividades de registro (contratação e aposentadorias); parecer (contas do governo); julgamento (contas dos administradores) e fiscalização (atos e contratos).[368]

O exercício da competência do TCU sobre os programas de incentivo tributário está englobado nas competências de fiscalização, posto que o foco é a execução dos programas e não as contas de governo (art. 71, inciso I, da CRFB) ou dos administradores (art. 71, inciso II, da CRFB). Também é importante ressaltar que a execução dos incentivos tributários não envolve atos sujeitos a registro (art. 71, inciso III, da CRFB).

A competência do TCU para fiscalizar os responsáveis pela execução dos programas federais encontra fundamento de validade na parte final no art. 71, inciso II, da CRFB ("e as contas daqueles que derem causa a perda, extravio ou outra irregularidade de que resulte prejuízo ao erário público"[369]), que visa "alcançar aqueles que não estão sujeitos à prestação de contas ordinárias, de modo que pudessem ter suas contas julgadas pelo TCU"[370] em caso de dano ao erário.

Embora a regra de competência faça referência à ideia de *julgar*, é importante ressaltar que o tribunal de contas é um órgão administrativo, e não exerce jurisdição.[371] A unidade de jurisdição, decorrente da inafastabilidade do controle jurisdicional (art. 5º, XXXV, da CRFB) e do caráter definitivo das decisões, é reservada ao Poder Judiciário no Brasil.[372] Assim, o TCU não "julga" como o Judiciário;[373] sua atuação é, portanto, parajudicial.[374]

O TCU não é um órgão judiciário e suas decisões não têm as mesmas características de uma decisão judicial.[375] Não há que se falar em poder constitutivo ou desconstitutivo sobre atos e contratos

---

[368] SPECK, Bruno Wilhelm. *Inovação e rotina...* Op. cit., p. 83.

[369] BRASIL. *Constituição da República Federativa do Brasil de 1988.* Op. cit.

[370] AGUIAR, Ubiratan Diniz de; ALBUQUERQUE, Marcio André Santos de; MEDEIROS, Paulo Henrique Ramos. *A Administração Pública...* Op. cit., p. 207.

[371] Em sentido contrário, defendendo o caráter jurisdicional das decisões do tribunal de contas: JACOBY FERNANDES, Jorge Ulisses. *Tribunais de contas do Brasil*: jurisdição e competência. 4. ed. Belo Horizonte: Fórum, 2016, p. 155; p. 355.

[372] RIBAS, Lídia Maria Lopes Rodrigues. *Processo administrativo tributário.* 3. ed. São Paulo: Malheiros, 2008, p. 37.

[373] OLIVEIRA, Regis Fernandes de. *Curso...* Op. cit., p. 649.

[374] ZYMLER, Benjamin. *Questões de controle...* Op. cit., p. 27.

[375] SUNDFELD, Carlos Ari *et al.* O valor das decisões... Op. cit.

administrativos,[376] salvo nos casos em que o órgão avalia a legalidade de atos sujeitos a registro (art. 71, inciso III, da CRFB), com o objetivo de apurar a "veracidade delas para dar quitação ao interessado, em tendo-as como bem prestadas".[377]

É importante compreender que, no exercício da atividade de controle, o TCU não pode substituir a Administração Pública federal, como uma espécie de instância de "revisão compulsória dos atos administrativos em geral".[378] Nesse sentido já se manifestou o STF, que, julgando norma estadual que previa a possibilidade de recurso ao tribunal de contas em caso de decisão administrativa contrária à Fazenda Pública, entendeu por sua inconstitucionalidade por afronta ao art. 70, *caput*, da CRFB.[379] A partir dessa decisão é possível compreender que está fora do campo da fiscalização contábil, financeira, orçamentária, operacional e patrimonial o julgamento sobre a legalidade dos atos e contratos administrativos. Se, porventura, for identificada uma ilegalidade, cabe ao Tribunal ordenar a sua correção pelo agente responsável.

Embora não tenham caráter jurisdicional, as decisões do TCU sobre contas dos gestores responsáveis são definitivas, fazem a chamada coisa julgada administrativa sobre o tema.[380] Tais decisões são dotadas de executoriedade, na medida em que o "Poder Público pode compelir materialmente o administrado, sem precisão de buscar previamente as vias judiciais, ao cumprimento da obrigação que impôs e exigiu".[381] Entre as medidas que podem ser implementadas está o desconto do valor do débito do vencimento de agentes públicos responsáveis (art. 46 da Lei n. 8.122/1990).[382]

---

[376] SUNDFELD, Carlos Ari; CÂMARA, Jacinto Arruda. Competências de controle... Op. cit., p. 195.

[377] BANDEIRA DE MELLO, Oswaldo Aranha. Tribunais de contas: natureza, alcance e efeitos de suas funções. *Revista de Direito Público*, v. 73, p. 181-192, jan./mar. 1985, p. 189.

[378] SUNDFELD, Carlos Ari; CÂMARA, Jacinto Arruda. Competências de controle... Op. cit., p. 182.

[379] BRASIL. Supremo Tribunal Federal. *Ação Direta de Inconstitucionalidade n. 523/PR*. Rel. Min. Eros Grau, Tribunal Pleno, j. 03 mar. 2008, DJe n. 197, pub. 17 out. 2008.

[380] SUNDFELD, Carlos Ari et al. O valor das decisões... Op. cit.

[381] BANDEIRA DE MELLO, Celso Antônio. *Curso de direito administrativo*. 21. ed. São Paulo: Malheiros, 2006, p. 399.

[382] Neste sentido, cabe menção à Súmula 57 do TCU, na qual o órgão reconhece a possibilidade de implementar desconto parcelado, a pedido do interessado, de débitos imputados pelo próprio TCU: "É admissível o desconto parcelado, na forma da lei, de débito imputado a servidor público não afiançado, quer na fase de instrução do processo, pela autoridade administrativa competente, quer na fase de execução de Acórdão do Tribunal de Contas,

As decisões também configuram títulos executivos extrajudiciais (art. 71, §3º, da CRFB). Cabe ao Estado escolher se as executa como títulos autônomos, por meio de ações de execução de título extrajudicial, ou inscreve os débitos em dívida ativa para executá-los por meio de ações de Execução Fiscal.[383]

Os destinatários primários da competência para julgar são os agentes públicos "que tenham como atribuição fazer com que a máquina pública se movimente".[384] No caso dos programas de incentivo tributário, os agentes públicos responsáveis por sua execução, nos termos do art. 7º, inciso I, da Lei n. 10.180/2001, podem ser objeto de processo de tomada de contas especial, com vistas a apurar a regularidade da execução do programa.

Agentes privados, como não podem ser qualificados como "responsáveis" pela gestão de recursos públicos, somente poderiam ser incluídos no processo de julgamento de contas se fosse configurado seu interesse, nos termos do art. 16, §2º, "b", da LOTCU.

No contexto da atividade fiscalizatória, a Constituição garante a competência do TCU para aplicar as sanções previstas em lei, entre elas multa proporcional ao dano causado ao erário, em caso de ilegalidade da despesa ou irregularidade de contas (art. 71, inciso VIII, da CRFB).

A ilegalidade de despesa está associada ao processo de positivação do gasto público direto, que tem como figura central o ordenador de despesas (arts. 80 e 81 do Decreto-Lei n. 200/1964 e art. 8º, §3º, da LOTCU). Essa competência sancionatória pode ser exercida em processos investigativos (em sentido amplo), que envolvem a fiscalização de atos e contratos, repasses de recursos por meio de convênios, auditorias, inspeções etc.[385]

Já o julgamento sobre a regularidade das contas está associado à figura do administrador, no contexto do controle de contas ordinárias

---

desde que este defira o pedido" (BRASIL. Tribunal de Contas da União. *Súmula n. 57*. Aprovada em: 04 dez. 1973).

[383] Sobre os acórdãos do TCU, o STJ já decidiu que: "tais decisões já são títulos executivos extrajudiciais, de modo que prescindem da emissão de Certidão de Dívida Ativa - CDA, o que determina a adoção do rito do CPC quando o administrador discricionariamente opta pela não inscrição" (BRASIL. Superior Tribunal de Justiça. *Agravo Regimental no Recurso Especial n. 1.322.774/SE*, Rel. Ministro Mauro Campbell Marques, Segunda Turma, j. 26 jun. 2012, DJe de 6.8.2012).

[384] AGUIAR, Ubiratan Diniz de; ALBUQUERQUE, Marcio André Santos de; MEDEIROS, Paulo Henrique Ramos. *A Administração Pública...* Op. cit., p. 207.

[385] ROSILHO, André. *Tribunal de Contas da União...* Op. cit., p. 185.

ou especiais.[386] Trata-se de um julgamento que tem como foco toda a gestão, e não um único ato isolado. Caso se identifiquem irregularidades específicas, estas devem ser sopesadas com a gestão, "entendida como uma série de atos necessários à funcionalidade de um órgão e verificada dentro de padrões aceitáveis de legalidade, legitimidade e economicidade".[387]

Não se vislumbra a possibilidade de condenação de um responsável (ou interessado) pela ilegalidade de despesa no contexto dos programas de incentivo tributário, pois a gestão destes não envolve a aplicação de recursos públicos. Porém, a gestão do programa como um todo, o que envolve a fiscalização dos resultados envolvidos, poderia levar à imputação de sanção aos responsáveis e interessados.

As sanções decorrentes de irregularidades nos processos de prestação ou tomada de contas abrangem, como regra, os responsáveis, que são agentes públicos no exercício de função administrativa. Somente atingem particulares não integrantes da estrutura administrativa em caráter excepcional.[388]

A possibilidade de o TCU aplicar sanção diretamente aos particulares que se relacionam com a Administração Pública foi reconhecida pelo STF quando do julgamento da constitucionalidade da sanção de fraude a licitação prevista no art. 46 da LOTCU. Nesse julgamento, que envolvia a abrangência do art. 71, inciso VIII, da CRFB, ficou decidido que a competência do órgão não estava restrita aos agentes públicos (responsáveis), sendo admitida, nas hipóteses especificamente previstas em lei, aplicação de sanções aos agentes privados.[389]

O particular beneficiário de programas de incentivo tributário condicionado que descumprir condições estabelecidas pela lei poderia ser atingido pela competência sancionatória na condição de terceiro interessado, se ficar comprovado que sua conduta concorreu com o cometimento do dano apurado (art. 16, III, §2º, "b", da LOTCU).

No âmbito da competência fiscalizatória, uma vez identificada a irregularidade, haveria a possibilidade de o tribunal "assinar prazo

---

[386] ROSILHO, André. *Tribunal de Contas da União...* Op. cit., p. 185.

[387] BRASIL. Tribunal de Contas da União. *Acórdão n. 276/2002*. Rel. Min. Marcos Vinicios Vilaça, Plenário, j. 31 jul. 2002.

[388] HELLER, Gabriel; CAVICHIOLI CARMONA, Paulo Afonso. Reparação e sanção... Op. cit., p. 56.

[389] BRASIL. Supremo Tribunal Federal. *Mandado de Segurança n. 30.788/MG*. Op. cit.

para que o órgão ou entidade adote as providências necessárias ao exato cumprimento da lei" (art. 71, inciso IX, da CRFB).[390]

Ao fazer referência a "órgão ou entidade", a regra constitucional exclui a possibilidade de comandos impositivos destinados a "atores externos à Administração Pública – caso identifique ilegalidades a eles conectadas, pode representar a autoridades competentes (art. 71, inciso XI, da CRFB)".[391]

Refletir sobre a competência do TCU para emitir ordens passa, necessariamente, por compreender o conteúdo desses comandos. O TCU não tem competência para desconstituir imediatamente atos ou contratos, mas pode ordenar que a autoridade administrativa promova a correção da ilegalidade.[392] Considerando que somente os agentes públicos responsáveis podem restaurar a legalidade da atuação administrativa, de forma a "garantir o exato cumprimento da lei",[393] somente eles podem ser destinatários da competência do art. 71, inciso IX, da CRFB.

E mesmo em relação aos agentes públicos, a competência do TCU se limita a constatar a ilegalidade e determinar o ajuste dos atos envolvidos. Estaria fora da competência do art. 71, inciso XI, da CRFB a possibilidade de a corte de contas determinar a forma como esses ajustes seriam levados a termo.[394]

O art. 45 da LOTCU, ao regulamentar essa competência em nível federal, também se limita a fazer referência à assinatura de prazo ao *responsável* (e apenas ao responsável), com a indicação expressa dos dispositivos a serem observados, para que este tome as providências necessárias ao seu exato cumprimento.

Nos programas de incentivo tributário, a identificação de ilegalidades pelo TCU legitimaria a emissão de comandos para que o gestor público responsável promova os ajustes necessários. Mesmo nos programas que compreendem contrapartidas dos agentes privados, não se vislumbra competência da corte de contas federal para

---

[390] BRASIL. *Constituição da República Federativa do Brasil de 1988*. Op. cit.

[391] ROSILHO, André. *Tribunal de Contas da União...* Op. cit., p. 228.

[392] BRASIL. Supremo Tribunal Federal. *Mandado de Segurança n. 23.550/DF*. Rel. Min. Marco Aurélio, Tribunal Pleno, j. 04 mar. 2002, DJ 31 out. 2001.

[393] BRASIL. Supremo Tribunal Federal. *Mandado de Segurança n. 26.000/SC*. Rel. Min. Dias Toffoli, 1ª T., j. 16 out. 2012, DJe n. 224, pub. 14 nov. 2012.

[394] SUNDFELD, Carlos Ari; CÂMARA, Jacinto Arruda. Competências de controle... Op. cit., p. 200.

COMPETÊNCIA DO TRIBUNAL DE CONTAS DA UNIÃO (TCU) | 121

ordenar diretamente aos particulares beneficiários o cumprimento de determinada cláusula.

Caso não seja atendida a ordem de retificação do ato impugnado, haveria competência para sustá-lo, comunicando a decisão ao Poder Legislativo (art. 71, inciso X, da CRFB).

No caso de contratos, a competência de sustar é originalmente do Poder Legislativo, que solicitará providências do Executivo (art. 71, §1º, da CRFB) e, apenas se houver omissão, caberia ao TCU decidir sobre sua sustação. Esta competência será abordada de maneira mais detida na seção que segue.

Também é importante destacar sobre a competência do TCU em relação aos programas de incentivo tributário a importância do poder de representação que dispõe o tribunal perante outros órgãos de controle sobre irregularidades e abusos apurados (art. 71, inciso XI, da CRFB). Esta competência é ampla e pode ser exercida isoladamente ou em conjunto com as outras competências[395] e se revela de grande importância nas hipóteses em que o órgão não dispõe da capacidade de emitir atos de comando, como no caso das fiscalizações operacionais.[396]

A competência do TCU para fiscalizar mediante auditorias e inspeções é ampla e envolve todos os espectros do controle externo. Nas hipóteses de fiscalização contábil, financeira, orçamentária e patrimonial, a competência é desenvolvida em função da conduta de um agente responsável.

Porém, nas fiscalizações operacionais o foco é a gestão de um órgão como um todo. Nestas hipóteses, a competência se limita a atribuir publicidade aos resultados, que são encaminhados ao Poder Legislativo (art. 71, inciso VII, da CRFB), e a representar as irregularidades aos órgãos competentes (art. 71, inciso X, da CRFB).

Essa competência é de fundamental importância na fiscalização de programas de incentivo incondicionado, dado que estaria ausente a capacidade de comando do órgão, uma vez que a execução do benefício deriva diretamente da aplicação da norma tributária benéfica, sem qualquer intervenção do agente público responsável pela condução e acompanhamento da política.

---

[395] ROSILHO, André. *Tribunal de Contas da União...* Op. cit., p. 347.
[396] SUNDFELD, Carlos Ari; CÂMARA, Jacinto Arruda. Competências de controle... Op. cit., p. 200.

Também pode ser utilizada para buscar a eventual responsabilização de agentes privados nos programas de incentivo tributário condicionado, diante de eventual ilegalidade, mas que não seja possível configurar seu "interesse" na condição de terceiro (art. 16, §2º, "b", da LOTCU) dada a ausência de dano ao erário público.

É possível vislumbrar essa hipótese no caso de um particular beneficiário que cumpra suas contrapartidas em um programa de incentivos condicionados, o que acarretaria o reconhecimento de direito adquirido ao benefício, e o TCU identificasse uma ofensa aos princípios da legitimidade ou economicidade na sua concessão. Nesse caso, o órgão poderia representar ao Ministério Público para que seja apurada eventual responsabilidade criminal ou administrativa, mas não poderia determinar a restituição dos valores equivalentes ao benefício gozado por ausência de dano que pudesse configurar a condição de terceiro interessado.

2.2.2 Medidas cautelares administrativas

A competência para sustar atos (art. 71, X, da CRFB) tem, na origem, o descumprimento de uma determinação para qual foi assinado prazo para que um órgão ou entidade adote as providências necessárias ao cumprimento da lei (art. 71, inciso XI, da CRFB).

Para além de uma constatação topológica, reconstruída a partir do art. 71 da CRFB, a ligação entre a determinação para que a Administração corrija seu agir (inciso IX) e a capacidade do TCU de sustar sua execução de atos específicos (inciso X) indica que essa última competência tem o objetivo primordial de garantir a efetividade das ordens emitidas com base na primeira.

Os atos administrativos são predispostos a produzir efeitos imediatos, em razão de sua presunção de legitimidade e executoriedade. Sustar os atos visa suspender esses efeitos, medida excepcional destinada a evitar os prejuízos derivados de sua execução.[397]

A competência para sustar os atos deve ser lida de forma coordenada com a competência de ordenar a correção de ilegalidade (art. 71, inciso IX, da CRFB). Ela é um passo além. Caso a ilegalidade não seja

---

[397] DALLARI, Adilson Abreu. Suspensão dos efeitos do ato administrativo. *Revista de Direito Público*, v. 15, n. 61, p. 112-120, jan./mar. 1982, p. 112.

corrigida pelo responsável no prazo assinado, nasce a possibilidade de o TCU sustar os atos inquinados.[398]

A competência para a sustação de atos tem sempre efeitos prospectivos (*ex nunc*) e seu objetivo é evitar que o ato inquinado de ilegalidade siga produzindo consequências jurídicas.[399] A competência para sustar atos é, portanto, uma modalidade de medida cautelar administrativa.[400] destinada a evitar que o ato ilegal produza efeitos que resultem em dano ao patrimônio público.

O titular da competência para sustar a execução de atos ilegais varia em função de sua natureza unilateral ou bilateral.[401]

No caso dos atos unilaterais, a competência do TCU para sustar atos ilegais praticados pelo Poder Executivo, após o prazo estabelecido para sua correção, é plena e independente, devendo comunicar ainda o Poder Legislativo e aplicar a multa ao responsável (art. 45, §1º, da LOTCU).

Já em relação aos atos bilaterais, como regra geral, "ato de sustação será adotado diretamente pelo Congresso Nacional, que solicitará, de imediato, ao Poder Executivo as medidas cabíveis" (art. 71, §1º, CRFB).[402]

A Constituição da República prevê ainda que, caso não sejam adotadas pelo Congresso Nacional ou pelo Poder Executivo, "no prazo de noventa dias, [...] as medidas previstas no parágrafo anterior, o Tribunal decidirá a respeito" (art. 71, §1º, CRFB).[403] Essa disposição representa inovação em relação ao regime constitucional anterior, no qual "o silêncio do Legislativo, decorrido prazo de 30 dias, equivalia à insubsistência da manifestação do Tribunal".[404]

A LOTCU, ao regulamentar este dispositivo constitucional, prevê que, caso não sejam tomadas as medidas cabíveis pelo Congresso Nacional, "o Tribunal decidirá a respeito da sustação do contrato" (art. 45, §3º).[405] Essa disposição é mais abrangente que a regra do art. 71, §1º,

---

[398] ROSILHO, André. *Tribunal de Contas da União...* Op. cit., p. 266.

[399] FREIRE, André Luiz. *Manutenção e retirada dos contratos administrativos inválidos.* São Paulo: Malheiros, 2008, p. 182.

[400] CABRAL, Flavio Garcia. *Medidas cautelares administrativas.* Belo Horizonte: Fórum, 2021, p. 159-160.

[401] JORDÃO, Eduardo. A intervenção do TCU... Op. cit., p. 213.

[402] BRASIL. *Constituição da República Federativa do Brasil de 1988.* Op. cit.

[403] BRASIL. *Constituição da República Federativa do Brasil de 1988.* Op. cit.

[404] MEDAUAR, Odete. *Controle...* Op. cit., p. 266-267.

[405] BRASIL. *Lei n. 8.443, de 16 de julho de 1992.* Op. cit.

da CRFB, ao reconhecer que o "decidir a respeito" envolve a possibilidade de sustação do contrato pelo TCU.[406]

A partir da Constituição da República e da própria LOTCU é possível conceber que, originalmente, o exercício da competência para sustar atos somente pode ser efetivado após o prazo assinado para a sua correção e, no caso dos contratos, decidido noventa dias depois de identificada a inércia dos Poderes Executivo e Legislativo. Nessa perspectiva, é possível compreender que esta competência não é imediata e impositiva, mas colaborativa e destinada a assegurar que o próprio emissor do ato restaure o estado de legalidade.

Porém, o Regulamento Interno do Tribunal de Contas da União (RITCU), em seu art. 276, estabelece uma espécie de "poder geral de cautela", conferindo ao relator, ao plenário ou ao presidente a possibilidade de adotar medidas, com ou sem a oitiva da parte interessada, para evitar "grave lesão ao Erário, ao interesse público, ou risco de ineficácia da decisão de mérito", até que se julgue o mérito.[407]

Esse "poder geral de cautela" seria uma manifestação implícita e emergente das próprias competências constitucionais do órgão.[408] A chamada "teoria dos poderes implícitos", de forte influência estadunidense, tem sido invocada como suporte para o reconhecimento da legitimidade das decisões cautelares pelos tribunais de contas, que, no exercício de suas atribuições, seriam dotados de uma competência privativa implícita destinada a garantir os meios necessários para efetivação de suas decisões.[409]

O Supremo Tribunal Federal, ao julgar a possibilidade de o TCU suspender procedimentos licitatórios, por maioria, entendeu que o tribunal "nos termos do art. 276 do seu Regimento Interno, possui legitimidade para a expedição de medidas cautelares para prevenir

---

[406] André Rosilho critica essa possibilidade e, a partir de uma perspectiva de arqueologia constitucional, aponta que a regra da LOTCU teria extrapolado os limites da CRFB ao tornar o tribunal competente para sustar contratos, uma posição ampliativa dos poderes da corte que, embora tenha sido sugerida no contexto da elaboração da Constituição, foi rejeitada pela maioria da Assembleia Nacional Constituinte (ROSILHO, André. *Tribunal de Contas da União...* Op. cit., p. 281).

[407] BRASIL. Tribunal de Contas da União. *Regimento Interno do Tribunal de Contas da União*. Disponível em: https://portal.tcu.gov.br/data/files/2A/C1/CC/6A/5C66F610A6B96FE6E18818A8/BTCU_01_de_02_01_2020_Especial%20-%20Regimento_Interno.pdf. Acesso em: 28 fev. 2022.

[408] BIM, Eduardo Fortunato. O poder geral de cautela dos tribunais de contas nas licitações e nos contratos administrativos. *Interesse Público – IP*, v. 23, n. 36, p. 363-386, mar./abr. 2006.

[409] CABRAL, Flavio Garcia. *Medidas...* Op. cit., p. 80.

COMPETÊNCIA DO TRIBUNAL DE CONTAS DA UNIÃO (TCU) | 125

lesão ao erário e garantir a efetividade de suas decisões".[410] Essa decisão reconhece a legitimidade dessa atuação cautelar ampla do órgão, que transcende o campo dos certames licitatórios.

Porém, embora seja reconhecida pelo STF, essa autoatribuição de competência cautelar pelo TCU por meio do seu regimento interno não passa livre de críticas. Para parte da doutrina, nem a Constituição nem a própria LOTCU teria outorgado competência para o TCU adotar medidas cautelares de qualquer tipo.[411] Maria Sylvia Zanella Di Pietro sustenta que "sustação do ato, como medida cautelar (ou liminar, para usar terminologia própria dos processos judiciais) leva a uma inversão do procedimento previsto na Constituição e torna letra morta o inciso X do art. 71 da Constituição".[412]

Mesmo os autores que reconhecem como legítima a possibilidade de utilização de provimentos cautelares pelo tribunal de contas alertam que não se trata de um "cheque em branco", pois sua utilização deve observar parâmetros razoáveis e proporcionais e deve ser realizada apenas quando a medida pretendida tiver o objetivo de garantir um provimento integrante de outra competência expressa do órgão.[413]

A possibilidade de sustação cautelar dos atos – unilaterais ou bilaterais – pelo TCU, embora esteja sujeita a críticas, é uma realidade. Como está expressamente prevista no art. 276 do RITCU e, até o momento, não houve o reconhecimento da inconstitucionalidade ou ilegalidade dessa disposição regulatória por decisão vinculante, sua eficácia será considerada para as análises que seguem.

A análise da competência do TCU para sustar atos ou contratos em relação aos programas de incentivo tributário impõe considerar algumas características específicas desse instrumento de política fiscal. Ao contrário do que ocorre nos programas que envolvem gastos diretos, cuja execução depende de um conjunto de atos de positivação praticados pelo ordenador de despesas, a execução desses programas pode ou não depender de atos a serem introduzidos no sistema pelo responsável.

---

[410] BRASIL. Supremo Tribunal Federal. *Mandado de Segurança n. 24.510/DF*. Rel. Min. Ellen Gracie, Tribunal Pleno, j. 19 nov. 2003, DJe 19 mar. 2004.

[411] ROSILHO, André. *Tribunal de Contas da União...* Op. cit., p. 271.

[412] DI PIETRO, Maria Sylvia Zanella. O papel dos tribunais de contas no controle dos contratos administrativos. *Interesse Público – IP*. Belo Horizonte, v. 15, n. 82, p. 15-48, nov./dez. 2013.

[413] CABRAL, Flavio Garcia. *Medidas...* Op. cit., p. 81-82.

No caso dos incentivos incondicionados, a condição favorável destinada a fomentar determinado comportamento está prevista em lei e sua fruição pelo destinatário não depende da emissão de ato jurídico. Apenas a gestão interna desses programas poderia ser afetada pela competência de sustar atos (medidas que visem obstar a transparência dos dados sobre custos e resultados, por exemplo).

Em razão da natureza dos instrumentos tributários, a execução dos programas de incentivo tributário incondicionado não poderia ser obstada por uma decisão do TCU, dado que qualquer interrupção na vigência da medida dependeria da declaração de inconstitucionalidade da norma tributária para todos os destinatários (em caráter *erga omnes*), o que está fora da competência do órgão, como se demonstrará adiante.[414]

No caso dos incentivos que condicionam a concessão das condições favoráveis ao cumprimento de contrapartidas, é importante diferenciar os atos de gestão do programa, internos à própria administração e necessários à instrumentalização de sua execução, e os atos de concessão do benefício aos particulares, que outorgam acesso a um regime tributário favorecido.

Os atos de gestão, mesmo em programas de incentivo condicionado, são atos unilaterais da administração e, nessa condição, identificada a irregularidade o TCU teria competência para assinar prazo para a correção do ato e, na omissão, sustar sua execução. Caso identifique os elementos de urgência e irreversibilidade da medida contidos na regra do art. 276 do RITCU, a sustação do ato poderia ser imediata. Enquadraram-se na categoria os atos de gestão, os atos de avaliação da política, divulgação de dados, nomeação de responsáveis, ou seja, todos aqueles que, internamente à própria Administração, possibilitam a condução do programa.

Identificada alguma irregularidade, seria possível o exercício da competência de sustar pelo TCU para evitar a concessão de novos vínculos em programas de incentivo tributário. Nesse caso, o alvo da sustação é a norma que outorga ao agente responsável a possibilidade de conceder os benefícios até que a irregularidade seja sanada. Esta ordem, portanto, não afeta uma relação bilateral, estando sujeita ao mesmo regime dos atos de gestão.

Em relação aos incentivos condicionados já concedidos, embora o tratamento devesse ser semelhante ao de contratos administrativos,

---

[414] Tema desenvolvido na seção 2.2.4.

uma vez que estes vínculos ostentam caráter bilateral e sinalagmático, como já demonstrado, somente haveria competência para suspender os atos de concessão se for identificado o descumprimento das condições pelos particulares.

Isso porque os benefícios concedidos a título oneroso criam "para os particulares expectativas legítimas, relativas à manutenção das respectivas vantagens",[415] em razão da tutela jurídica garantida à confiança legítima e à boa-fé objetiva.[416] Não é por outra razão que o art. 178 do Código Tributário Nacional, pela negativa, proíbe a revogação ou modificação de uma isenção concedida por prazo certo e em função de determinadas condições, proibição esta que é extensível a todos os incentivos fiscais.[417]

A existência de contrapartidas a serem realizadas pelos beneficiários nos programas de incentivo tributário condicionado geram uma relação que não pode ser suprimida unilateralmente.[418] Nesse sentido, o Supremo Tribunal Federal, por ocasião da Súmula n. 544,[419] reconhece não há liberdade para modificar ou extinguir isenções condicionais por lei superveniente, na medida em que o cumprimento das condições gera para o beneficiário *direito adquirido* (art. 5, inciso XXXVI, da CRFB).[420]

Compreender que os destinatários que gozam de condições favoráveis em um programa de incentivo tributário e cumprem regularmente suas contrapartidas gozam de direito adquirido significa aceitar como ilegal (por ofensa ao art. 178 do CTN) e inconstitucional qualquer tentativa de sustação do ato de concessão pelo TCU (art. 5º, inciso XXXVI, da CRFB).

Por outro lado, diante do descumprimento dos requisitos nos programas de incentivo condicionado, caberia à Administração revogar o benefício (art. 179, §2º, do CTN), com a cobrança do crédito tributário acrescido de juros de mora e penalidade nos casos de dolo ou simulação (art. 155 do CTN).[421]

---

[415] RUBINSTEIN, Flávio. *Boa-fé...* Op. cit., 2010, p. 171.

[416] COUTO E SILVA, Almiro do. O princípio da proteção... Op. cit., p. 91-119.

[417] MARTINS, Ives Gandra da Silva; SOUZA, Fátima Fernandes Rodrigues de. Incentivo fiscal... Op. cit., p. 166; TORRES, Ricardo Lobo. Anulação... Op. cit., 132.

[418] BINENBOJM, Gustavo. Benefícios fiscais... Op. cit., p. 297.

[419] "Isenções tributárias concedidas, sob condição onerosa, não podem ser livremente suprimidas" (BRASIL. Supremo Tribunal Federal. *Súmula n. 544*. Op. cit.).

[420] BRASIL. Supremo Tribunal Federal. *Agravo Regimental em Recurso Extraordinário n. 582.926/ CE*. Rel. Min. Ricardo Lewandowski, 1ª T., j. 10 maio 2011, DJe n. 100, pub. 27 maio 2011.

[421] Como exposto na seção 1.1.3.

Caso o TCU identifique que o gestor responsável pelo programa se omitiu no dever de revogar atos de concessão de benefício em decorrência do descumprimento de condições, seria possível que fosse assinado prazo para correção do ato e comunicado o Poder Legislativo e o Poder Executivo para providências. Após noventa dias, diante da omissão dos órgãos, poderia o TCU sustar o ato de concessão do benefício, nos termos do art. 45, §3º, da LOTCU.

Diante do risco de "grave lesão ao Erário, ao interesse público, ou risco de ineficácia da decisão de mérito", o órgão poderia ainda exercer a competência atribuída pelo art. 276 do RITCU e determinar a sustação imediata do ato de concessão.

2.2.3 Tomada de contas

O exercício da competência fiscalizatória autônoma do TCU (art. 71, inciso II, da CRFB), bem como das demais a ela associadas (art. 71, incisos VIII, IX, X e XI, da CRFB), é desenvolvido por meio de processos de tomadas de contas.

Tal competência integra a função parajudicial do órgão e tem como foco as contas prestadas nos processos de tomada (ou prestação) de contas anual ou tomadas de contas especial.[422] Identificada a irregularidade na gestão ou o dano ao erário, nasce a competência para sancionar esses agentes ou praticar atos de comando.

A competência constitucional de julgamento das contas do art. 71, inciso II, da CRFB contempla duas espécies: o julgamento ordinário, operado em sede de prestação ou tomada de contas dos administradores e responsáveis, e o julgamento extraordinário, "ensejado por perda, extravio ou outra irregularidade de que resulte prejuízo ao erário".[423]

Neste ponto, importa diferenciar as chamadas *contas de governo* – prestadas pelo chefe do Poder Executivo (presidente, governadores e prefeitos) para "demonstrar os resultados da atuação governamental no exercício financeiro",[424] em relação às quais o tribunal de contas apenas emite parecer prévio, ficando o julgamento a cargo do Poder Legislativo (art. 71, inciso I, da CRFB) – das *contas de gestão*, nas quais o tribunal de contas julga os administradores e responsáveis de maneira autônoma e

---

[422] ZYMLER, Benjamin. Questões de controle... Op. cit., p. 27.

[423] HELLER, Gabriel; CAVICHIOLI CARMONA, Paulo Afonso. Reparação e sanção... Op. cit., p. 57.

[424] FURTADO, José de Ribamar Caldas. Os regimes... Op. cit., 2007.

COMPETÊNCIA DO TRIBUNAL DE CONTAS DA UNIÃO (TCU) | 129

independente, não estando subordinada sua decisão ao posterior crivo do Poder Legislativo.[425] A fiscalização dos incentivos tributários como programas finalísticos ocorre, pois, no contexto das contas de gestão.

A norma de competência atrela a ideia de julgamento dos administradores e responsáveis à expressão "contas", que designa os "cálculos decorrentes da atividade financeira dos administradores e demais responsáveis por dinheiros".[426] A partir dessa dimensão da expressão "julgar contas", presente na norma de competência, é possível concluir que a atividade do TCU tem como foco as contas prestadas pelo administrador, não a regularidade dos atos específicos.

A competência para fiscalizar os atos envolvidos na execução de políticas públicas não tem como foco a conduta do responsável, mas a regularidade das contas em si.[427] Nesse sentido, não cabe ao TCU, por exemplo, apurar dolo do agente em condutas que poderiam se configurar como improbidade administrativa.[428]

Essa ideia de "julgar contas" aplicada à atividade de fiscalização de programas específicos está associada à parte final do art. 71, inciso II, da CRFB, que tem como foco prevenir danos ao erário público. Esse julgamento extraordinário tem lugar no processo de tomada de contas especial (art. 8º da LOTCU), aplicável depois de esgotadas as possibilidades internas de regularização das contas ou de ressarcimento do dano.[429]

---

[425] BRASIL. Supremo Tribunal Federal. *Ação Direta de Inconstitucionalidade n. 3.715/TO*. Rel. Min. Gilmar Mendes, Tribunal Pleno, j. 21 ago. 2014, DJe n. 213, pub. 31 out. 2014.

[426] BRASIL. Supremo Tribunal Federal. *Medida Cautelar em Ação Direta de Inconstitucionalidade n. 2.238/DF*. Rel. Min. Ilmar Galvão, Tribunal Pleno, j. 09 ago. 2007, DJe n. 172, pub. 12 set. 2008.

[427] CAVALCANTI, Themístocles Brandão. O Tribunal de Contas: órgão constitucional: funções próprias e funções delegadas. *Revista de Direito Administrativo*. Rio de Janeiro, v. 109, p. 1-10, out. 1972, p. 9.

[428] Como assentou o STF em sede de Repercussão Geral: "[...] 3. A excepcionalidade reconhecida pela maioria do Supremo Tribunal Federal no Tema 897, portanto, não se encontra presente no caso em análise, uma vez que, no processo de tomada de contas, o TCU não julga pessoas, não perquirindo a existência de dolo decorrente de ato de improbidade administrativa, mas, especificamente, realiza o julgamento técnico das contas à partir da reunião dos elementos objeto da fiscalização e apurada a ocorrência de irregularidade de que resulte dano ao erário, proferindo o acórdão em que se imputa o débito ao responsável, para fins de se obter o respectivo ressarcimento. [...].\" (BRASIL. Supremo Tribunal Federal. *Recurso Extraordinário n. 636.886/AL*. Rel. Min. Alexandre de Moraes, Tribunal Pleno, j. 20 abr. 2020, DJe n. 157, pub. 26 jun. 2020).

[429] Como ressaltam Cynthia Magalhães Pinto Godoi Quintão e Ricardo Carneiro: "Isso se justifica pelo alto custo de um processo de TCE que, em regra, mobiliza os órgãos repassadores de recursos, na denominada fase interna, com feições de um inquérito, e, assim que concluída, mobiliza o TC, formando-se verdadeiro processo. Ao final, se julgadas irregulares as contas e imputando-se, ao agente causador do dano, multa ou ressarcimento ao erário, a

O procedimento de tomada de contas especial pode ser instaurado pela própria Administração, em procedimento interno no qual se identifica o dano; pelos órgãos responsáveis pelo controle interno; ou pelo TCU, fruto de um processo de fiscalização de atos ou contratos. Porém, "em qualquer caso, havendo ou não a chamada 'fase interna' da TCE [Tomada de Contas Especial], que se dá na esfera administrativa, a competência para julgamento é da esfera controladora, isto é, do Tribunal de Contas".[430]

As contas podem ser julgadas regulares, regulares com ressalva ou irregulares (art. 16 da LOTCU) e podem "ser consideradas iliquidáveis quando caso fortuito ou força maior, comprovadamente alheio à vontade do responsável, tornar materialmente impossível o julgamento de mérito"[431] (art. 20 da LOTCU).

Serão julgadas regulares "as contas que expressarem, de forma clara e objetiva, a exatidão dos demonstrativos contábeis, a legalidade, a legitimidade e economicidade dos atos de gestão do responsável",[432] hipótese em que o TCU dá quitação plena ao responsável (art. 17 da LOTCU).

Caso haja regularidade com ressalvas, o TCU dará quitação, mas determinará a adoção de medidas necessárias à correção de impropriedades ou falhas (art. 18 da LOTCU).

São razões para o julgamento irregular de contas: a) a omissão no dever de prestar; b) a prática de ato de gestão ilegal, ilegítimo, antieconômico, ou infração à norma legal ou regulamentar; c) a identificação de dano ao Erário decorrente de ato de gestão ilegítimo ou antieconômico; d) a ocorrência de desfalque ou desvio de dinheiros, bens ou valores públicos (art. 16, inciso III, da LOTCU).

---

decisão do TC tem eficácia de título executivo a qual, se não cumprida, deve ser remetida ao Ministério Público junto ao Tribunal de Contas (MPC), para as providências necessárias à sua execução." (QUINTÃO, Cynthia Magalhães Pinto Godoi; CARNEIRO, Ricardo. A tomada de contas especial como instrumento de controle e responsabilização. *Revista de Administração Pública*. Rio de Janeiro, v. 49, n. 2, p. 473-491, mar./abr. 2015, p. 479).

[430] HELLER, Gabriel; CAVICHIOLI CARMONA, Paulo Afonso. Reparação e sanção... Op. cit., p. 57.

[431] NAGEL, José. Normas gerais sobre fiscalização e julgamento a cargo do TCU. *Revista do Tribunal de Contas da União*. Brasília, v. 28, n. 74, p. 31-51, out./dez. 1997, p. 32.

[432] COSTA, Luiz Bernardo Dias. O Tribunal de Contas: sua evolução e principais atribuições no Estado Democrático de Direito. *In*: GUIMARÃES, Edgar. *Cenários do direito administrativo*: estudos em homenagem ao Professor Romeu Felipe Bacellar Filho. Belo Horizonte: Fórum, 2004, p. 319-347, p. 339.

COMPETÊNCIA DO TRIBUNAL DE CONTAS DA UNIÃO (TCU) | 131

Na hipótese do reconhecimento de irregularidade de contas, a decisão do TCU poderá atribuir responsabilidade tanto ao agente público responsável pela prática do ato irregular quanto do terceiro que, como parte interessada, de alguma forma tenha concorrido para o cometimento do dano apurado (art. 12, inciso I, e art. 16, §2º, da LOTCU).

A decisão do TCU em processo de tomada de contas especial (TCE) pode *determinar a adoção de providências para restauração da legalidade* (art. 45 da LOTCU) e, se não atendida a determinação, pode-se *sustar a execução dos atos desconformes*, comunicar ao Poder Executivo a decisão e aplicar *multa pelo descumprimento de determinação* (art. 58, inciso II, da LOTCU).

A irregularidade de contas pode acarretar ao *responsável* a aplicação da pena de *ressarcimento do dano ao erário público*, além de *multa penal* que pode chegar a cem por cento do valor do dano (arts. 19 e 57 da LOTCU).

Porém, embora os particulares possam ser condenados solidariamente ao ressarcimento do dano ao erário, tal responsabilidade não autoriza o TCU a imputar-lhes a multa penal.

Isso porque a competência do TCU para condenar os particulares ao ressarcimento dos danos ao erário público é haurida a partir do inciso II do art. 71 da CRFB, que inclui no campo de competência do TCU todos aqueles que "derem causa a perda, extravio ou outra irregularidade de que resulte prejuízo ao erário público".[433] Esta disposição é ampla e engloba tanto os agentes públicos responsáveis quanto os demais agentes (incluindo agentes privados) que causarem danos ao erário público.

O descumprimento da ordem de retificar o ato ilegal por parte do gestor público pode sujeitá-lo à aplicação de multa proporcional ao dano ao erário causado. O texto constitucional que estabelece esta competência do TCU faz expressa referência ao responsável como destinatário dessa multa: "aplicar aos responsáveis [...], entre outras cominações, multa proporcional ao dano causado ao erário" (art. 71, inciso VIII, da CRFB).[434]

Nesse ponto, é importante deixar claro que o art. 71 da CRFB trata de maneira diferente agentes públicos responsáveis e demais sujeitos que podem contribuir para a ocorrência de dano ao erário público.

---

[433] BRASIL. *Constituição da República Federativa do Brasil de 1988*. Op. cit.
[434] BRASIL. *Constituição da República Federativa do Brasil de 1988*. Op. cit.

A previsão do inciso II outorga competência ao TCU para julgar as contas e, eventualmente, determinar o ressarcimento dos prejuízos identificados tanto aos agentes públicos responsáveis quando aos agentes privados que lhe tenham dado causa. Já o inciso VIII prevê que a corte pode "aplicar aos responsáveis", e exclusivamente a eles, a multa proporcional ao dano causado ao erário. Essa competência sancionatória, portanto, é restrita aos agentes públicos responsáveis.

A multa proporcional a que faz referência a Constituição da República está prevista no art. 57 da LOTCU, que estabelece que "quando o responsável for julgado em débito, poderá ainda o Tribunal aplicar-lhe multa de até cem por cento do valor atualizado do dano causado ao Erário".[435] O enunciado deste artigo faz referência expressa ao "responsável" pelo dano ao erário e, como já demonstrado, nos programas de incentivo tributário somente se enquadram nessa categoria os agentes públicos encarregados da gestão dos programas. Nessa linha, somente poderia ser sancionado pela multa ali prevista o gestor público, que "eventualmente tenha concedido benefícios irregulares, ou que não tenha exercido a fiscalização adequada, no âmbito que lhe compete".[436]

Embora a competência do TCU para aplicar a multa do art. 57 da LOTCU seja restrita à figura dos responsáveis, o tribunal tem estendido esta sanção aos agentes privados que descumprem requisitos de programas de incentivo tributário condicionado.[437] Tal postura representa um claro abuso da competência prevista no art. 71, inciso VIII, da CRFB, bem como uma interpretação equivocada do conceito de "responsável" consignado no art. 57 da LOTCU.

O TCU pode aplicar pena de *inabilitação do responsável para exercício de cargo* em comissão ou função de confiança na Administração Pública (art. 60 da LOTCU).[438] Nos programas de incentivo tributário esta sanção, por sua natureza, é aplicável aos agentes públicos responsáveis que cometerem atos irregulares durante sua gestão.

---

[435] BRASIL. *Lei n. 8.443, de 16 de julho de 1992*. Op. cit.

[436] SCAFF, Fernando Facury. *Orçamento*... Op. cit., p. 448.

[437] BRASIL. Tribunal de Contas da União. *Acórdão n. 657/2022*. Rel. Min. Augusto Nardes, 2ª C., j. 15 fev. 2022.

[438] Figura entre as competências do TCU a possibilidade de aplicar *sanção de inidoneidade a licitantes* (art. 46 da LOTCU). Contudo, esta não será abordada neste trabalho, pois integra o universo das contratações diretas, intangível à realidade dos programas de incentivo tributário.

COMPETÊNCIA DO TRIBUNAL DE CONTAS DA UNIÃO (TCU) | 133

Identificada irregularidade que tenha repercussões em outras esferas, a decisão também pode *representar ao Poder competente* para apurar e punir a irregularidade (art. 1º, inciso VIII, da LOTCU). A competência para representar pode ser exercida em face de qualquer órgão de controle da Administração Pública e ao Ministério Público, e abrange quaisquer parâmetros de controle (irregularidades) e em relação a quaisquer objetos (financeiro, contábil, orçamentário, patrimonial ou operacional).[439]

Os programas de incentivo tributário estão sujeitos à fiscalização do TCU e, identificada uma irregularidade, o conteúdo da decisão (mérito) no processo de tomada de contas especial pode envolver os seguintes comandos:

1. *Determinar a adoção de medidas* para restauração de legalidade;
2. Caso não atendido, aplicar *multa pelo descumprimento de ordem*;
3. *Sustar a prática de atos* referentes à execução do programa, caso a ilegalidade não seja sanada;
4. Apurar a ocorrência de dano ao erário derivado da irregularidade e *atribuir responsabilidade*;
5. Determinar o *ressarcimento do dano ao erário*;
6. Aplicar *multa penal* em valor que pode chegar a 100% do valor do dano aos responsáveis;
7. Aplicar sanção de *inabilitação do responsável para exercício de cargo* em comissão ou função de confiança na Administração Pública;
8. Encaminhar *representação ao Poder competente* sobre irregularidades ou abusos apurados, indicando o ato inquinado e definindo responsabilidades.

Em um processo de tomada de contas especial destinado a fiscalizar programas de incentivo tributário, o TCU poderia ordenar ao agente público responsável a adoção de medidas corretivas para evitar o dano ao erário. Tais medidas poderiam referir-se a ajustes na governança do programa, objetivos e metas a serem atingidos, acompanhamento do volume de gastos tributários, ou mesmo ao processo de acompanhamento das contrapartidas nos programas de incentivo condicionado.

---

[439] ROSILHO, André. *Tribunal de Contas da União...* Op. cit., p. 348.

A possibilidade de determinar a adoção de medidas não poderia ter como destinatário o particular beneficiário, pois a norma de competência somente autoriza seu exercício contra órgão ou entidade (art. 71, inciso IX, da CRFB), o que pressupõe o vínculo do destinatário da ordem com a Administração Pública.

Caso não seja atendido ou se as medidas forem insuficientes para corrigir a irregularidade, o TCU pode impor multa pelo descumprimento de decisão. Assim como a "ordem" do TCU somente pode ter como destinatária uma autoridade pública (responsável), a imputação de multa pelo seu cumprimento também circunscreve esse campo de agentes, deixando de fora particulares, ainda que beneficiários de programas de incentivo tributário.

O tribunal pode determinar a sustação da prática de atos de execução do programa. Novamente, trata-se de uma competência dirigida aos agentes da Administração, e poderia afetar diretamente a concessão de novos benefícios nos casos de programas de incentivo condicionado, pois estes dependem da prática de atos do gestor para o reconhecimento do direito do particular ao benefício.

Porém, o órgão apenas teria competência para suspender os incentivos condicionados já outorgados diante da omissão da Administração em revogar atos de concessão diante do descumprimento das obrigações pelos particulares.

Contudo, se os particulares cumprirem as contrapartidas a que se comprometeram, não seria possível sustar os atos de concessão, sob pena de ilegalidade e inconstitucionalidade por ofensa ao direito adquirido (art. 5º, inciso XXXVI, da CRFB).

A competência para sustar atos também não teria o condão de obstar o acesso de particulares a condições tributárias favoráveis derivadas de programas de incentivo tributário incondicionado, pois, nesses casos, a fruição do benefício deriva da aplicação direta da norma tributária.

Identificado dano ao erário, o agente público responsável pela execução do programa poderia ser condenado ao seu ressarcimento e ao pagamento de multa penal proporcional ao prejuízo identificado. Também poderia sofrer pena de inabilitação e representação para os órgãos competentes e ter sua conduta representada aos órgãos competentes.

Na perspectiva dos particulares beneficiários, nos programas de incentivo incondicionado não se vislumbra a possibilidade de responsabilização dos agentes privados, pois o fato de fruir do benefício sem qualquer contrapartida não seria suficiente para avocar sua responsabilidade sobre eventual dano ao erário. Já nos programas de incentivo condicionado, o descumprimento das contrapartidas poderia configurar o interesse dos agentes privados. Neste caso, poderiam ser condenados solidariamente ao ressarcimento do dano ao erário (não havendo que se falar em condenação ao pagamento da multa penal).

Tanto agentes públicos quanto agentes privados, em programa de incentivo condicionado ou incondicionado, poderiam ser objeto de representação aos Poderes competentes caso o TCU identifique irregularidades no âmbito de sua fiscalização. Não se trata de uma competência dirigida diretamente aos agentes públicos (responsáveis) ou particulares, mas de um dever institucional estabelecido no relacionamento com outros Poderes.

Considerando os comandos possíveis de uma decisão do TCU em procedimento de tomada de contas especial sobre programas de incentivo tributário e os seus destinatários, é possível construir o seguinte quadro:

Quadro 1 – Comandos possíveis em relação aos destinatários

Comandos		Agentes públicos em programas de incentivo incondicionado	Agentes públicos em programas de incentivo condicionado	Particulares em programas de incentivo incondicionado	Particulares em programas de incentivo condicionado
1	Ordenar medidas	x	x		
2	Multa – descumprimento	x	x		
3	Sustar atos de concessão		x		x
4	Atribuir responsabilidade	x	x		x
5	Ressarcimento de dano	x	x		x
6	Multa penal	x	x		
7	Pena de inabilitação	x	x		
8	Representação	x	x	x	x

2.2.4 Controle de constitucionalidade

A fiscalização dos programas de incentivo tributário em sede de tomada de contas especial tem como foco os atos praticados pelos responsáveis, com o objetivo de apurar eventual irregularidade que possa ter como consequência dano ao erário público.

Diante do enunciado da Súmula n. 347, do STF, que reconhece que "O Tribunal de Contas, no exercício de suas atribuições, pode apreciar a constitucionalidade das leis e dos atos do Poder Público",[440] questiona-se se poderia o TCU, a partir do reconhecimento da inconstitucionalidade de uma norma, julgar como irregulares atos praticados pelos responsáveis nos programas de incentivo tributário – e até a fruição de benefícios pelos particulares –, bem como reconhecer a ocorrência de prejuízo ao patrimônio público.

O debate sobre a possibilidade do exercício do controle de constitucionalidade de leis e atos pelo TCU é antigo e remonta às discussões sobre a ausência de caráter jurisdicional das decisões do órgão. À época da edição da Súmula n. 347, Alfredo Buzaid defendia que, como o tribunal de contas não é órgão integrante do Poder Judiciário, não exerce funções jurisdicionais. Partindo da premissa de que o controle de constitucionalidade é atividade privativa do Judiciário, o autor defende que estaria fora da competência do tribunal de contas declarar a inconstitucionalidade de atos e leis.[441]

Essa posição encontrava certa resistência de autores como Themístocles Brandão Cavalcanti, para quem "o processo de aplicação da lei conduz à verificação da constitucionalidade, e, portanto, verificado o conflito com a Constituição, deve esta prevalecer".[442] Para o autor, a decisão do tribunal de contas não teria como objeto a declaração de inconstitucionalidade da lei, o que reconhece como competência privativa do Judiciário, mas uma ordem para que determinada norma não seja aplicada em razão de sua inconstitucionalidade) em detrimento de outra.

Essa posição reconhece uma modalidade de juízo de constitucionalidade na aplicação das leis pelo tribunal de contas e encontra eco até os dias atuais. Nesse paradigma, seria possível um pronunciamento

---

[440] BRASIL. Supremo Tribunal Federal. *Súmula n. 347*, j. 13 dez. 1963.
[441] BUZAID, Alfredo. O Tribunal de Contas... Op. cit., p. 58.
[442] CAVALCANTI, Themístocles Brandão. O Tribunal de Contas... Op. cit., p. 8.

sobre a constitucionalidade dos atos normativos, com seu afastamento no contexto dos julgamentos do TCU, decisão esta que teria efeitos restritos às partes envolvidas.[443]

Quem reconhece a competência do TCU para apreciar a constitucionalidade das normas vê nessa atividade uma prerrogativa instrumental necessária à atividade do controle de legalidade dos atos sujeitos a registro e ao julgamento das contas dos administradores.[444] O próprio TCU já manifestou que teria esta espécie de competência para declaração incidental de inconstitucionalidade.[445]

Para essa corrente, o objetivo do controle de constitucionalidade nos tribunais de contas é evitar os efeitos danosos ao erário derivados da aplicação de lei inquinada de inconstitucionalidade. A decisão da corte de contas que identifica potencial inconstitucionalidade poderia ter caráter informativo e orientador ao jurisdicionado, que, se insistir "em dar valia à norma, sujeitar-se-á às consequências dos seus atos", que incluiriam a recomposição do dano ao erário.[446]

Porém, esse entendimento parte da premissa de que os órgãos não integrantes do Poder Judiciário teriam a possibilidade de exercer o controle de legalidade afastando a presunção de validade e legitimidade de normas jurídicas inseridas no sistema pelo processo legislativo, por meio de um juízo de constitucionalidade na sua aplicação.

Ao afastar a aplicação de lei sob o argumento de proteger a Constituição, o tribunal de contas coloca em xeque todo um sistema cuja segurança (*rectius*, segurança jurídica) está baseada na impositividade da aplicação das normas válidas, vigentes e eficazes que o integram.[447] Poder-se-ia chegar ao absurdo de punir um administrador que apenas aplicou lei, atividade que é justamente o cerne do exercício da função executiva. Este julgamento de "constitucionalidade" realizado em

---

[443] BÚRGIO, Vandré Augusto. Controle de constitucionalidade dos atos normativos pelos Tribunais de Contas. *Revista de Direito Administrativo*. Rio de Janeiro, v. 228, p. 67-74, abr. 2002, p. 72.

[444] FAJARDO, Cláudio Marcelo Spalla. Súmula STF n. 347: uma nova abordagem sobre a competência do TCU para apreciar a constitucionalidade de leis e atos normativos do Poder Público. *Revista do Tribunal de Contas da União*, v. 40, n. 111, p. 17-34, 2008.

[445] BRASIL. Tribunal de Contas da União. *Acórdão n. 990/2017*. Rel. Min. Benjamin Zymler, Plenário, j. 17 maio 2017.

[446] JACOBY FERNANDES, Jorge Ulisses. *Tribunais...* Op. cit., p. 318.

[447] DUTRA, Micaela Domínguez. O Tribunal de Contas e o verbete n. 347 da súmula de jurisprudência do Supremo Tribunal Federal. *Observatório da Jurisdição Constitucional*. Brasília, v. 1, jan. 2008. Disponível em: https://www.portaldeperiodicos.idp.edu.br/observatorio/article/view/86. Acesso em: 08 mar. 2020.

momento posterior à edição do ato controlado é incompatível com o controle da atividade administrativa, que não pode se furtar ao cumprimento de lei, vigente, válida e eficaz.

Antes de reconhecer as intersecções entre a competência do TCU para julgar e a possibilidade de reconhecer a inconstitucionalidade das normas, é preciso dar um passo atrás para recuperar o contexto em que foi produzida a Súmula n. 347 do STF.

Essa súmula é fruto do julgamento do Mandado de Segurança n. 8.372, no qual se questionava uma decisão do TCU que aplicara um precedente do próprio STF com efeitos não vinculantes, que negou registro a aposentadoria fundada em lei já revogada.[448] Esta "revogação", na realidade, se referia ao fato de que a lei, que servia de fundamento para o ato de aposentação, fora julgada inconstitucional pelo tribunal competente.

No precedente originário, não houve o reconhecimento da inconstitucionalidade de norma pelo TCU, apenas o reconhecimento da ilegalidade do ato de aposentadoria baseado em lei já retirada do sistema por um julgamento de inconstitucionalidade proveniente do Poder Judiciário.

Interpretar a Súmula n. 347 de acordo com o precedente que lhe deu origem impõe aceitar que "o Supremo não pretendeu dar ao TCU a competência para declarar a inconstitucionalidade de leis", apenas reconheceu que o órgão de controle pode se eximir de aplicar leis já declaradas inconstitucionais pelo Poder Judiciário.[449]

É bem verdade que, no passado, o STF já reconheceu a possibilidade de os Poderes Executivo e Legislativo editarem atos que determinam aos seus subordinados que deixem de aplicar lei que considerem inconstitucionais (ADI n. 221 MC).[450] Esta orientação proveniente do chefe dos demais Poderes para o descumprimento de lei inconstitucional estaria baseada na supremacia da Constituição.[451]

Porém, essa orientação parece ter sido superada. Posteriormente ao julgamento da ADI n. 221 MC, o STF passou a reconhecer o controle

---

[448] BRASIL. Supremo Tribunal Federal. *Recurso em Mandado de Segurança n. 8.372/CE*. Rel. Min. Pedro Chaves, Tribunal Pleno, j. 11 dez. 1961, DJ 26 abr. 1962.

[449] ROSILHO, André. *Tribunal de Contas da União...* Op. cit., p. 147.

[450] BRASIL. Supremo Tribunal Federal. *Medida Cautelar em Ação Direta de Inconstitucionalidade n. 221/DF*. Rel. Min. Moreira Alves, Tribunal Pleno, j. 29 mar. 1990, DJ 22 out. 1993.

[451] BARROSO, Luis Roberto. Poder Executivo: lei inconstitucional: descumprimento. *Revista de Direito Administrativo*. Rio de Janeiro, v. 181-182, p. 387-397, jul. 1990.

de constitucionalidade como atribuição privativa do Poder Judiciário.[452] A corte parece ter avançado ainda mais no entendimento com a edição da Súmula Vinculante n. 10,[453] que reconhece apenas aos tribunais judiciais a legitimidade para a prática de atos que tenham como consequência "afastar a aplicação de uma lei tida como inconstitucional, quando do exame do caso concreto", revestindo-se "de exame de constitucionalidade de atos normativos".[454] Ou seja, para a jurisprudência atual do STF, só o Poder Judiciário pode *declarar* ou *afastar a aplicação* de normas inconstitucionais.

Como somente o Poder Judiciário teria competência para, a partir de um juízo de constitucionalidade, afastar a aplicação de lei ou ato normativo, não caberia ao TCU, no controle da legalidade de atos, reconhecer a irregularidade de contas derivadas da aplicação de norma vigente, válida e eficaz.

Ainda que se fale no superado precedente da ADI n. 221 MC, essa decisão reconhece que a competência para reconhecer a inconstitucionalidade da norma e ordenar seu descumprimento é exclusiva dos chefes dos Poderes Executivo e Legislativo.[455] Em âmbito federal, não haveria espaço para uma decisão do TCU, fazendo as vezes do Presidente da República, orientar pela não aplicação de norma ainda integrante do sistema.

O STF já foi instado a se manifestar três vezes, em sede de medida cautelar em mandado de segurança, sobre a possibilidade de o TCU exercer controle de constitucionalidade no exercício de suas competências. Em duas decisões monocráticas, foi reconhecido que a corte de contas não poderia efetuar o controle de constitucionalidade de normas

---

[452] BRASIL. Supremo Tribunal Federal. *Recurso Extraordinário n. 179.170/CE*. Rel. Min. Moreira Alves, 1ª T., j. 09 jun. 1998, DJ 30 out. 1998; BRASIL. Supremo Tribunal Federal. *Medida Cautelar em Ação Direta de Inconstitucionalidade n. 221/DF*. Op. cit.

[453] Súmula Vinculante 10: "Viola a cláusula de reserva de plenário (CRFB, artigo 97) a decisão de órgão fracionário de Tribunal que, embora não declare expressamente a inconstitucionalidade de lei ou ato normativo do poder público, afasta sua incidência, no todo ou em parte." (BRASIL. Supremo Tribunal Federal. *Súmula Vinculante n. 10*, j. 18 jun. 2008, DJe n. 117, 27 jun. 2008).

[454] FALCÃO, Valdirene Ribeiro de Souza. O tribunal de contas e o controle de constitucionalidade: uma releitura da Súmula 347 do Supremo Tribunal Federal. *In*: PEREZ, Marcos Augusto; SOUZA, Rodrigo Pagani de. *Controle da administração pública*. Belo Horizonte: Fórum, 2017, p. 197-213, p. 210.

[455] BARROSO, Luis Roberto. *O controle de constitucionalidade no direito brasileiro*: exposição sistemática da doutrina e análise crítica da jurisprudência. São Paulo: Saraiva, 2004, p. 66.

e que estaria superada a Súmula n. 347 do próprio tribunal.[456] Na única decisão que reconheceu a possibilidade do exercício desta competência para afastar a aplicação de normas inconstitucionais, o relator manteve o ato por entender que a Súmula n. 347 ainda prevaleceria, porque não revogada, e que uma decisão sobre os limites da competência do TCU dependeria de julgamento pelo colegiado do STF.[457]

Partindo das premissas de que o TCU não exerce jurisdição e de que a declaração quanto ao afastamento da aplicação de normas inconstitucionais é competência privativa do Poder Judiciário, não seria possível à corte de contas reconhecer a irregularidade de contas a partir de uma declaração incidental de inconstitucionalidade.[458]

Nos processos de tomada de contas especial destinados a fiscalizar os programas de incentivo tributário, não se vislumbra a possibilidade do reconhecimento de irregularidade de contas em razão da aplicação de leis julgadas inconstitucionais pelo próprio TCU.

Os programas de incentivo incondicionado são instituídos por norma integrante do sistema tributário cuja aplicação é realizada diretamente pelo contribuinte e pelos órgãos de arrecadação (que não são, necessariamente, os gestores responsáveis pelo programa). Sua eventual inconstitucionalidade até poderia, em tese, representar prejuízo decorrente da receita renunciada. Contudo, esse prejuízo não poderia ser imputado ao agente público responsável pelo acompanhamento do programa, pois o prejuízo não derivaria diretamente de ato de aplicação da norma supostamente inconstitucional, mas do exercício irregular da competência do Estado para incentivar determinadas atividades.

Também não se vislumbra a possibilidade de responsabilizar o agente privado beneficiário, que fruiu da condição tributária favorável com base em lei dotada de presunção de validade. Na perspectiva de

---

[456] BRASIL. Supremo Tribunal Federal. *Medida Cautelar em Mandado de Segurança n. 35.410/DF*. Rel. Min. Alexandre de Moraes, decisão monocrática, j. 15 dez. 2017, DJe 18 fev. 2018; BRASIL. Supremo Tribunal Federal. *Medida Cautelar em Mandado de Segurança n. 25.888/DF*. Rel. Min. Gilmar Mendes, decisão monocrática, j. 22 mar. 2006, DJ 29 mar. 2006.

[457] BRASIL. Supremo Tribunal Federal. *Medida Cautelar em Mandado de Segurança n. 31.439/DF*. Rel. Min. Marco Aurélio, decisão monocrática, j. 19 jul. 2012, DJe n. 154, pub. 7 ago. 2012.

[458] Não se ignora que o STF já reconheceu a possibilidade de o Conselho Nacional de Justiça (CNJ) declarar a inconstitucionalidade de normas, porém os debates deste julgamento não estendem esta competência ao TCU ou a outros órgãos de controle (como o Conselho Administrativo de Recursos Fiscais). (BRASIL. Supremo Tribunal Federal. *Petição n. 4.656/PB*. Rel. Min. Cármen Lúcia, Plenário, j. 19 dez. 2016, DJe n. 278, pub. 4 dez. 2017).

COMPETÊNCIA DO TRIBUNAL DE CONTAS DA UNIÃO (TCU) | **141**

sua conduta, o particular não contribuiu para a ilegalidade da norma que instituiu os incentivos tributários.

Nos programas de incentivo condicionado, a operacionalização depende de um ato de aplicação da lei pelo responsável. Contudo, diante de eventual inconstitucionalidade desta lei, até que haja declaração pelo Poder Judiciário, o responsável – integrante do Poder Executivo – não pode deixar de aplicá-la.[459] Pensar o contrário seria dotar o tribunal de contas do poder de controle de constitucionalidade na aplicação da lei, em ofensa direta à Súmula Vinculante n. 10.

Porém, se houver a declaração de inconstitucionalidade de norma instituidora de programas de incentivo tributário condicionado com efeitos vinculantes, poderia o TCU reconhecer a possibilidade de dano ao erário e ordenar a sustação de atos futuros de concessão (art. 71, inciso X, da CRFB e art. 45, §1º, inciso I, da LOTCU). Caso haja descumprimento da ordem, poderia reconhecer dano ao erário praticado e multar o agente que seguiu aplicando norma inconstitucional (art. 71, incisos VIII e X, da CRFB e arts. 16, inciso III, "c", e 57 da LOTCU).

Como o TCU não tem competência para sustar incentivos condicionados já concedidos, como já demonstrado, também não haveria que se falar no exercício dessa competência com base na inconstitucionalidade da norma que instituiu o programa. Nesses casos, caberia ao órgão apenas comunicar o Poder Legislativo para que tome as providências (art. 71, §1º, da CRFB e art. 45, §2º, da LOTCU), que teriam um espectro muito restrito, em face da tutela jurídica à proteção da confiança e boa-fé objetiva do administrado.

Em todos os casos, identificando suposta inconstitucionalidade de norma, tem o TCU competência plena para representar a irregularidade aos outros Poderes (art. 71, inciso XI, da CRFB e art. 1º, inciso VIII, da LOTCU).

2.3 Conclusões parciais

A primeira conclusão que se pode extrair deste capítulo é que o TCU tem competência para o controle da gestão dos bens e recursos públicos e, no desenvolvimento dessa atividade, pode atingir um conjunto de sujeitos responsáveis (alcance), que, a depender de sua

---

[459] VELOSO, Zeno. *Controle jurisdicional de constitucionalidade*. 2. ed. Belo Horizonte: Del Rey, 2000, p. 323.

qualificação jurídica, estão sujeitos a provimentos diferentes (conteúdo). Alcance e conteúdo são, portanto, aspectos interrelacionados na análise do controle dos programas de incentivo tributário.

A Constituição de 1988 concebeu o TCU como um órgão dotado de autonomia e independência, capaz de desenvolver atividade de controle que transcende os aspectos de legalidade formal em prol de uma posição de colaboração para o aprimoramento das ações da Administração Pública, o que inclui as medidas implementadas por meio de renúncias de receita, como os programas de incentivo tributário.

Na perspectiva do conjunto de agentes sujeitos à jurisdição do TCU (alcance), é possível identificar na Constituição da República um alargamento da competência para atingir todos os agentes *responsáveis* pela gestão de bens e dinheiros públicos, sejam eles públicos ou privados (art. 70, parágrafo único, da CRFB).

Adotar a uma perspectiva ampla para o universo de agentes submetidos ao dever de prestar contas encontra lastro na ideia de relação de administração e é compatível com a necessidade de promoção dos princípios da transparência e sinceridade no orçamento público. Porém, é preciso refinar a ideia de *responsável* a partir de outros parâmetros do sistema, em especial para compreender como esta norma se comporta nos programas de incentivo tributário.

A análise da jurisprudência do STF é importante para compreender que a origem pública dos recursos e a possibilidade de repercussões negativas para o patrimônio público são elementos importantes para a configuração do agente responsável. No primeiro caso, aqueles que recebem e administram recursos públicos em nome do Estado, assim como os sujeitos que administram bens cuja gestão temerária possa causar dano ao patrimônio público, são enquadráveis como responsáveis para fins da competência do TCU.

Nos programas de incentivo tributário federais, os agentes públicos que têm competência para praticar os atos de gestão, nos termos do art. 7, inciso I, da Lei n. 10.180/2001, são responsáveis e estão abrangidos pela competência do TCU, em posição similar àquela ocupada pelos ordenadores de despesa para programas executados por meio de gastos diretos.

No que tange aos particulares beneficiados, como o tributo não pago por força de uma norma tributária desonerativa nunca integrou o patrimônio público, não há que se atribuir aos destinatários dos programas de incentivo tributário a condição de responsáveis.

COMPETÊNCIA DO TRIBUNAL DE CONTAS DA UNIÃO (TCU)[2] | 143

Diferentemente dos casos em que o particular arrecada e aplica recursos em nome do Estado, nos incentivos tributários que implicam renúncia de receita não há – nem nunca houve – disponibilidade do Estado sobre o montante renunciado. Assim, importância correspondente não configura receita pública, condição que atrairia a competência do TCU para fiscalizar sua aplicação em razão da *origem* dos recursos.

Também não há que se falar em submissão dos destinatários como responsáveis perante o TCU com base na possibilidade de *dano ao erário público*. Como o montante renunciado nunca integrou o patrimônio público, não há como atribuir aos particulares a responsabilidade sobre suposto prejuízo derivado da malversação desses recursos.

Diante de uma norma tributária fomentadora instituída com o objetivo de incentivar determinada atividade, o montante não pago pelos destinatários mantém a natureza de recurso privado, não havendo que se falar em ato de gestão dos particulares sobre parcela do patrimônio público, condição necessária para configurar a condição de responsável e atrair a competência do TCU.

Embora não se vislumbre a possibilidade de enquadrar os beneficiários como agentes responsáveis perante o TCU, é possível que sejam qualificados como terceiros interessados diante do descumprimento dos requisitos legais em incentivos condicionados.

O descumprimento das condições estabelecidas para o acesso a incentivos tributários pode atrair a responsabilização dos particulares como terceiros interessados, de maneira semelhante ao que ocorre com os particulares que, em uma relação contratual com a Administração Pública, concorrem para dano ao erário ao descumprirem cláusulas previstas em contrato.

No que tange ao conteúdo de suas decisões na fiscalização das atividades de sujeitos sob o alcance da sua competência, o primeiro aspecto que deve ser observado é que o TCU não exerce função jurisdicional, dado que o órgão não tem capacidade de constituir ou desconstituir atos praticados pela Administração Pública. Sua atuação é parajudicial e tal característica significa que, caso identifique alguma irregularidade em programas de incentivo tributário, cabe ao órgão determinar sua correção pelo agente público responsável pela gestão do programa.

As decisões do TCU fazem coisa julgada e podem reconhecer a existência de dano ao erário e determinar a aplicação de multa aos agentes responsáveis pela gestão do programa de incentivo tributário. Elas também podem estender a responsabilidade ao agente privado como terceiro interessado nas hipóteses de descumprimento de condições estabelecidas nos programas de incentivo condicionado.

Identificada uma irregularidade, o TCU deve assinar prazo para que o agente responsável pela gestão do programa de incentivo tributário promova a correção da irregularidade, competência esta que somente pode ser exercida em face dos agentes da Administração Pública. Mesmo nos casos de incentivos condicionados em que identifique mora em relação de contrapartidas pelo agente privado, o TCU não tem competência para assinar diretamente aos particulares prazo para cumprimento das condições.

Em todos os casos, identificada uma irregularidade emergente na gestão de programas de incentivo tributário, o TCU pode representar aos outros órgãos de controle para que promovam a responsabilização dos agentes responsáveis.

A competência do TCU para sustar atos está diretamente ligada à possibilidade de assinar prazo para a correção das irregularidades e seu objetivo é evitar que o ato inquinado de irregularidade (não corrigido) cause danos. Trata-se, pois, de uma competência cautelar importante, já que a decisão do órgão não pode anular ou modificar diretamente os atos fiscalizados.

Em relação aos atos produzidos de maneira unilateral pela Administração Pública, a competência do TCU para sustá-los é autônoma e, como regra, pode ser exercida após o transcurso do prazo concedido para que a Administração corrija a irregularidade. Essa competência pode ser exercida em relação aos atos de gestão de programas de incentivo tributário incondicionado, bem como para impedir que sejam concedidos novos benefícios nos programas de incentivo condicionado.

Contudo, nos programas de incentivo tributário incondicionado, dado que os benefícios são gozados independentemente da emissão de um ato de concessão pela Administração Tributária, não há que se falar na possibilidade do exercício da competência de sustar atos pelo TCU para impedir a fruição das condições favoráveis pelos destinatários.

Já para os incentivos tributários condicionados (bilaterais), a partir da LOTCU é possível reconhecer que a competência da corte de contas federal para decidir sobre a necessidade de sustar o ato de concessão nasce com a omissão superior a noventa dias dos Poderes Executivo e Legislativo em regularizarem o cumprimento dos requisitos.

COMPETÊNCIA DO TRIBUNAL DE CONTAS DA UNIÃO (TCU)[2] | 145

Embora os benefícios já concedidos em programas de incentivo fiscal condicionado configurem atos bilaterais e sinalagmáticos, reputa--se que o TCU poderia sustar os efeitos dos atos de concessão apenas quando identificasse o descumprimento das condições pelo particular beneficiário. Se o particular estiver em condição de adimplência em relação às condições legalmente estabelecidas, qualquer iniciativa de sustar o ato de concessão poderia ser qualificada como ilegal e inconstitucional, por ofensa ao art. 178 do CTN e ao art. 5º, inciso XXXVI, da CRFB.

Nas hipóteses em que há competência do TCU para sustar, esta pode ser exercida de imediato, caso seja devidamente motivada a existência de risco de dano ao erário ou ineficiência da decisão final, nos termos do art. 276 do RITCU.

Os programas de incentivo tributários estão sujeitos a processos de tomada de contas especial para identificar irregularidades emergentes dos atos de gestão praticados durante sua implementação.

O principal alvo dos processos de tomada de contas especial são os agentes públicos responsáveis pela gestão do programa. Porém, particulares que se enquadrarem na condição de terceiros interessados podem responder caso seja apurado dano ao erário público.

Em relação aos agentes públicos em programas de incentivo tributário (condicionado ou incondicionado), a competência do TCU é ampla, podendo ordenar a adoção de medidas, aplicar multa pelo descumprimento da ordem, atribuir responsabilidade pelo dano ao erário público, condenar ao seu ressarcimento, aplicar multa penal equivalente a até 100% do dano, decretar pena de inabilitação para ocupar cargos e funções e apresentar representação da irregularidade a outros órgãos de controle.

A única diferença entre programas de incentivo tributário condicionado e incondicionado na perspectiva da competência do TCU está no fato que o tribunal pode sustar a concessão de novos benefícios no caso dos condicionados, ao passo que o órgão não pode obstar o acesso às condições tributárias favoráveis nos incondicionados.

Na perspectiva dos particulares em programas de incentivo tributário incondicionado, a competência do TCU é muito limitada, na medida em que a condição favorável é outorgada diretamente pela norma tributária. Caso seja identificada alguma irregularidade (por ofensa à legitimidade ou economicidade, por exemplo), caberia ao órgão apenas o poder de representar a outros órgãos, que, por sua vez, poderiam questionar a própria legalidade da norma tributária fomentadora.

Como não é um órgão judiciário, o TCU não detém competência para declarar a inconstitucionalidade de uma norma jurídica que instituir um programa de incentivo tributário. Sua competência restringe-se à possibilidade de ordenar a não aplicação pela Administração Pública de norma já declarada inconstitucional pelo Poder Judiciário, em decisão com efeitos vinculantes à Administração Pública.

Nos programas de incentivo tributário incondicionado, isso significa que o tribunal não pode, com base em uma decisão própria, afastar a incidência da norma de tributação que confere os benefícios aos particulares. Também não caberia imputar a responsabilidade por suposto dano ao erário derivado da aplicação dessa norma ao agente público ou ao agente privado, dado que a aplicação da norma é uma decorrência direta de sua vigência e não uma opção do gestor.

Nos programas de incentivo tributário condicionado, também não caberia ao TCU sustar os atos de concessão de benefícios para o futuro com base em seu entendimento sobre a inconstitucionalidade de uma norma tributária. A corte de contas federal somente poderia exercer esta competência com fundamento em outra decisão judicial que, em caráter vinculante, reconhecesse a inconstitucionalidade da norma, o que converteria em ilegalidade a concessão de benefícios nela lastreados.

Em relação aos benefícios condicionados já outorgados, não haveria espaço para configurar dano ao erário decorrente da inconstitucionalidade da norma tributária contra os agentes públicos que os concederam ou contra os agentes privados que deles gozaram e cumpriram regularmente suas contrapartidas. Em tais hipóteses, não haveria nexo entre o prejuízo e a conduta do agente.

PARÂMETROS DO CONTROLE

O art. 70 da CRFB, ao tratar do controle externo da Administração Pública, estabelece que a fiscalização pode ocorrer "quanto à legalidade, legitimidade e economicidade".[460] O TCU é o órgão técnico responsável por esse controle e tais princípios configuram *parâmetros* da fiscalização, enquanto referenciais que "o Tribunal adota para avaliar positiva ou negativamente certo objeto".[461]

O fio condutor deste livro é a proposta de tratar os incentivos tributários como programas governamentais. A partir dessa premissa, este capítulo propõe analisar possibilidades franqueadas ao TCU, a partir dos parâmetros da legalidade, legitimidade e economicidade, para o exercício do controle da gestão e implementação desses programas globalmente consideradas.

O capítulo é divido em três seções, nas quais esses parâmetros configuram lentes pelas quais o TCU enxerga os programas de incentivo tributário.

Sobre a legalidade, o objetivo é demonstrar que a atividade de controle do TCU deve adotar uma perspectiva colaborativa. Essa compreensão tem impactos diretos nos comandos que podem ser exarados pelo órgão em relação à Administração Pública e aos particulares beneficiários de programas de incentivo tributário condicionado.

Em relação à legitimidade, busca-se ressaltar que a atividade de controle desenvolvida pelo TCU a partir desse parâmetro tem potencial

---

[460] BRASIL. *Constituição da República Federativa do Brasil de 1988.* Op. cit.
[461] SUNDFELD, Carlos Ari; CÂMARA, Jacinto Arruda. Competências de controle... Op. cit., p. 182.

de aprimorar o nível de transparência e sinceridade dos dados e informações relativas aos programas de incentivo tributário.

A seção final do capítulo é dedicada à análise de economicidade dos programas de incentivo tributário, com foco específico em compreender como o TCU pode contribuir para o aprimoramento desses programas a partir da análise dos dados produzidos na atividade de controle de resultados.

3.1 Legalidade

O controle de legalidade exercido pelo TCU tem como foco principal a validade formal das operações de execução do orçamento e implica o "exame da adequação da gestão financeira ao orçamento e às leis materiais dos tributos e da despesa pública, o que compreende inclusive os atos normativos da Administração".[462]

Os programas de incentivo tributário representam uma forma de execução indireta do orçamento, na medida em que manejam instrumentos da política fiscal para realizar objetivos específicos, o que provoca impactos decorrentes da renúncia de parcela da receita que, de outra forma, estaria disponível para a alocação orçamentária.

Entretanto, a verificação da adequação dos atos praticados pela Administração à legalidade, em uma perspectiva de regularidade formal, é uma fórmula limitada e insuficiente de controle.[463] As dimensões da legitimidade e da economicidade são perspectivas complementares na sindicância do agir administrativo que outorgam ao TCU uma competência que transcende o confronto entre o ato e as normas que orientam sua produção.[464]

Para Odete Medauar, o princípio da legalidade aplicado à atividade de fiscalização desenvolvida pelos tribunais de contas "diz respeito à conformação do ato, medida ou atuação legislativa às respectivas normas embasadoras".[465] Essa lição retrata um juízo de legalidade executado por um observador externo, que confronta o resultado do agir da administração – ato, medida ou atuação – com as balizas estabelecidas pelo sistema para sua produção.

---

[462] TORRES, Ricardo Lobo. *Tratado...* Op. cit., v. 5, p. 377.

[463] AGUIAR, Ubiratan Diniz de; ALBUQUERQUE, Marcio André Santos de; MEDEIROS, Paulo Henrique Ramos. *A Administração Pública...* Op. cit., p. 163.

[464] CABRAL, Dafne Reichel. *O controle externo...* Op. cit., p. 115.

[465] MEDAUAR, Odete. *Controle...* Op. cit., p. 131.

PARÂMETROS DO CONTROLE³ | 149

Pensar a atividade do controlador externo como um juízo sobre a conformidade dos atos produzidos pela Administração Pública pode levar a diferentes compreensões sobre a eficácia das decisões do TCU. Para alguns autores, no campo do controle de legalidade, o TCU poderia ordenar a anulação ou anular diretamente ato eivado de ilegalidade.[466] A restauração da legalidade por ordem direta do tribunal seria uma exceção admitida diante da inércia ou omissão da autoridade em retirar o ato reputado ilegal.[467]

Porém, a partir da análise das competências específicas prevista no art. 71 da CRFB, é possível questionar a possibilidade de anulação direta de atos da administração pelo TCU em todos os casos.

A forma como estão colocadas as competências do TCU na CRFB indica que a possibilidade de efeitos desconstitutivos diretos da decisão do TCU no controle de legalidade estaria restrita aos atos de admissão de pessoal e concessão de aposentadoria, em relação aos quais o texto constitucional outorga poderes ao tribunal para "apreciar, para fins de registro, a legalidade" (art. 71, inciso III, da CRFB).[468]

A fórmula "apreciar" (verbo) + "a legalidade" (complemento) utilizada pelo texto constitucional denota uma competência direta para julgar se o ato é legal ou não. Se, no processo de controle, for identificada uma ilegalidade, caberia ao próprio tribunal apreciar o tema, podendo decidir sobre a manutenção ou retirada do ato do sistema.

Ao regular a competência do TCU sobre os atos de admissão de pessoal e concessão de aposentadorias (sujeitos a registro), a LOTCU reconhece que, caso estejam regulares, cabe ao tribunal registrá-los (art. 39). Caso identifique uma ilegalidade, a corte pode promover o *reexame* dos atos, procedimento no qual fixará prazo para o atendimento das diligências necessárias para o saneamento da irregularidade para, então, submeter "o feito ao Plenário ou à Câmara respectiva para

---

[466] Para Marçal Justen Filho, a atuação administrativa fora dos parâmetros legais transferiria ao órgão de controle o poder para editar atos desconstitutivos, havendo "desconstituição direta quando a decisão do órgão controlador externo for bastante e suficiente para acarretar a extinção do ato administrativo defeituoso, e a indireta quando a decisão do órgão controlador externo constituir-se numa determinação mandatória a que a Administração produza a extinção do ato administrativo defeituoso" (JUSTEN FILHO, Marçal. *Curso de direito administrativo*. 12. ed. São Paulo: RT, 2016, p. 1.074).

[467] Nesse sentido: JACOBY FERNANDES, Jorge Ulisses. *Tribunais...* Op. cit., p. 53; FURTADO, José de Ribamar Caldas. Controle de legalidade e medidas cautelares dos tribunais de contas. *Revista do Tribunal de Contas da União*. Brasília, n. 110, p. 66-70, 2007.

[468] BRASIL. *Constituição da República Federativa do Brasil de 1988*. Op. cit.

decisão de mérito" (art. 40).[469] A ideia de reexame indica uma competência revisora sobre os atos produzidos pela Administração Pública, nesses casos específicos.

A CRFB e a LOTCU reconhecem que o TCU tem competência para decidir sobre a legalidade de um ato de admissão de pessoal e concessão inicial de aposentadoria. Isso significa que, confirmada a incompatibilidade do ato praticado com os parâmetros legais, o tribunal teria competência para desconstituir (anular) o ato.

Porém, essa competência para o reexame dos atos de admissão de pessoal e concessão inicial de aposentadoria é excepcional e não se manifesta em relação aos demais atos da Administração Pública.

A CRFB estabelece que, como regra, verificada uma ilegalidade, o tribunal deve "assinar prazo para que o órgão ou entidade adote as providências necessárias ao exato cumprimento da lei" (art. 71, inciso IX).[470] O exame de legalidade pode dar origem a uma ordem para retificação do ato, ou seja, ele é externo e seus impactos são indiretos sobre o próprio ato.

Caso a legalidade do não seja restabelecida, em relação aos atos administrativos unilaterais, cabe ao tribunal a competência para sustar a "execução do ato impugnado" (art. 71, inciso X, da CRFB),[471] ou, em relação aos contratos, comunicar ao Congresso Nacional a irregularidade e, em caso de omissão superior a noventa dias, decidir a respeito da sustação (art. 45, §3º, da LOTCU).

A sanção possível para a omissão da Administração em retificar ou anular o ato ou contrato em que foi identificada uma irregularidade é a sustação de sua execução pelo TCU. A partir da Constituição da República e da LOTCU, não é possível construir norma de competência que outorgue ao tribunal o poder de anular diretamente atos e contratos que lhe são submetidos, exceto nos casos daqueles atos sujeitos a registro (admissão de pessoal e concessão de aposentadorias).

Baseado no seu poder geral de cautela, em caso de urgência, fundado receito de lesão ao erário, ao interesse púbico ou de risco de ineficácia da decisão de mérito, o TCU pode, motivadamente,[472] con-

---

[469] BRASIL. *Lei n. 8.443, de 16 de julho de 1992*. Op. cit.

[470] BRASIL. *Constituição da República Federativa do Brasil de 1988*. Op. cit.

[471] BRASIL. *Constituição da República Federativa do Brasil de 1988*. Op. cit.

[472] Para Juarez de Freitas, o poder geral de cautela dos tribunais de contas emergente da teoria dos poderes implícitos reconstruída a partir do art. 71 da CRFB configura um "poder-dever de, motivadamente, tomar providências assecuratórias da própria decisão final" (FREITAS,

PARÂMETROS DO CONTROLE | 151

ceder ordem de suspensão do ato ou do procedimento impugnado até que sobrevenha a decisão de mérito (art. 276 do RITCU). Porém, a suspensão jamais pode ser convertida em anulação do ato. Caso não sejam adotadas providências pela Administração para o cumprimento da Lei e for constada a manutenção da ilegalidade do ato suspenso em sede cautelar, a decisão de mérito pode apenas decretar sua sustação definitiva (art. 71, inciso X, da CRFB), além de aplicar as sanções cabíveis aos responsáveis (art. 71, inciso VIII, da CRFB).

Quer-se ressaltar que a competência outorgada pela CRFB e pela própria LOTCU em relação aos atos (unilaterais) e contratos administrativos eivados de ilegalidades é para sustá-los e não para anulá-los. O TCU é um "órgão de auditora externa peculiar, não é órgão judicial e tampouco produz decisões judiciais".[473] Ele age sobre sujeitos, e não diretamente sobre a função administrativa, ao que, como regra, "o tribunal não tem poder constitutivo ou desconstitutivo: não anula contratos e não toma decisões substitutivas dos atos da Administração".[474] A única exceção é a competência para reexame dos atos de admissão de pessoal e concessão inicial de aposentadoria (art. 71, inciso III, da CRFB).

Como aponta André Rosilho, as competências do TCU são diferentes daquelas outorgadas ao Conselho Nacional de Justiça, órgão ao qual a Constituição da República conferiu o dever de zelar pela "legalidade dos atos administrativos praticados por membros ou órgãos do Poder Judiciário, podendo desconstituí-los, revê-los ou fixar prazo para que se adotem as providências necessárias ao exato cumprimento da lei" (art. 103-B, §4º, da CRFB).[475] O autor evidencia que "o CNJ, diferentemente do TCU, recebeu do próprio texto constitucional a atribuição para revisar os atos administrativos em geral praticados pelo Judiciário".[476]

Os tribunais de contas são órgãos de controle externo que agem sobre os responsáveis pela administração de bens e dinheiros públicos, e não uma instância revisora dos atos praticados pela Administração Pública.

Juarez de. *Direito fundamental à boa administração pública*. 3. ed. São Paulo: Malheiros, 2014, p. 123).

[473] SUNDFELD, Carlos Ari et al. O valor das decisões... Op. cit.

[474] SUNDFELD, Carlos Ari; CÂMARA, Jacinto Arruda. Competências de controle... Op. cit., p. 195.

[475] BRASIL. *Constituição da República Federativa do Brasil de 1988*. Op. cit.

[476] ROSILHO, André Janjácomo. *Tribunal de Contas da União*... Op. cit., p. 233

Mesmo sobre os atos sujeitos a registro, em relação aos quais cabe o reexame de legalidade que pode, inclusive, terminar com a anulação do ato, os tribunais de contas não podem se substituir à Administração para decidir se o benefício deve ou não deve ser concedido. Eles atuam diante de um ato de concessão, praticado pela Administração, para avaliar sua legalidade. Este entendimento foi esposado pelo STF, que reconheceu a inconstitucionalidade de uma norma da Constituição do Estado da Bahia, que atribuía ao tribunal de contas estadual a competência para julgar recurso voluntário ou de ofício sobre decisão denegatória de pensão do órgão de previdência do Estado.[477] A manutenção dessa norma significaria, na prática, a conversão do tribunal de contas estadual em uma esfera recursal, com poder de reformar uma decisão que indeferiu o benefício para conceder a aposentadoria, quando, em realidade, suas atribuições se limitam a verificar a regularidade dos atos de concessão.

O controle exercido pelo TCU é *externo* à Administração e essa característica impacta na forma como o órgão exerce o juízo de legalidade. Suas decisões que adotam a legalidade como parâmetro têm como alvo atos jurídicos (*lato sensu*) praticados por agentes responsáveis pela gestão da coisa pública. Elas possuem natureza declaratória e, como regra, identificam as ilegalidades para ordenar que a própria administração promova o retorno de sua conduta aos trilhos.

A posição do TCU como órgão externo à Administração também se reflete nas sanções que pode aplicar caso a ilegalidade não seja sanada. Como regra, o órgão tem o poder de sustar a execução dos atos e contratos inquinados de irregularidade não corrigida pela própria Administração no prazo fixado. Mesmo nos excepcionais casos de atos sujeitos a registro, em relação aos quais o tribunal tem poder de reexame (podendo anular os atos ilegais), esta competência é passiva, pois opera retirando do sistema um ato praticado pela própria Administração.

---

[477] Como registrou o Min. Carlos Velloso, relator do processo: "assinale-se, por primeiro, que ao Tribunal de Contas da União compete apreciar, para fins de registro, a legalidade das concessões de aposentadorias, reformas e pensões (art. 71, III), não lhe competindo julgar recurso, de ofício ou voluntário, de decisão denegatória de pensão. Denegada a pensão, por ato da administração, abre-se prazo ao interessado, se não concordar com a decisão, procurar obter a tutela jurisdicional, que deverá ser prestada pelo Poder Judiciário e não pelo órgão auxiliar do Legislativo" (BRASIL. Supremo Tribunal Federal. *Ação Direta de Inconstitucionalidade n. 461/BA*. Rel. Min. Carlos Velloso, Tribunal Pleno, j. 08 jul. 2002, DJ 06 set. 2002).

O TCU tem pouco espaço para o exercer controle externo a partir do parâmetro da legalidade sobre os programas incentivo tributário incondicionados, pois a concessão do benefício aos destinatários deriva da incidência de uma norma tributária, o que configura o caráter indireto de sua execução, não atrelada à atuação do responsável pela gestão do programa. Nesse contexto, qualquer juízo do TCU sobre a legalidade dos benefícios em si considerados representaria uma manifestação de controle abstrato de constitucionalidade sobre a norma tributária, o que ultrapassa suas competências.[478]

Porém, é possível vislumbrar um espaço importante de atuação do órgão na fiscalização do cumprimento das medidas de compensação orçamentárias decorrentes das renúncias de receita e em relação ao cumprimento das condições de acesso e permanência dos beneficiários nos programas de incentivo tributário condicionado.

3.1.1 Medidas de compensação

Os programas de incentivo tributário podem implicar renúncia de receitas e, caso isso ocorra, sua concessão ou ampliação "deverá estar acompanhada de estimativa do impacto orçamentário-financeiro no exercício em que deva iniciar sua vigência e nos dois seguintes" (art. 14, *caput*, da LRF).[479]

O impacto orçamentário, a que faz referência do art. 14 da LRF, passa pela estimativa do volume da renúncia envolvida em cada programa e a proposição de medidas de compensação, que deverão ser incluídas no Anexo de Metas Fiscais da LDO (art. 4, §2º, inciso V, da LRF).

Na LDO, o objetivo da norma que obriga a consideração dos impactos é evitar que tais programas prejudiquem o equilíbrio orçamentário, dado que a renúncia pode afetar o volume de receitas disponível.[480] Não é por outro motivo que, na LDO, este impacto considera o exercício de vigência e os dois seguintes, em consonância com a periodicidade aplicável ao regime de metas fiscais (art. 4, §1º, da LRF).

---

[478] Como exposto na seção 2.2.4.

[479] BRASIL. *Lei Complementar n. 101, de 04 de maio de 2000*. Op. cit.

[480] Como observa Heleno Taveira Torres: "É certo que estímulos fiscais podem ser concedidos, mas segundo critérios de controle das fontes de receitas suficientes para sua cobertura. A Lei de Responsabilidade Fiscal cumpre, assim, a tarefa constitucional de assegurar critérios de estabilidade do orçamento, mas não como obrigação de 'equilíbrio orçamentário', por prevalecerem sobre ela o atingimento dos fins constitucionais do Estado." (TORRES, Heleno Taveira. *Direito constitucional financeiro*. Op. cit., p. 385).

Além da previsão na LDO, a quantificação estimada dos impactos da renúncia derivada de cada programa deve ser prevista no DGT, bem como as medidas de compensação devem ser consideradas na apuração da receita disponível no Projeto de Lei Orçamentária Anual (PLOA) (art. 5, inciso II, da LRF).

Fazer constar no PLOA a estimativa do volume das renúncias e medidas de compensação tem o objetivo de garantir que seus *efeitos* sobre as receitas sejam considerados, como determinam o art. 156, §6º, da CRFB e o art. 12 da LRF.

As medidas de compensação previstas nos incisos do *caput* do art. 14 da LRF ressaltam que o foco do regime orçamentário das renúncias é a preservação da estimativa de receita, uma vez que tal "despesa virtual" verte sobre os ingressos orçamentários.[481]

No inciso I do art. 14 da LRF, é arrolada como possível medida de compensação a demonstração de que a renúncia foi considerada na estimativa de receita da LOA e que não afetará as metas fiscais da LDO. Considerar na LOA, nesse contexto, significa deduzir o impacto da desoneração do volume de receitas estimadas para o exercício no PLOA, evitando que, com isso, sejam impactados os resultados fiscais previstos na LDO.

Os resultados primário e nominal previstos na LDO partem de uma estimativa de receita. Considerando que o resultado primário é a diferença entre receitas e despesas não financeiras e o resultado nominal é o produto do confronto entre receitas e despesas totais do exercício,[482] a redução de receitas tributárias tem impacto direto nos patamares de despesas estabelecidos como base para fixar esses dois indicadores financeiros.

Assim, para que sejam preservados os resultados fixados pela LDO, ou bem se demonstra que o impacto da renúncia também foi considerado na estimativa de receita usada como base para a fixação dos resultados, ou será necessário que a dedução da receita na LOA

---

[481] TORRES, Ricardo Lobo. *Tratado...* Op. cit., v. 5. p. 335.

[482] Como conceitua a Secretaria do Tesouro Nacional: "O resultado nominal é o conceito fiscal mais amplo e representa a diferença entre o fluxo agregado de receitas totais (inclusive de aplicações financeiras) e de despesas totais (inclusive despesas com juros), num determinado período. [...] O resultado primário corresponde ao resultado nominal excluída a parcela referente aos juros nominais (juros reais mais a atualização monetária) incidentes sobre a dívida líquida." (BRASIL. Secretaria do Tesouro Nacional. *Manual de estatísticas do boletim resultado do Tesouro Nacional*, nov. 2016. Disponível em: https://sisweb.tesouro.gov.br/apex/f?p=2501:9:::::9:P9_ID_PUBLICACAO:28153. Acesso em: 10 mar. 2022).

PARÂMETROS DO CONTROLE | 155

venha acompanhada de um corte de despesas, de forma a manter o equilíbrio estabelecido no Anexo de Metas Fiscais.

A implementação da medida de compensação do inciso I do art. 14 da LRF depende de inserção dos impactos tanto na LDO quanto na LOA, o que desloca para o processo orçamentário a tarefa de neutralizar a perda de arrecadação futura.[483]

O inciso II do *caput* do art. 14 estabelece que o impacto negativo das renúncias na receita também pode ser compensado pelo aumento de tributos. Como essa medida recompõe a receita, não haveria imediato impacto nas metas fiscais fixadas na LDO. Troca-se uma receita por outra, ficando, em tese, mantidos os níveis de equilíbrio estabelecidos originalmente no Anexo de Metas Fiscais. Nesse caso, a neutralização dos efeitos orçamentários da perda de receitas derivada de uma renúncia fica a cargo de outra norma tributária.

O art. 14 da LRF, ao condicionar a concessão ou ampliação de benefícios tributários à adoção de medidas de compensação enumeradas nos incisos do *caput*, utilizou a expressão "atender [...] a pelo menos uma das seguintes condições",[484] a partir da qual é possível reconstruir duas limitações: a) estas são as únicas formas de neutralização dos efeitos das renúncias de receita; e b) sua adoção é alternativa.

Quando questionado sobre a exclusividade das medidas de compensação previstas nos incisos do art. 14 da LRF, o TCU já se manifestou ressaltando que outras alternativas – como o potencial excesso de arrecadação indiretamente decorrente do fomento à atividade econômica – não poderiam ser tomadas para fins de mitigação dos efeitos das renúncias, sendo admitidas apenas a dedução na receita ou aumento de tributos.[485]

A corte de contas federal também se manifestou sobre o caráter alternativo das medidas, afirmando que a consideração dos impactos

---

[483] ANDRADE, José Maria Arruda de. Responsabilidade... Op. cit., p. 197.
[484] BRASIL. *Lei Complementar n. 101, de 04 de maio de 2000*. Op. cit.
[485] Nesse sentido já se manifestou o Tribunal de Contas da União: "9.10.1 Com relação aos atos que entraram em vigor no exercício de 2008 que usaram como medidas de compensação excesso de arrecadação ou ajustes na execução orçamentária, entende-se que não atenderam o art. 14 da LRF. Isso porque o dispositivo não prevê tais mecanismos como medidas de compensação. As medidas que podem ser utilizadas para compensar renúncias de receitas são somente aquelas expressamente estabelecidas no inciso II do art. 14." (BRASIL. Tribunal de Contas da União. *Acórdão n. 747/2010*. Rel. Min. Augusto Nardes, Plenário, jul. 14 abr. 2010.).

negativos da renúncia na fixação da receita na LOA dispensa a adoção do aumento de tributos.[486]

A implementação das medidas de compensação destinadas a neutralizar o impacto das renúncias de receitas no ciclo orçamentário é um aspecto de legalidade dos programas de incentivo tributário e pode ser objeto de controle do TCU. Em razão das competências para sua implementação, a atividade de controle pode ter como alvo o chefe do Poder Executivo ou o gestor responsável.

3.1.1.1 Chefe do Poder Executivo

Como o chefe do Poder Executivo é o titular exclusivo da iniciativa de lei em matéria orçamentária, nos termos do art. 165, *caput*, da CRFB,[487] cabe exclusivamente a ele a responsabilidade de adequar as leis do orçamento aos impactos das renúncias de receita, ainda que estes sejam decorrentes de alterações na legislação tributária promovidas por projetos de lei provenientes do Congresso Nacional.

O Supremo Tribunal Federal reconhece a competência do Poder Legislativo para propor alterações na legislação tributária, mesmo que elas possam impactar negativamente na arrecadação.[488] Porém, caso o faça, a adequação do orçamento para neutralizar os impactos dessas medidas depende do envio de um projeto de lei pelo Poder Executivo, em face de sua competência exclusiva em matéria orçamentária.

Mesmo se o Poder Legislativo aprove, por iniciativa própria e de maneira simultânea, uma desoneração acompanhada do aumento de outro tributo, de forma a atender o art. 14, inciso II, da LRF, os impactos

---

[486] Como já consignou o próprio TCU: "9.3.2 além das exceções expressamente previstas nos incisos I e II do §3º do art. 14 da Lei Complementar 101/2000, o atendimento ao inciso I do art. 14 dessa Lei Complementar, com a demonstração pelo proponente de que a renúncia foi considerada na estimativa de receita da Lei Orçamentária Anual, na forma do art. 12 da Lei Complementar 101/2000, e de que não afetará as metas de resultados fiscais previstas no anexo próprio da Lei de Diretrizes Orçamentárias, torna não obrigatórias a previsão e a implementação de medidas de compensação, na forma do inciso II do art. 14 da Lei Complementar 101/2000, dado que as condições dos incisos I e II do art. 14 dessa Lei Complementar são alternativas, sendo legalmente possível cumprir apenas um desses incisos." (BRASIL. Tribunal de Contas da União. *Acórdão n. 2692/2021*. Rel. Min. Aroldo Cedraz, Plenário, j. 17 nov. 2021).

[487] CONTI, José Maurício. Iniciativa legislativa em matéria financeira. *In*: CONTI, José Maurício; SCAFF, Fernando Facury. *Orçamentos públicos e direito financeiro*. São Paulo: RT, 2011, p. 283-307.

[488] BRASIL. Supremo Tribunal Federal. *Ação Direta de Inconstitucionalidade n. 286/RO*. Rel. Min. Maurício Correia, Tribunal Pleno, j. 22 maio 2002, DJ 30 ago. 2002.

das duas medidas (renúncia e aumento) dependem da adequação do orçamento para incorporar os impactos negativos em uma modalidade de receita e os positivos em outra na LOA e na LDO, e essa alteração depende do envio de um projeto de iniciativa exclusiva do chefe do Executivo.

Diante de uma renúncia de receitas, cabe ao Poder Executivo promover a adequação dos seus impactos no ciclo orçamentário. Ainda que se trate de uma competência exclusiva, não lhe cabe "selecionar o que aprova ou que não aprova em matéria tributária" antes de promover as adequações orçamentárias necessárias.[489] Pelo contrário, a exclusividade da competência converte o envio de projeto de lei para equacionar os impactos da renúncia de receita em dever atribuído ao chefe do Poder Executivo, cuja inércia representaria o descumprimento do comando legal do art. 14 da LRF.

Atribuir a responsabilidade ao chefe do Executivo em decorrência de sua competência exclusiva em matéria orçamentária é reconhecer: que a responsabilidade fiscal é avaliada a partir dos atos de "gestão" da coisa pública (art. 1º, *caput*, da LRF); que ela pressupõe "ação planejada e transparente" (art. 1º, §1º, da LRF) por parte dos agentes responsáveis; e que, no campo das receitas, depende de uma previsão acurada (art. 11 da LRF), que deve considerar e incorporar "os efeitos das alterações da legislação" (art. 12 da LRF).[490] Qualquer omissão do responsável em incorporar na previsão de receitas os impactos decorrentes da alteração da legislação tributária implicaria, portanto, uma postura de irresponsabilidade fiscal, que teria impacto nos resultados fiscais, que são o guia para a proteção do equilíbrio fiscal.

A omissão do chefe do Poder Executivo em propor as alterações orçamentárias necessárias para incorporar as medidas de compensação no orçamento poderia configurar uma ilegalidade, passível de controle pelo TCU.

O TCU poderia assinar prazo para que a irregularidade seja purgada, com o envio de projeto de lei para readequação das previsões de receita e metas fiscais na LDO e do impacto na LOA (art. 71, inciso IX, da CRFB e art. 45 da LOTCU). Caso não seja atendido, caberia aplicação

---

[489] ANDRADE, José Maria Arruda de. Conflito entre poderes no processo orçamentário e tributário: análise de um caso. *In*: TAKANO, Caio Augusto; BARRETO, Simone Rodrigues Costa. *Direito tributário e interdisciplinaridade: homenagem a Paulo Ayres Barreto*. São Paulo: Noeses, 2021, p. 309-337, p. 318.

[490] BRASIL. *Lei Complementar n. 101, de 04 de maio de 2000*. Op. cit.

de multa pelo descumprimento da decisão, possível responsabilização pelo dano ao erário emergente, acompanhada de multa proporcional (art. 71, inciso VIII, da CRFB e arts. 45, §1º, inciso III, e 58 da LOTCU), além de representação pelas irregularidades e abusos praticados (art. 71, inciso XI, da CRFB e art. 1º, inciso VIII. da LOTCU).

3.1.1.2 Gestor responsável

Em relação aos programas de incentivos condicionados que indicam como medida de compensação o aumento de tributo, a própria vigência da norma fomentadora está atrelada à implementação da compensação prevista. Nessa linha, atos de concessão ou ampliação de incentivo têm sua vigência condicionada à implementação da medida que conduzirá ao aumento de outra receita (art. 14, §2º, da LRF). Essa regra abre outro flanco de controle para os programas de incentivo tributário pelo TCU.

Nos casos de incentivos condicionados, embora o art. 14, §2º, da LRF não vede que sejam exarados os atos de concessão ou ampliação do incentivo atrelados ao aumento de outros tributos, a sua vigência fica condicionada à implementação da medida de compensação destinada a neutralizar os impactos orçamentários. Nesse contexto, ao TCU cabe fiscalizar se a condição suspensiva foi observada pela Administração Pública.

Identificada a concessão de incentivos com a atribuição de vigência à norma desonerativa antes da implementação das medidas de compensação do inciso II do art. 14 da LRF, o TCU poderia assinar prazo para que seja regularizada a situação (art. 71, inciso IX, da CRFB e art. 45 da LOTCU). O destinatário dessa ordem seria o agente responsável pela gestão do programa, nos termos do art. 7º, inciso I, da Lei n. 10.180/2001.

Mantida a irregularidade após o prazo conferido, o órgão poderia sustar a produção de novos atos de concessão do incentivo condicionado (art. 71, inciso X, da CRFB e art. 45, §1º, inciso I, da LOTCU), além de aplicar ao responsável multa pelo descumprimento de decisão (art. 45, §1º, inciso III, da LOTCU e art. 58 da LOTCU), apuração de eventual dano ao erário público (art. 71, inciso VIII, da CRFB), que virá acompanhada de multa a ele proporcional (art. 57 da LOTCU), e representar o responsável aos outros órgãos de controle sobre as irregularidades praticadas (art. 71, inciso XI, da CRFB).

PARÂMETROS DO CONTROLE³ | 159

Ante a imutabilidade dos benefícios condicionados em situação de adimplência prevista no art. 178 do CTN, não haveria que se falar em sustação dos atos de concessão exarados antes da implementação das medidas de compensação. Assim, os agentes privados beneficiários de programas de incentivo condicionados que cumprem os requisitos e contrapartidas permaneceriam gozando do benefício.

Como a implementação de medidas de compensação é uma atribuição da Administração Pública, não se vislumbra a possiblidade de o particular beneficiário ser instado a recompor eventual dano ao erário emergente do gozo do benefício outorgado por um programa de incentivo tributário cujos impactos orçamentários não foram neutralizados por medidas de compensação.

Embora haja impactos econômicos positivos para o particular, representados pela desoneração gozada, não seria possível configurar seu interesse especificamente em relação à omissão ilegal da Administração Pública em implementar as medidas de compensação exigidas pelo art. 14 da LRF, condição exigida pelo art. 16, §2º, "b", da LOTCU para extensão da responsabilidade aos agentes privados.[491]

3.1.2 Cumprimento dos requisitos pelos beneficiários

Um outro ponto relativo à legalidade que pode ser objeto de controle do TCU sobre os programas de incentivo tributário refere-se às condições estabelecidas na lei instituidora para o gozo dos benefícios pelos destinatários da atividade administrativa de fomento.

Essa atividade tem como foco específico os programas de incentivo tributário condicionado, posto que, nos programas de incentivo incondicionado, a condição tributária favorável é concedida de maneira uniforme a todo o universo de sujeitos pela própria norma tributária sem a exigência do preenchimento de requisitos ou entrega de contrapartidas.

Justamente por não existirem requisitos legais a serem preenchidos, nos programas incondicionados a condição benéfica é automaticamente

---

[491] Como aponta Fernando Facury Scaff: "quem tem o controle macroeconômico da economia do setor público é o gestor público do nível federativo correspondente, e não a empresa que vier a ser diretamente beneficiária daquele incentivo fiscal. Logo, se tal regra for descumprida, a penalidade deve ser aplicada ao gestor, e não à empresa, que só será afetada indiretamente, pois os incentivos concedidos podem vir a ser cassados com efeitos futuros — e mesmo assim, observados outros aspectos envolvidos — sem qualquer possibilidade de cobrança retroativa." (SCAFF, Fernando Facury. *Orçamento...* Op. cit., p. 448).

derivada da norma tributária e não depende da produção de um ato de concessão pela Administração Pública, pelo que não haveria espaço para sindicar a legalidade na atividade de produção dos atos concessivos.

A situação é diferente nos programas de incentivo tributário condicionado. Nesses casos, a norma tributária cria *condições de legitimação* para o acesso ao benefício e *requisitos e contrapartidas legais* que devem ser mantidos durante sua vigência.[492]

Condições de legitimação são aquelas previstas na lei que institui o programa de incentivo tributário condicionado para que determinados sujeitos sejam elegíveis para a fruição do benefício.[493] Uma vez comprovado o preenchimento dessas condições (aspecto material), dá-se a emissão do ato administrativo, um aspecto procedimental necessário para o reconhecimento da configuração dos pressupostos para outorga do direito subjetivo ao contribuinte.[494] O preenchimento dessas condições é, portanto, anterior à concessão do benefício e diz com a própria legalidade do ato de concessão.

Uma vez preenchidas as condições de legitimação, considerando que a cobrança de impostos é "atividade administrativa plenamente vinculada" (art. 3º do CTN),[495] a concessão dos benefícios configura um direito dos contribuintes.[496] Não há espaço para discricionariedade administrativa (pura) nesse campo e há garantia de acesso a todos os contribuintes que desempenham atividades alvo da atividade administrativa de fomento. Trata-se de uma condição de igualdade horizontal.[497]

Não se ignora que no direito tributário existam atos mais ou menos vinculados.[498] Porém, quer-se ressaltar que, nos incentivos condicionados, não existe espaço para uma discricionariedade administrativa pura, tomada como poder de disposição outorgado ao gestor responsável para

---

[492] TORRES, Ricardo Lobo. Anulação... Op. cit., p. 142.

[493] TORRES, Ricardo Lobo. Anulação... Op. cit., p. 142.

[494] FALCÃO, Amílcar de Araújo. Isenção tributária: pressupostos legais e contratuais: taxa de despacho aduaneiro. *Revista de Direito Administrativo*, v. 67, p. 317-340, 1962, p. 321.

[495] BRASIL. *Lei n. 5.172, de 25 de outubro de 1966*. Op. cit.

[496] BORGES, José Souto Maior. *Teoria...* Op. cit., p. 87.

[497] Como destaca Sampáio Dória, as isenções contratuais "devem, para serem válidas perante o princípio da igualdade, alcançar a toda uma categoria de indivíduos ou atividades identicamente situados" (SAMPÁIO DÓRIA, Antônio Roberto. *Direito...* Op. cit., p. 149).

[498] POLIZELLI, Victor Borges. *Contratos fiscais...* Op. cit., p. 80.

PARÂMETROS DO CONTROLE | 161

escolher, a partir de sua conveniência e oportunidade, se concede (ou não) um benefício ou quais condições favoráveis outorgará.[499]

A Constituição de 1988 determina que qualquer incentivo tributário "só poderá ser concedido mediante lei específica, federal, estadual ou municipal, que regule exclusivamente as matérias acima enumeradas" (art. 150, §6º).[500] Esta previsão constitucional outorga o poder de disposição sobre o tema ao legislador ordinário (e não ao gestor), que deve estabelecer, em lei específica, quais são os efeitos benéficos derivados, além de fixar tanto as condições de legitimação quanto os requisitos e contrapartidas legais.

Uma vez estabelecido o programa de incentivo tributário por meio de lei, o gestor responsável recebe "o poder-dever de reconhecer o direito de uma determinada pessoa a usufruir um 'incentivo fiscal' em razão de preencher um requisito técnico ou científico".[501] Porém, tal competência não configura uma modalidade de discricionariedade administrativa pura, apenas o dever de aplicar a norma legal nos casos em que se identifique o preenchimento dos requisitos.

Embora se reconheça que, no momento da concessão, existe algum espaço para o Administrador interpretar as normas aplicáveis para identificar os requisitos e seu cumprimento e estabelecer os efeitos para o contribuinte, o exercício desta competência está integralmente atrelado aos critérios previstos em lei. Em um paralelo com o direito privado, é possível reconhecer nos incentivos tributários condicionados algo semelhante a um "contrato de adesão", no qual tanto os requisitos exigidos quanto as condições favoráveis outorgadas são expressamente previstos em lei.[502]

---

[499] Como destaca Marcos Augusto Perez, o lançamento tributário é um exemplo de ato em que a vinculação é aparentemente total: "o administrador tributário não tem margem de liberdade para decidir se, uma vez ocorrido o fato gerador, o tributo deve ou não ser lançado". Porém, o autor pondera que, embora haja vinculação quanto ao dever de produzir o ato em si, haveria alguma liberdade para eleição do momento em que deveria ser produzido. Essa liberdade indicaria a existência de algum grau de discricionariedade na edição desse ato. (PEREZ, Marcos Augusto. *Testes de legalidade*: métodos para o amplo controle jurisdicional da discricionariedade administrativa. Belo Horizonte: Fórum, 2020, p. 37).

[500] BRASIL. *Constituição da República Federativa do Brasil de 1988*. Op. cit.

[501] SEIXAS FILHO, Aurélio Pitanga. *Princípios fundamentais do direito administrativo tributário*: a função fiscal. Rio de Janeiro: Forense, 1995, p. 30.

[502] Carlos Victor Muzzi Filho entende que os benefícios fiscais de natureza tributária têm natureza contratual, na medida em que a manifestação de vontade do contribuinte é requisito essencial para a adesão ao regime jurídico mais favorável, cujos efeitos derivam diretamente do contrato firmado entre fisco e contribuinte e indiretamente da própria lei instituidora, que traz as balizas para a realização da avença (MUZZI FILHO, Carlos Victor.

Nos incentivos condicionados, não é outorgada ao Administrador a faculdade de escolher – ainda que motivadamente – se concede ou não o benefício a um agente que comprove a sua adequação aos critérios estabelecidos em lei. Uma vez preenchidos os requisitos, a emissão do ato de concessão converte-se em dever do administrador e direito do contribuinte, ou seja, um ato vinculado.

Reconhecer que a lei que concede incentivos fiscais deve ser específica é aceitar que a competência para inovar a ordem jurídica criando-os é do Poder Legislativo, que deve prever todos os critérios que devem ser identificados para sua concessão e os efeitos derivados da aplicação do regime benéfico. Como já reconheceu o STF, qualquer tentativa de conferir discricionariedade administrativa pura (poder de disposição) ao Poder Executivo sobre essa matéria (por meio de delegação legislativa) seria inconstitucional por ofensa ao princípio da reserva constitucional de competência legislativa.[503]

Nessa linha, a produção do ato de concessão pelo gestor responsável nos incentivos condicionados não é fruto de uma escolha administrativamente discricionária de um agente público, mas da submissão do caso concreto aos critérios estabelecidos em lei, pelo que configura o exercício de uma competência vinculada.

O controle do TCU em relação aos atos de concessão nos incentivos condicionados tem como alvo o atendimento dos requisitos legais pelos destinatários (como ocorre nos atos vinculados). Como não há espaço de escolha dos gestores responsáveis sobre a conveniência e oportunidade de conceder o incentivo, fica prejudicada a possibilidade de sindicar os motivos que embasaram o ato de concessão (como ocorre nos atos administrativamente discricionários).

Uma vez concedido o incentivo condicionado, a manutenção do *cumprimento dos requisitos e contrapartidas* garante o direito adquirido ao regime jurídico favorável.[504] Essa avaliação é simultânea ao gozo do benefício pelo contribuinte e a manutenção das condições previstas em lei é condição de legalidade da manutenção do ato de concessão.

A vontade do contribuinte no direito tributário: existem 'contratos fiscais'? *Revista Jurídica da Procuradoria-Geral da Fazenda Estadual - Minas Gerais*. Belo Horizonte, n.48-50, p. 11-32, out., 2002/2003, p. 27-28).

[503] BRASIL. Supremo Tribunal Federal. *Medida Cautelar em Ação Direta de Inconstitucionalidade n. 1.296/PE*. Rel. Min. Celso de Mello, Tribunal Pleno, j. 14 jun. 1995, DJ 10 ago. 1995; BRASIL. Supremo Tribunal Federal. *Medida Cautelar em Ação Direta de Inconstitucionalidade n. 1.247/PA*. Rel. Min. Celso de Mello, Tribunal Pleno, j. 17 ago. 1995, DJ 08 set. 1995.

[504] TORRES, Ricardo Lobo. Anulação... Op. cit., p. 142.

O CTN outorga condição de irrevogabilidade aos benefícios concedidos por prazo certo e mediante determinadas condições, desde que o destinatário se mantenha adimplente em relação às condições legais.[505] Porém, "sempre que se apure que o beneficiado não satisfazia ou deixou de satisfazer as condições ou não cumprira ou deixou de cumprir os requisitos para a concessão do favor" (art. 155),[506] o benefício poderá ser revogado. Embora esse enunciado faça referência à moratória, sua aplicação estende-se a todo e qualquer incentivo condicionado, como já exposto.[507]

O direito subjetivo aos benefícios decorrentes de programas de incentivo tributário condicionado está atrelado tanto à existência originária das condições de legitimação quanto à manutenção do cumprimento dos requisitos e contrapartidas legais durante o seu gozo.[508] Caso se identifique que o sujeito em relação ao qual foi exarado ato de concessão de incentivos condicionados não preenche as condições originárias de legitimação ou descumpriu condições e contrapartidas legais durante o gozo do benefício, tem-se ilegalidade passível de controle pelo TCU.

O descumprimento de condições de legitimação significa que o gozo do benefício em um programa de incentivo tributário é ilegal desde o princípio. A ilegalidade, portanto, afeta o ato de concessão e todos os seus efeitos.

Diante dessa irregularidade, caberia ao TCU assinar prazo para que a própria Administração regularize o ato, caso seja possível (art. 71, inciso IX, da CRFB e art. 45 da LOTCU). Porém, a regularização dependeria da comprovação pelo beneficiário do cumprimento das condições de legitimação quando da concessão, dado que o ato que outorga o direito de fruir da condição favorável é *declaratório* em relação ao cumprimento dos requisitos iniciais.[509]

Em relação aos requisitos e contrapartidas legais a que estão submetidos os beneficiários durante a vigência do benefício, o momento

---

[505] SEIXAS FILHO, Aurélio Pitanga. *Teoria e prática...* Op. cit., p. 164.

[506] BRASIL. *Lei n. 5.172, de 25 de outubro de 1966.* Op. cit.

[507] Como exposto na seção n. 1.1.3.

[508] Como destaca Aliomar Baleeiro, em comentário ao art. 155 do CTN, embora seja direito subjetivo do sujeito passivo obter o benefício "se reúne os requisitos e aceita as condições da lei, essa mercê pode ser revogada se, posteriormente, a autoridade apura erro de fato na verificação de tais requisito ou se não houve o cumprimento das condições" (BALEEIRO, Aliomar. *Direito tributário brasileiro.* 11. ed. Rio de Janeiro: Forense, 2005, p. 850).

[509] BORGES, José Souto Maior. *Teoria...* Op. cit., p. 87.

do descumprimento marca a origem da ilegalidade. Caso seja uma irregularidade sanável, a competência para assinar prazo pode ser usada pelo TCU para ordenar que a Administração Pública tome medidas para que a legalidade seja restaurada, de forma a evitar a revogação do benefício (art. 71, inciso IX, da CRFB e art. 45 da LOTCU).

Nesse ponto, é importante destacar que o destinatário da ordem é o gestor do programa, que está sob alcance da competência do TCU na condição de responsável.[510] Ou seja, cabe a ele (responsável) tomar as medidas para garantir que o particular beneficiário seja reconduzido à condição de regularidade ou excluído do programa.

Caso a irregularidade não seja sanada, seria possível que o órgão aplicasse multa pelo descumprimento da determinação (art. 45, §1º, inciso III, e art. 58 da LOTCU) e ordenasse a suspensão dos efeitos do ato de concessão (art. 71, inciso X, da CRFB e art. 45, §1º, inciso I, da LOTCU).

Embora o destinatário desta ordem seja o gestor público responsável pelo programa, que fica obrigado a tomar as medidas necessárias para cessar os efeitos do benefício condicionado, a decisão do TCU de suspender o ato de concessão tem eficácia imediata e autônoma, afetando diretamente a possibilidade de o particular gozar do benefício. Nessa hipótese, o provimento do TCU não tem como destinatário direto o particular beneficiário, mas ele é indiretamente afetado pela suspensão do ato de concessão.

Em uma fiscalização por meio de tomada de contas especial, também pode haver o julgamento de uma irregularidade da qual decorra dano ao erário como resultado de do ato de gestão (art. 16, inciso III, "c", da LOTCU).

Caso se identifique uma ilegalidade referente às condições de legitimação objeto do ato de concessão inicial, todo o período de vigência do benefício seria considerado para apuração do dano. No caso do descumprimento dos requisitos e condições durante a vigência, seria considerado apenas aquilo que deixou de ser recolhido a partir do descumprimento.

A quantificação desse dano pode ser realizada a partir de bases reais ou estimadas a partir de dados provenientes da atividade do destinatário, que tem dever de prestar contas ao TCU,[511] apurando-se

---

[510] Como exposto na seção 2.1.2.

[511] SCAFF, Fernando Facury. *Orçamento...* Op. cit., p. 448.

o quanto o sujeito beneficiário deixou de recolher durante a vigência do ato de concessão.

Na quantificação do dano, não cabe aplicar a mesma técnica utilizada para apurar as renúncias de receita no demonstrativo de gastos tributários, que parte de dados abstratos para imputar uma estimativa de impacto global do programa. É possível que o tribunal estime, a partir de dados reais de arrecadação ou do próprio contribuinte, uma cifra mais efetiva do montante que deixou de ser arrecadado, que configuraria o volume do dano ao erário.

O dano ao erário, nesse caso, poderia ser imputado, originalmente, ao agente responsável pela gestão do programa, que deixou de zelar pela legalidade ao conceder o benefício para um sujeito que não preenche os requisitos previstos em lei (art. 16, §2º, "a", da LOTCU).

Como o particular destinatário do benefício ilegal auferiu benefícios indevidos, representados pelo montante de tributo que deixou de ser recolhido no período em que se manteve indevidamente condição de enquadramento, também seria possível sua inclusão como terceiro interessado e a correspondente imputação de responsabilidade em relação ao dano ao erário público (art. 16, §2º, "b", LOTCU).

A imputação solidária do terceiro, com base no art. 16, §2º, "b", da LOTCU, é aplicável exclusivamente ao dano ao erário, não se estendendo às penalidades, aplicáveis exclusivamente aos agentes públicos responsáveis pela gestão do programa.[512]

Especificamente em relação à multa, que pode chegar a 100% do dano ao erário, prevista no art. 57 da LOTCU, ela está baseada na competência do art. 71, inciso VIII, da CRFB, que autoriza o TCU a "aplicar aos responsáveis [...] multa proporcional ao dano causado ao erário".[513] Ou seja, trata-se de uma competência restrita aos agentes qualificáveis com "responsáveis" pela gestão de bens ou recursos públicos, condição que excluí os beneficiários de programas de incentivo tributário condicionado, como já exposto.[514]

---

[512] Embora não se manifeste sobre a possibilidade de imputação de responsabilidade sobre o dano ao erário, Fernando Facury Scaff é contundente quanto à impossibilidade de penalidades alcançarem as empresas: "logo, uma coisa é o dever de prestar contas, e outra é a aplicação de sanções. Quem está sob análise é o gestor público que eventualmente tenha cometido alguma irregularidade na concessão ou fiscalização daquele benefício fiscal de renúncia de receitas." (SCAFF, Fernando Facury. *Orçamento...* Op. cit., p. 448).

[513] BRASIL. *Constituição da República Federativa do Brasil de 1988*. Op. cit.

[514] Como apresentado na seção 2.1.3.

O agente privado beneficiário, na condição de interessado, somente pode ser reconhecido como solidário se "de qualquer modo haja concorrido para o cometimento do dano imputado" (art. 16, §2º, "b", da LOTCU). Nesse caso, o TCU pode julgar irregulares as contas e fixar responsabilidade solidária em relação ao "dano ao Erário decorrente de ato de gestão ilegítimo ao [sic[515]] antieconômico" (art. 16, inciso III, "c", da LOTCU). Ou seja, a solidariedade prevista na LOTCU restringe-se ao dano ao erário, o que não inclui a multa proporcional, a que alude o art. 57 da LOTCU.[516]

3.2 Legitimidade

O controle de legitimidade das contas públicas é uma conquista da Constituição de 1988. Nos regimes anteriores, o controle se limitava à uma análise formal de legalidade, que deixava de fora tanto a "legitimidade quanto a moralidade da aplicação das dotações orçamentárias".[517]

Esta limitação foi superada e tanto a moralidade foi alçada a princípio orientador da atividade administrativa como um todo (art. 37, *caput*, da CRFB) quanto a legitimidade foi incluída como parâmetro para o controle exercido pelos tribunais de contas (art. 70, *caput*, da CRFB).[518]

Moralidade e legitimidade são princípios imbricados que remetem a um ideal de justiça, que transcende a legalidade formal.[519] A moralidade é um princípio norteador do agir administrativo, que obriga o administrador a observar parâmetros éticos que vão além dos requisitos legais na condução dos negócios públicos, enquanto a legitimidade é um parâmetro de controle, que reconhece na atividade dos órgãos de

---

[515] É raro encontrar erros de grafia em textos legais, mas existem. Aqui o correto seria: "... ilegítimo *ou* antieconômico".

[516] BRASIL. *Lei n. 8.443, de 16 de julho de 1992*. Op. cit.

[517] FAGUNDES, Miguel Seabra. Reformas essenciais ao aperfeiçoamento das instituições políticas brasileiras. *Revista de Direito Administrativo*, v. 43, p. 1-20, 1956, p. 12.

[518] Nas eloquentes palavras de Caio Tácito: "na moldura na nova Constituição, a lei que a regulamenta fortalece o Tribunal de Contas na altitude de seu novo papel de pleno defensor da regular gestão dos dinheiros e bens públicos e, sobretudo, na moralidade administrativa" (TÁCITO, Caio. A moralidade administrativa e a nova Lei do Tribunal de Contas da União. *Revista de Direito Administrativo*, v. 242, p. 75-84, 2005, p. 82).

[519] Como destaca Bruno Mitsuo Nagata: "Afere-se, então, que a moralidade, porquanto coíba qualquer vício que possa escapar ao cumprimento frio da lei, erige-se como elemento de higidez da conduta dos agentes públicos, evidenciando que o padrão de correção supera as barreiras da legalidade, para alcançar, também, a legitimidade." (NAGATA, Bruno Mitsuo. *Fiscalização...* Op. cit., p. 108).

controle externo algo mais que uma sindicância do cumprimento de requisitos objetivos.

O Supremo Tribunal Federal, por ocasião do julgamento da Medida Cautelar na Ação Direita de Inconstitucionalidade n. 2661/MA, coloca o princípio da moralidade administrativa como uma condicionante da legitimidade e da validade dos atos estatais.[520] O desvio de moralidade implica a ilegitimidade do ato, que tem como consequência sua irregularidade, aos olhos do controle externo.

A partir de sua causa – que engloba tanto o motivo (causa eficiente) quanto o objeto (causa final) –, o juízo de moralidade busca reconstruir a intenção do agente que praticou determinado ato em função da finalidade pretendida.[521]

Enquanto princípio norteador da atividade administrativa, eventual desvio de moralidade está ligado à conduta do agente na produção de atos da Administração, em uma perspectiva ampla.[522] Essa conduta pode ser sindicada quando há espaço de liberdade para a manifestação da escolha do agente, ou seja, em relação aos atos administrativamente discricionários.[523]

A discricionariedade administrativa está "relacionada a um certo grau de indeterminação – intencional ou não – dos imperativos emanados pelo direito".[524] No espaço criado por uma disposição discricionária, se estabelece um universo de possibilidades de escolha no exercício de uma competência por uma autoridade pública. Os vícios de moralidade representam uma manifestação de desvio de poder no

---

[520] BRASIL. Supremo Tribunal Federal. *Medida Cautelar em Ação Direta de Inconstitucionalidade n. 2.661/MA*. Rel. Min. Celso de Mello, Tribunal Pleno, j. 05 jun. 2002, DJ 23 ago. 2002.

[521] MOREIRA NETO, Diogo de Figueiredo. Moralidade administrativa: do conceito à efetivação. *Revista de Direito Administrativo*, v. 190, p. 1-44, 1992, p. 10.

[522] Para fins deste trabalho, "Ato DA Administração é gênero de que Ato DE administração e Ato jurídico DA Administração são espécies. O primeiro é todo ato oriundo da Administração (com "A" maiúsculo), jurídico ou não; o segundo engloba todas as operações materiais de administração (com "a" minúsculo); o terceiro todos os atos jurídicos, unilaterais, bilaterais, praticados pela Administração. Se este último não for editado em matéria de direito privado (como, p. ex., locação, direitos autorais etc.), mas em matéria administrativa, com o Estado em posição de supremacia, receberá o qualificativo de Ato administrativo, em relação de espécie e gênero." (ARAÚJO, Edmir Netto de. *Curso de direito administrativo*. 8. ed. São Paulo: Saraiva, 2018, p. 522).

[523] MOREIRA NETO, Diogo de Figueiredo. Moralidade... Op. cit., p. 10.

[524] PEREZ, Marcos Augusto. *Testes de legalidade...* Op. cit., p. 36.

exercício de uma competência discricionária pelo agente responsável na escolha de uma alternativa no universo de possibilidades.[525]

O controle de legitimidade dos tribunais de contas em relação ao exercício de uma competência discricionária toma a moralidade como critério para "a aferição direta entre os motivos determinantes do ato administrativo e os resultados diretos e indiretos alcançados ou pretendidos".[526]

Embora na atividade de controle externo exercida pelos tribunais de contas não haja espaço para a sindicabilidade das escolhas políticas positivadas nas leis do orçamento,[527] no contexto da concretização da programação orçamentária, "a apuração da legitimidade pelo Tribunal de Contas o habilita a conferir sobre os critérios de conveniência e oportunidade decorrentes do exercício de uma discricionariedade nitidamente administrativa".[528]

Todavia, esse controle de legitimidade baseado no princípio da moralidade e voltado para o controle dos atos produzidos pela Administração não encontra espaço nos programas de incentivo tributário.

Nesses programas, a escolha das finalidades extrafiscais que se pretende atingir é realizada previamente pela lei tributária que institui os incentivos. Essa eleição é afeita a uma discricionariedade política, e não administrativa, pelo que não haveria espaço para um juízo sobre a legitimidade do benefício em si.[529]

Pensar o contrário, admitindo a possibilidade de um juízo sobre a legitimidade da norma tributária, seria reconhecer no tribunal de contas um órgão dotado de competência para realizar o controle de constitucionalidade da norma tributária em abstrato, postura já contestada neste livro.[530]

Outra característica que obstaria um juízo de legitimidade a partir do princípio da moralidade na execução dos programas de incentivo tributário é o fato de que tais programas ou não dependem de atos de execução (incondicionados), ou, quando dependem, são implementados

---

[525] DI PIETRO, Maria Sylvia Zanella. *Direito administrativo*. 27. ed. São Paulo: Atlas, 2014, p. 218.

[526] JACOBY FERNANDES, Jorge Ulisses. *Tribunais...* Op. cit., p. 53.

[527] TORRES, Ricardo Lobo. *Tratado...* Op. cit., v. 5, p. 378.

[528] NAGATA, Bruno Mitsuo. *Fiscalização...* Op. cit., p. 179.

[529] NAGATA, Bruno Mitsuo. *Fiscalização...* Op. cit., p. 217.

[530] Como apresentado na seção 2.2.3.

mediante atos plenamente vinculados, não havendo espaço de discricionariedade dos agentes responsáveis.

Porém, o controle de legitimidade pelos tribunais de contas transcende a moralidade dos atos administrativos de execução dos programas previstos no orçamento. A legitimidade como parâmetro configura um "polo para o qual converge um feixe de princípios",[531] por meio do qual a atividade administrativa pode ser confrontada com outros valores, princípios e objetivos presentes na Constituição.[532]

Em um Estado intervencionista, no qual decisões de política fiscal, financeira e econômica convertem-se em instrumentos de políticas públicas, a legitimidade representa um importante parâmetro para o controle de sua implementação.[533] Assim, embora não se vislumbre espaço para o controle de legitimidade na execução dos programas de incentivo tributário, a gestão do programa pode ser escrutinada pelo tribunal de contas a partir desse parâmetro.[534]

Estevão Horvath coloca em paralelo a tributação e as renúncias de receita para propor que, da mesma forma que "a Constituição imprime – expressa ou implicitamente – os rumos para que o Estado exerça a tributação, mediante a indicação de diversos princípios e limitações, fá-lo a respeito da renúncia de receitas que poderia arrecadar".[535]

O principal dispositivo sobre as renúncias de receita na Constituição é o art. 156, §6º, da CRFB, que objetiva justamente descortinar, por meio de um documento que acompanha a LOA, qual o impacto orçamentário das medidas. Essa regra é complementada pelo art. 113 do ADCT, introduzido pela Emenda Constitucional n. 95, de 15 de dezembro de 2016, que estabeleceu a estimativa do impacto orçamentário e financeiro como requisito de tramitação para as proposições legislativas que criem ou alterem medidas que impliquem renúncias de receita.

Os dois dispositivos supracitados contêm normas que buscam purgar a opacidade dos custos associados a medidas introduzidas por

---

[531] GOMES, Emerson Cesar da Silva. *O direito...* Op. cit., p. 295.

[532] A legitimidade "engloba todos os princípios constitucionais orçamentários e financeiros, derivados da ideia de segurança ou de justiça, que simultaneamente são princípios informativos do controle". (TORRES, Ricardo Lobo. O Tribunal de Contas... Op. cit., p. 269).

[533] TORRES, Ricardo Lobo. *Tratado...* Op. cit., v. 5, p. 380

[534] NAGATA, Bruno Mitsuo. *Fiscalização...* Op. cit., p. 217.

[535] HORVATH, Estevão. *O direito tributário...* Op. cit., p. 120.

meio da política fiscal. A partir deles, é possível construir a transparência como princípio constitucional implícito aplicável à gestão dos programas de incentivo tributário que implicam renúncia de receita, um vetor que "sinaliza no sentido de que a atividade financeira deve se desenvolver segundo os ditames da clareza, abertura e simplicidade".[536]

A transparência é um princípio do direito financeiro expressamente previsto na Lei de Responsabilidade Fiscal, que o coloca como valor associado à própria gestão fiscal responsável (art. 1º, §1º, da LRF). Em relação às renúncias de receita, essa lei busca promover a transparência tanto da estimativa do impacto estimado do custo quanto das medidas de compensação adotadas para enfrentar seus efeitos (art. 14 da LRF).[537]

Ao lado da transparência, a sinceridade orçamentária assegura que as informações desveladas sejam confiáveis.[538] Esses princípios são corolários dos princípios republicano e democrático e "objetivam permitir o controle das leis orçamentárias, de forma a verificar se possibilitam, ainda que indiretamente, amparar o poder público na consecução dos objetivos da República".[539]

A sinceridade orçamentária impõe que o orçamento deve conter "elementos que atestem a veracidade e ética pública que permita ao setor privado melhor controle e seja indicativo para seus planejamentos".[540] No campo das renúncias, a sinceridade é garantida por um conjunto de normas que assegura a higidez da previsão da receita pública.

Transparência e sinceridade são princípios constitucionais aplicáveis às renúncias de receita que podem ser tomados para análise

---

[536] TORRES, Ricardo Lobo. O princípio ... Op. cit., p. 133

[537] Como destaca Ricardo Lobo Torres: "esse princípio da transparência é importantíssimo para o equilíbrio orçamentário e abrange qualquer privilégio, ainda que sob a forma de renúncia de receita, subvenção ou de restituição-incentivo. Modernizou-se, assim, a Constituição brasileira, não permitindo que pairem dúvidas, como acontecia aqui e no estrangeiro, sobre a necessidade da inclusão no orçamento fiscal de subsídios, subvenções e outros benefícios, relativos aos impostos ou embutidos nos juros, alguns dos quais antes se incluíam no orçamento monetário." (TORRES, Ricardo Lobo. *Tratado...* Op. cit., v. 5, p. 258-259).

[538] Nas palavras de Estevão Horvath: "a clareza do orçamento, na medida do possível, deve vir acompanhada da sinceridade; é dizer: os representantes do povo e o próprio povo devem ser capazes de compreender como está sendo gerido o patrimônio que a sociedade transferiu ao Estado." (HORVATH, Estevão. *O orçamento...* Op. cit., p. 152).

[539] MOTTA, Fabrício. Notas sobre publicidade e transparência na Lei de Responsabilidade Fiscal no Brasil. *A&C Revista de Direito Administrativo & Constitucional.* Belo Horizonte, v. 7, n. 30, p. 91-108, out./dez. 2007, p. 98.

[540] TORRES, Heleno Taveira. *Direito constitucional financeiro.* Op. cit., p. 377.

de legitimidade pelo TCU sobre a gestão dos programas de incentivo tributário.

Nas seções que seguem, busca-se detalhar aspetos de transparência e sinceridade de programas de incentivo tributário que podem ser objeto de controle pelo TCU a partir do parâmetro da legitimidade.

3.2.1 Transparência

A democracia pressupõe um elevado nível de publicidade em relação às ações dos governantes, o que possibilita o seu controle pelos órgãos institucionalmente responsáveis pela fiscalização da Administração Pública e pela própria sociedade. Nas clássicas palavras de Norberto Bobbio, democracia é o "poder público em público",[541] um sistema no qual a publicidade é a regra e o segredo é a exceção para o exercício da função pública.[542]

A criação de um ambiente no qual a atuação estatal se dá de maneira desvelada tem o efeito de induzir a formação de uma verdadeira esfera pública, como espaço virtual de deliberação sobre os rumos da sociedade. Ao descortinar as razões que orientam seu agir, o Estado oferece à sociedade e aos órgãos de controle a oportunidade de debater e, por meio do debate, evoluir na produção de decisões mais qualificadas, em um verdadeiro ciclo virtuoso.[543]

É nesse contexto de abertura democrática que se desenvolve a ideia de transparência, um dos eixos estruturantes do "reformismo administrativo", que busca enfrentar a crise no modelo clássico das relações entre Administração e administrados baseado na autoridade. Por meio do agir transparente, a Administração "extrai sua legitimidade menos da instituição do que da sua prática",[544] convertendo-se

---

[541] BOBBIO, Norberto. *O futuro da democracia*. Rio de Janeiro: Paz e Terra, 1986, p. 84.

[542] CHEVALIER, Jacques. Le mythe de la transparence administrative. *In*: CENTRE UNIVERSITAIRES DES RECHERCHES ADMINISTRATIVES ET POLITIQUES DE PICARDIE (CURAPP). *Information et transparence administratives*, Paris: Presses Universitaires de France (PUF), 1988, p. 239-275, p. 247.

[543] HABERMAS, Jürgen. Political Communication in Media Society: Does Democracy Still enjoy an Epistemic Dimension? The Impact of Normative Theory on empirical Research. *Communication Theory*, v. 17, n. 4, p. 411-426, 2006, p. 414.

[544] No original: *"tirant sa légitimité moins de son institution que de sa pratique"* (CHEVALIER, Jacques. Le mythe... Op. cit., p. 243).

esse movimento de abertura em um elemento "essencial da confiança dos cidadãos no seu sistema financeiro público".[545]

A partir do texto constitucional, é possível construir a transparência como um princípio implícito, que emerge do Estado democrático de direito e da forma republicana de governo e é realizado por meio da publicidade, motivação e abertura à participação popular, que são diretrizes que orientam a atividade da Administração Pública brasileira (art. 37 da CRFB). Esse princípio "consiste não só na informação ao povo do que a administração pública executa, planeja ou realiza, mas também na explicação do porquê assim atua e na avaliação do grau de influência do próprio povo no processo de tomada de decisão".[546]

No plano da transparência fiscal, a publicidade de despesas pode ser tomada como um mecanismo que aproxima o Estado do Cidadão, permitindo que participe ativamente da condução dos negócios públicos.[547] A sedimentação da transparência na prática orçamentária propicia uma maior clareza na execução e o controle do orçamento, além de promover a consciência de que o orçamento é "'coisa pública', que deve ser objeto de gestão responsável por parte de quem for indicado para fazê-lo e de cobrança dessa administração pelo seu dono, que é o povo".[548]

A ordem constitucional financeira da Constituição de 1988 caminhou, definitivamente, rumo à consolidação do paradigma do orçamento programa, que impõe, para além do registro de receitas e despesas, a explicitação prévia dos objetivos e metas que orientam a atuação estatal.

A Constituição Financeira aprimorou a transparência das informações relativas à gestão orçamentária com a introdução do art. 163-A da CRFB, inserido pela Emenda Constitucional n. 108, de 26 de agosto de 2020, o qual estabelece que os entes federativos devem disponibilizar informações e dados contábeis, orçamentários e *fiscais*, "de forma a garantir a rastreabilidade, a comparabilidade e a publicidade dos

---

[545] No original: *"élément essentiel de la confiance des citoyens dans leur système financier public"* (SY, Aboubakry. *La transparence...* Op. cit., p. 171).

[546] MARTINS JÚNIOR, Wallace Paiva. O princípio da transparência. *In*: DI PIETRO, Maria Sylvia Zanella; MARTINS JÚNIOR, Wallace Paiva. *Tratado de direito administrativo*: v. 1: teoria geral e princípios do direito administrativo. São Paulo: Editora Revista dos Tribunais, 2015, p. 419-482, p. 422.

[547] GOMES, Emerson Cesar da Silva. *O direito...* Op. cit., p. 332.

[548] HORVATH, Estevão. *O orçamento...* Op. cit., p. 156.

dados coletados, os quais deverão ser divulgados em meio eletrônico de amplo acesso público".[549]

As dimensões orçamentárias e contábeis, referidas pelo art. 163-A da CRFB, apontam para a necessidade de divulgação de dados sobre a execução do orçamento. Porém, esse artigo vai além para trazer a dimensão fiscal, que engloba também a tributação.[550] Assim, a norma inserida pela EC n. 108/2020 impõe um nível de transparência que engloba também as políticas implementadas via tributação, como os programas de incentivo tributário.

A partir das diretrizes traçadas pela Constituição da República, o processo orçamentário assume a função de outorgar transparência às "contas públicas, mediante amplo acesso parlamentar, do povo e da opinião pública às estimativas de receitas e discriminação das despesas a serem autorizadas pelo Parlamento".[551]

A necessidade de previsão do impacto orçamentário dos benefícios fiscais (em sentido amplo), prevista no art. 165, §6º, da Constituição de 1988 é um importante instrumento de transparência.[552] Essa disposição busca eliminar a opacidade em relação aos custos públicos de programas implementados via política fiscal, obrigando a Administração a estimar e publicar junto com a LOA seu custo estimado.[553]

Porém, na perspectiva dos incentivos tributários, estimar os custos dos programas é uma dimensão de transparência insuficiente. Na forma atual, o demonstrativo de gastos tributários (DGT) que acompanha a LOA federal se limita a apresentar um conjunto de estimativas que busca quantificar o impacto dos programas. Essa postura representa um movimento de abertura em relação aos custos imputados aos programas, mas oculta outros dados fundamentais para o controle dessa modalidade de emprego indireto de recursos da sociedade.

Os programas de incentivo tributário representam uma derrogação do princípio da igualdade na tributação realizada sob o pretexto de

---

[549] BRASIL. *Emenda Constitucional n. 108, de 26 de agosto de 2020.* Disponível em: http://www. planalto.gov.br/ccivil_03/constituicao/Emendas/Emc/emc108.htm. Acesso em: 19 mar. 2022.

[550] Como destaca Aliomar Baleeiro, "etimologicamente, 'fiscal' deveria ser sinônimo de financeiro, isto é, aquilo que pertinente ao Erário, quer receita, quer despesa" (BALEEIRO, Aliomar. *Uma introdução...* Op. cit., p. 29).

[551] TORRES, Heleno Taveira. *Direito constitucional financeiro.* Op. cit., p. 349.

[552] GIACOMONI, James. *Orçamento...* Op. cit., p. 217.

[553] Aboubakry Sy coloca o fenômeno da inflação das normas fiscais derivada de um aumento da atuação estatal no domínio econômico como um dos fatores que provocam a opacidade dos gastos tributários (SY, Aboubakry. *La transparence...* Op. cit., p. 173).

promover finalidades extrafiscais. O conjunto de agentes beneficiados é destinatário de um tratamento desigual juridicamente justificado nos dividendos positivos esperados com a atividade administrativa de fomento. O conhecimento das informações relativas a tais programas é uma questão de equidade tributária, na medida em que toda a sociedade deve conhecer os destinatários e as circunstâncias desse tratamento mais benéfico.[554]

Nos programas de incentivo incondicionado, a individualização do conjunto de agentes beneficiados é problemática, dado que o fomento é derivado diretamente da norma tributária, independentemente da atuação de agentes da Administração Pública para a outorga dos benefícios.

No entanto, nos programas de incentivos condicionados, a Administração detém plenas condições de tornar públicas as informações sobre o conjunto de agentes beneficiados por programas de incentivo tributário, uma vez que a execução de tais programas depende da emissão de atos de concessão.[555]

Embora a transparência seja um vetor que conduz à abertura das informações envolvidas na administração da coisa pública como regra, o sigilo é admitido em situações excepcionais. A divulgação dos agentes beneficiados por programas de incentivo tributário condicionado poderia ser objetada como matéria de sigilo fiscal, protegida nos limites do art. 198, *caput* e §2º, inciso II, do CTN.

Contudo, como pondera Victor Borges Polizelli, existe um ponto de equilíbrio entre o sigilo fiscal e o dever de promover a publicidade de dados relativos a contratos fiscais em benefício dos contribuintes, legítimos interessados, "sem que esta medida de transparência resulte em divulgação indevida de dados".[556]

O sigilo fiscal engloba informações sobre cada operação realizada pelo contribuinte e sua preservação garante a proteção dos segredos de

---

[554] SY, Aboubakry. *La transparence...* Op. cit., p. 283.

[555] Nesse sentido, cabe mencionar o exemplo do México, que publica dados sobre as empresas beneficiadas e o volume de incentivos concedidos (GRANADOS, María Antonieta Martín. Los incentivos tributarios para investigación y desarrollo tecnológico (caso México). *In*: RÍOS GRANADOS, Gabriela (coord.). *La influencia de las nuevas tecnologías en el derecho tributario*. Cidade do México: Universidade Nacional Autónoma de México (UNAM), 2006, p. 187-208, p. 203).

[556] POLIZELLI, Victor Borges. *Contratos fiscais...* Op. cit., p. 166.

empresa ou da própria privacidade do contribuinte.[557] Ele não impede que os dados sejam coletados pela Administração, apenas proíbe que sejam divulgados de forma a ferir os direitos fundamentais do contribuinte.[558]

A divulgação de dados sobre incentivos tributários pode ser obstada se os dados em questão puderem ser qualificados como informações pessoais, nos termos do art. 31 da Lei n. 12.527, de 18 de novembro de 2011 (Lei de Acesso à Informação – LAI). A divulgação de dados sobre incentivos tributários recebidos por uma pessoa física, por exemplo, poderia ser considerada informação restrita com vistas a proteger sua privacidade.

No entanto, não haveria que se falar em sigilo fiscal na divulgação para a sociedade de dados agregados sobre pessoas jurídicas beneficiárias de programas de incentivos condicionados.[559] Tais informações permitiriam o controle da realização das finalidades pretendidas pelo programa a partir do conhecimento dos destinatários do tratamento benéfico concedido.[560]

---

[557] Como destaca em tintas fortes Aurélio Pitanga Seixas Filho: "a intimidade e privacidade das pessoas deve ser inviolável [...] desde que não extrapole para a vida em sociedade, como é a atividade econômica em que a pessoa tem que, necessariamente, prestar contas de seus atos. [...] Não há a menor dúvida ou questionamento que o interesse coletivo tem predominância sobre o interesse individual, que no caso da intimidade ou da vida privada, como os próprios termos estão a indicar a sua interpretação, restringe-se ao insulamento da vida da pessoa" (SEIXAS FILHO, Aurélio Pitanga. O sigilo bancário e o direito à intimidade e privacidade das pessoas. In: COLÓQUIO INTERNACIONAL DE DIREITO TRIBUTÁRIO, 3. São Paulo, La Ley, 17-18 ago. 2001, Anais, p. 153-157, p. 155).

[558] FERRAZ JÚNIOR, Tercio Sampaio. Sigilo de dados: o direito à privacidade e os limites à função fiscalizadora do Estado. Revista da Faculdade de Direito. São Paulo: Universidade de São Paulo, v. 88, p. 439-459, 1993, p. 457.

[559] Gabriela Ríos Granados aponta que o sigilo fiscal pode ser levantado em três situações específicas: 1) para o cumprimento de obrigações tributárias pelos contribuintes; 2) quando são outorgados benefícios fiscais; 3) quando é identificado um delito tributário. (RÍOS GRANADOS, Gabriela. Acceso a la información tributaria: derecho y deber de los contribuyentes. In: MARTINS, Ives Gandra da Silva; PASIN, João Bosco Coelho (org.). Direito financeiro e tributário comparado: estudos em homenagem a Eusébio Gonzáles García. São Paulo: Saraiva, 2010, p. 334-373. p. 335).

[560] Victor Borges Polizelli reconhece que os contratos fiscais representam um tratamento desigual a contribuintes. Porém, citando Ángeles del Teso, o autor pondera que "qualquer risco de lesão ao princípio da igualdade se desvanece a partir do momento em que os acordos se realizem de forma aberta e transparente. Ao se promover a publicidade dos contratos fiscais, facilita-se o controle da atuação administrativa e se cria um rígido dever de motivação quanto a novos contratos que forem concluídos. Tal medida impede que um acordo com o particular possa encobrir uma atuação administrativa arbitrária voltada simplesmente a brindar um restrito grupo de cidadãos com tratamento tributário mais favorável" (POLIZELLI, Victor Borges. Contratos fiscais... Op. cit., p. 165).

A promoção da transparência nos programas de incentivo tributário condicionado permitiria a publicidade de informações indicando *quem* são as pessoas jurídicas beneficiárias, as contrapartidas a que elas se comprometeram e o *volume* estimado do incentivo recebido em cada exercício. A divulgação de tais informações não é capaz de comprometer a condução dos negócios dos contribuintes, como se passa a demonstrar.

Em relação aos destinatários, a informação sobre a concessão de benefícios condicionados, em regra, já é pública, dado que sua efetivação depende de um ato administrativo ("despacho da autoridade administrativa", previsto no art. 179 do CTN), cuja publicidade é requisito de eficácia.[561] Nessa linha, como individualmente o dado sobre a outorga do benefício já é público, não haveria que se falar em sigilo sobre divulgação de maneira consolidada.

No que tange às contrapartidas e requisitos que devem ser cumpridos pelos beneficiários como condição para a outorga do incentivo, estas configuram verdadeiras cláusulas contratuais, cujo cumprimento pode e deve ser objeto de controle pela sociedade e pelos órgãos habilitados.

O art. 7º da LAI estabelece que o acesso à informação compreende dados pertinentes a "contratos administrativos". A mesma lei estabelece para os órgãos e entidades públicas o dever de divulgar em local de fácil acesso "todos os contratos celebrados" (art. 8, §1º, inciso IV).[562]

Tomar os incentivos tributários condicionados como contratos fiscais, ante sua bilateralidade e onerosidade, significa aceitar que a renúncia conferida é o preço pago pela sociedade pelas contrapartidas a que se comprometeram os destinatários no contexto de um programa de fomento tributário. Nesse contexto, os contratos fiscais firmados pelos contribuintes poderiam ser equiparados aos contratos administrativos e ter suas cláusulas divulgadas para fins de transparência, com base no art. 8º, §1º, inciso IV, da LAI.

Sobre a quantificação dos incentivos condicionados outorgados a pessoas jurídicas, é relevante considerar que, em uma perspectiva agregada, tal informação não é protegida pelo sigilo fiscal no direito brasileiro. A Lei n. 6.404, de 15 de dezembro de 1973, cria, no art. 195-A, a conta contábil chamada "reserva de incentivos fiscais", na qual as empresas submetidas ao regime do lucro real devem reconhecer os

---

[561] SZKLAROWSKY, Leon Frejda. A publicidade e os contratos administrativos. *Revista de Direito Administrativo*. Rio de Janeiro, n. 204, p. 85-102, abr./jun. 1996, p. 85.

[562] BRASIL. *Lei n. 12.527, de 18 de novembro de 2011*. Op. cit.

PARÂMETROS DO CONTROLE | **177**

valores decorrentes de benefícios como as subvenções de investimento (art. 30 da Lei n. 12.973, de 13 de maio de 2014).

Embora a divulgação de dados individualizados sobre o impacto dos incentivos condicionados em cada operação realizada pelas pessoas jurídicas beneficiárias possa representar um risco ao sigilo comercial, este perigo não ocorre com os dados agregados sobre o volume de incentivos recebidos em determinado exercício, dado que tal informação já deveria (no caso das companhias de capital aberto) ou poderia constar no balanço da própria empresa.

No universo das pessoas jurídicas, a divulgação dos dados sobre beneficiários em programas de incentivo tributário possibilita um ambiente de concorrência mais equilibrado, na medida em que os agentes de mercado têm conhecimento dos tratamentos favorecidos dispensados aos seus concorrentes.

Uma tributação neutra é um elemento que garante a livre concorrência. Embora essa neutralidade seja afastada em nome dos objetivos que a Administração pretende atingir por meio dos programas de incentivo tributário, a criação de um ambiente de concorrência equilibrada depende do amplo conhecimento dos destinatários dos incentivos pelos agentes que com eles concorrem pelo mesmo mercado.[563]

A assimetria de informação em relação aos incentivos tributários acaba atendendo apenas aos interesses dos beneficiados, que se encontram em uma situação "que lhes permite seguir se apresentando como modelos de eficiência econômica e como defensores da não intervenção, enquanto de forma encoberta se beneficiam dos cofres do Tesouro Público".[564]

---

[563] Como destaca Fernando Aurélio Zilveti: "a livre-concorrência demanda imparcialidade de atos soberanos. Atos soberanos, como o poder de tributar, podem vir a prejudicar determinados concorrentes e beneficiar outros, afastando os primeiros do mercado ou enfraquecendo-os na capacidade de competir. Essa constrição é notável tanto na obrigação tributária principal quanto na acessória, na proporção da imposição de obrigações distintas para os agentes econômicos. Os incentivos fiscais, quando mal aplicados geram sérios prejuízos para o equilíbrio dos agentes econômicos eficientes, forçados a suportar carga fiscal incompatível com o quadro da livre-concorrência." (ZILVETI, Fernando Aurélio. Variações sobre o princípio da neutralidade no direito tributário internacional. *Direito Tributário Atual*, v. 19, São Paulo, 2005, p. 24-40, p. 26).

[564] No original: "*quienes se benefician así del Estado, que les permite seguir presentándose como modelos de eficiencia económica y como defensores del no-intervencionismo, mientas que en forma encubierta se benefician de las arcas del Tesoro Público.*" (REZZOAGLI, Luciano Carlos. El gasto fiscal en la Ley Tributaria Sustantiva en el Ámbito Presupuestario. *In*: MARTINS, Ives Gandra da Silva; PUSIN, João Bosco Coelho (orgs.). *Direito financeiro e tributário comparado*: estudos em homenagem a Eusébio Gonzáles García. São Paulo: Saraiva, 2014, p. 756-767, p. 766).

A própria Constituição da República reconhece que a tributação pode causar desequilíbrios de concorrência e, para preveni-los, atribui a lei complementar o papel de estabelecer critérios especiais (art. 149-A da CRFB). Enquadra-se no contexto dessa norma de competência a disposição da Lei Complementar n. 160, de 07 de agosto de 2017, que determinou que as unidades federadas prestem informações sobre isenções, incentivos e benefícios fiscais vinculados ao Imposto sobre Operações relativas à Circulação de Mercadorias e sobre Prestações de Serviços de Transporte Interestadual e Intermunicipal e de Comunicação (ICMS) no Portal Nacional da Transparência Tributária (art. 3º, §6º). Embora tal norma não tenha sido plenamente implementada até o momento, a divulgação dos dados sobre programas de incentivo tributário teria impacto positivo sobre a concorrência, na medida em que explicitaria as condições tributárias favoráveis outorgadas a agentes do mercado.[565]

A divulgação de dados sobre as pessoas jurídicas beneficiárias dos programas de incentivo tributário é um passo importante para reduzir o grau de opacidade em relação a esta modalidade de despesa *"off budget"*, cuja execução não está sujeita às mesmas regras aplicáveis às despesas diretas,[566] o que inclui as regras de divulgação dos dados associados.

A indução de transparência em relação a esses dados tem potencial de atuar como fator que gera maior confiança na atuação do estatal, reduzindo, com isso, o efeito *"free rider"* no consumo de bens públicos (nesse caso, benefícios derivados de renúncias de receitas), na medida em que haveria uma conscientização coletiva sobre o universo de sujeitos contemplados.[567]

A deficiência de transparência em relação aos sujeitos beneficiados pelos programas de incentivo tributário condicionado em nível federal poderia ser reconhecida como ilegitimidade pelo TCU, que, no

---

[565] Em uma perspectiva mais abrangente, o Projeto de Lei do Senado n. 188, de 2014, propõe acrescentar o inciso IV ao §3º do art. 198 da Lei n. 5.172, de 25 de outubro de 1966 (Código Tributário Nacional), para permitir a divulgação, por parte da Fazenda Pública, dos beneficiários de renúncia de receita (BRASIL. Senado Federal. *Projeto de Lei do Senado n. 188, de 2014 – Complementar*. Autor Sen. Randolfe Rodrigues (PSOL/AP). Disponível em: https://www25.senado.leg.br/web/atividade/materias/-/materia/117839. Acesso em: 18 mar. 2022).

[566] GOMES, Emerson Cesar da Silva. *O direito...* Op. cit., p. 444.

[567] SLEMROD, Joel. Trust in Public Finance. *In*: CNOSSEN, Sijbren; SINN, Hans-Werner (ed.). *Public Finance and Public Policy in the New Century*. Cambridge: MIT Press, 2003, p. 49-88, p. 54.

exercício de sua competência, teria poder para determinar a audiência do responsável pela gestão do programa para apresentar razões e justificativa (art. 43, inciso II, da LOTCU).

Caso se confirme a irregularidade por ilegitimidade na omissão da Administração em divulgar os dados, o TCU pode assinar prazo para que as providências sejam adotadas (art. 45, *caput*, da LOTCU).

Na hipótese de descumprimento da determinação, o tribunal poderia comunicar sua decisão ao Poder Legislativo e aplicar multa ao responsável (art. 45, §1º, incisos I e II, da LOTCU).

Considerando que o TCU é órgão de controle externo e, no desempenho dessa função, jamais pode substituir a Administração, seria incabível que o órgão determinasse como a Administração deve apresentar os dados. Caberia ao tribunal apenas reconhecer a omissão ilegítima em disponibilizá-los e punir os responsáveis.

Embora configure uma irregularidade sob o prisma da legitimidade, a falta de transparência não gera repercussões patrimoniais negativas diretas. Nessa linha, não haveria que se falar de imputação de dano ao erário público e multa proporcional ao gestor responsável pelo programa.

Como essa irregularidade (falta de transparência) não configuraria prejuízo economicamente quantificável ao erário público, também não haveria que se falar em responsabilização de agentes privados, que somente respondem na condição de terceiro interessado por eventuais danos para os quais tenham contribuído (art. 16, §1º, da LOTCU).

3.2.2 Sinceridade

Assim como a transparência, a ideia de sinceridade tem se desenvolvido nos últimos trinta anos no contexto das reformas administrativas que questionam aspectos da cultura tradicional do setor público, que passa a ser interpenetrada por elementos da lógica empresarial ligada à melhoria na gestão dos recursos públicos. Ela decorre da incorporação de conceitos de gestão privada na Administração Pública e representa a união de duas culturas: "uma cultura democrática, que privilegia o controle de regularidade, e um cultura de empresa, que privilegia a avaliação de resultados".[568]

---

[568] No original: *"une culture democratique, privilégiant le contrôle de la regularité, et une culture d'entreprise, privilégiant l'évaluation des résultats"* (BOUVIER, Michel; ESCLASSAN, Marie-Christine; LASSALE, Jean-Pierre. *Finances...* Op. cit., p. 350.

Como princípio orçamentário, a sinceridade desde há muito pode ser reconstruída a partir da obrigatoriedade de a lei orçamentária englobar todas as receitas e todas as despesas, pelo seu valor bruto (arts. 2º, 3º, 4º e 6º da Lei n. 4.320/1964). Porém, Flavio Bauer Novelli já denunciava, na década de 1970, que a formalidade tradicional sempre foi insuficiente para garantir um controle efetivo das previsões e da execução do orçamento público no Brasil: "ângulo estreito do tecnicismo jurídico, do bizantinismo e do rigor formal que, diga-se de passagem, nunca pôde impedir a falta de sinceridade das previsões, as 'químicas' orçamentárias, a falsificação ideológica dos comprovantes, etc.".[569]

O orçamento não pode se converter em uma "peça protocolar e imprecisa, uma fantasia engendrada para enganar a economia ou o cidadão".[570] Pensar em sinceridade sobre as previsões do orçamento, além de garantir a efetiva transparência da atuação estatal, assegura que o controle seja desenvolvido pelos órgãos habilitados pelo sistema, entre eles os tribunais de contas e a própria sociedade.[571] Esse princípio busca integrar a lógica jurídica e a lógica de gestão "de forma que o consentimento à tributação do contribuinte não seja deturpado e que a sua contribuição seja útil e eficazmente aplicada".[572]

Embora não denomine como sinceridade, James Giacomoni reconhece o princípio da exatidão orçamentária como uma necessidade, da parte do administrador público, de "preocupação com a realidade e com a efetiva capacidade do setor público nela intervir de forma positiva por meio do orçamento".[573]

A sinceridade, como princípio, "significa que as receitas e despesas apresentadas na lei orçamentária devem corresponder à realidade, dando a noção real da situação financeira do Estado".[574]

Esse princípio é importante não só para assegurar meios para uma discussão informada da proposta orçamentária no momento da

---

[569] NOVELLI, Flavio Bauer. A relatividade do conceito de constituição e a Constituição de 1967. *Revista de Direito Administrativo*, v. 88, p. 1-14, 1967, p. 10.

[570] TORRES, Heleno Taveira. *Direito Constitucional Financeiro*. Op. cit., p. 377.

[571] SY, Aboubakry. *La transparence...* Op. cit., p. 4.

[572] No original: *"faire en sorte que le consentement à l'impôt du contribuable ne soit pas détourné et que sa contribution, soit utilement et efficacement employée."* (BOUVIER, Michel; ESCLASSAN, Marie-Christine; LASSALE, Jean-Pierre. *Finances...* Op. cit., p. 350.

[573] GIACOMONI, James. *Orçamento...* Op. cit., p. 75.

[574] HORVATH, Estevão. *O orçamento...* Op. cit., p. 148-149.

PARÂMETROS DO CONTROLE[3] | 181

outorga do consentimento pelo Parlamento, mas também para o controle da execução do orçamento.[575]

A sinceridade é um qualificador da transparência e, nessa condição, busca assegurar a qualidade dos dados públicos. Um dos aspectos apontados pela Organização para Cooperação e Desenvolvimento Econômico (OCDE) para a garantia da sinceridade das informações públicas é a importância de dar publicidade ao método utilizado para a sua produção.[576]

A exposição da metodologia utilizada para a apuração das informações constantes no orçamento é principalmente sensível quando se trata de receita pública. A receita é *estimada* no momento da elaboração da proposta orçamentária, e exigir sinceridade implica a necessidade de análise profunda da situação existente e de métodos adequados, para que o orçamento revele compatibilidade com as "condições materiais e institucionais necessárias à sua execução", de forma a garantir que esta estimativa seja realizada "sem otimismo" e "sem superestimar os recursos".[577]

Não é por outro motivo que a previsão de receitas no orçamento deve ser elaborada a partir dos dados dos três últimos anos como projeção para os dois seguintes, observando normas técnicas e legais, considerando as alterações na legislação, a inflação, o crescimento econômico e expondo a "metodologia de cálculo e as premissas utilizadas" (art. 12 da LRF).[578]

Em relação às receitas, expor a metodologia de cálculo e as premissas utilizadas é possibilitar um controle sobre a sinceridade da previsão consignada no orçamento, a partir da qual o volume de recursos disponível é distribuído entre as dotações orçamentárias.

Embora para os tribunais de contas as informações sobre as receitas sejam integralmente disponíveis em tempo real, franquear amplo acesso ao público da metodologia e dos dados de arrecadação utilizados como premissas para a sua estimativa permite que a sociedade e outros órgãos possam exercer o controle sobre o orçamento.

Considerando que os impactos no orçamento dos benefícios fiscais (em sentido amplo) são apurados a partir de dados da receita, por força

---

[575] PANCRAZI, Laurent. *Le principe...* Op. cit., p. 77.
[576] SY, Aboubakry. *La transparence...* Op. cit., p. 4.
[577] SILVA, José Afonso da. *Orçamento...* Op. cit., p. 154.
[578] BRASIL. *Lei Complementar n. 101, de 04 de maio de 2000.* Op. cit.

do art. 12 da LRF, além da exposição da metodologia utilizada também há a necessidade de revelar os dados de arrecadação tomados como premissas para o cálculo dos gastos tributários consignados no DGT.

Consciente da importância da publicidade da metodologia e das premissas utilizadas para o cálculo dos gastos tributários no DGT, o TCU determinou, em um conjunto de decisões, providências que contribuíram sensivelmente para a transparência nesse campo.

O TCU, no Relatório de Monitoramento objeto do Acórdão n. 747/2010, determinou que os órgãos da Administração federal responsáveis por programas de incentivo tributários promovam a sistematização dos procedimentos de avaliação das renúncias de receita, de forma que o procedimento seja "transparente e passível de controle". Entre as determinações desta decisão está a elaboração de "uma metodologia para a elaboração das estimativas de impacto orçamentário-financeiro das renúncias de receitas".[579]

Por ocasião do acompanhamento do cumprimento das determinações exaradas nessa decisão, o tribunal recomendou à Receita Federal (RFB) a divulgação dos "cadernos metodológicos que explicitam a forma de cálculo de cada item do Demonstrativo de Gastos Tributários e, também, os pressupostos utilizados para enquadramento da desoneração como gasto tributário", com vistas a conferir transparência à metodologia utilizada.[580]

No Relatório de Monitoramento objeto do Acórdão n. 2.756/2018, o TCU determinou que a RFB "publique em linguagem acessível, em sua página na internet, a metodologia de cálculo de cada item do Demonstrativo de Gastos Tributários, indicando os parâmetros metodológicos utilizados".[581]

Essas decisões do TCU foram importantes para aumentar o acesso às informações relativas aos gastos tributários e, com isso, a transparência relativa aos custos da atuação estatal via política fiscal, o que inclui os programas de incentivo tributário. Porém, na perspectiva da sinceridade – enquanto qualidade da informação fornecida –, ainda há espaço para melhora.

---

[579] BRASIL. Tribunal de Contas da União. *Acórdão n. 747/2010*. Rel. Min. Augusto Nardes, Plenário, jul. 14 abr. 2010.

[580] BRASIL. Tribunal de Contas da União. *Acórdão n. 1.205/2014*. Rel. Min. Raimundo Carreiro, Plenário, 14 maio 2014.

[581] BRASIL. Tribunal de Contas da União. *Acórdão n. 2.756/2018*. Rel. Min. José Múcio Monteiro, Plenário, jul. 28 nov. 2018.

A sinceridade está ligada à qualidade das informações, que devem ser prestadas de maneira que a sociedade e os órgãos de controle possam se apropriar da informação, de forma que seja garantida "a rastreabilidade, a comparabilidade e a publicidade dos dados coletados" (art. 163-A da CRFB).[582]

Na forma atual, existem informações detalhadas sobre o custo estimado das renúncias de receita decorrentes dos programas de incentivo tributário e uma exposição geral do método utilizado para sua apuração. Porém, a União não disponibiliza de forma detalhada e individualizada os dados de receita utilizados como premissa para o cálculo.

No documento "Metodologia de cálculo dos gastos tributários", no qual é explicitada a forma como a estimativa do impacto das renúncias é realizada, no campo "fonte de informações", a frase "o valor do gasto tributário é obtido com base nas informações extraídas dos Sistemas da RFB" é repetida como um mantra quase uníssono, o que só destaca o caráter unilateral e autoritário do dado produzido.[583] Esse documento reconhece que o cálculo foi realizado a partir de dados que, originalmente, somente podem ser acessados pela RFB, pressupondo que a sociedade deve confiar cegamente no produto das análises governamentais.

Trata-se de uma transparência unilateral, que se limita a entregar uma informação sem reconhecer a figura do administrado como seu verdadeiro destinatário.[584] Este tipo de transparência não permite um efetivo controle da sinceridade dos dados fornecidos pelo Estado à sociedade.

A opacidade e a falta de confiabilidade nas informações adotada pela União em relação aos gastos tributários como um todo também têm reflexos no controle de cada programa de incentivo tributário individualmente considerado.

Se a finalidade de um programa é organizar a ação governamental para demonstrar seu resultado para a sociedade,[585] a sinceridade

---

[582] BRASIL. *Constituição da República Federativa do Brasil de 1988*. Op. cit.

[583] BRASIL. Ministério da Economia. *Metodologia de cálculo dos gastos tributários*. Brasília, jun. 2021. Disponível em: https://www.gov.br/receitafederal/pt-br/acesso-a-informacao/dados-abertos/receitadata/renuncia-fiscal/demonstrativos-dos-gastos-tributarios/arquivos-e-imagens/anexo-metodologico-versao-1-3-pdf.pdf. Acesso em: 21 mar. 2022.

[584] CHEVALIER, Jacques. Le mythe... Op. cit., p. 265.

[585] GIACOMONI, James. *Orçamento*... Op. cit., p. 92.

sobre a forma de estimação do custo envolvido se revela como um importante elemento de legitimidade. Trata-se de uma noção conceitual ampla, que não se limita ao orçamento, aplicando-se também à atuação dos gestores.[586]

O TCU, no controle dos programas de incentivo tributário pelo parâmetro da legitimidade, poderia reconhecer a necessidade de uma postura ativa dos gestores responsáveis pela sua execução na divulgação dos dados relativos às renúncias de receita estimadas, acompanhados da metodologia aplicada e, principalmente, dos dados a partir dos quais o cálculo foi realizado.

Nesse contexto, o princípio da sinceridade, como aspecto de legitimidade, seria a base para o reconhecimento da irregularidade, a partir da qual o TCU poderia assinar prazo para a adoção de providências (art. 45, *caput*, da LOTCU) para melhorar a qualidade dos dados fornecidos, com o acesso às fontes utilizadas para estimar as renúncias de receita.

Na hipótese de descumprimento, que implica a manutenção da ilegitimidade, o TCU poderia comunicar sua decisão ao Legislativo e aplicar multa ao gestor do programa que não tomar medidas para melhorar a sinceridade dos dados relativos às renúncias envolvidas nos programas de incentivo tributário (art. 45, §1º, incisos I e II, da LOTCU).

Assim como nos casos em que há déficit de transparência, o reconhecimento da falta de sinceridade não poderia vir acompanhado de uma ordem determinando *como* os dados devem ser fornecidos pela Administração Pública. A atuação do TCU se limita a ordenar que providências sejam tomadas e, a partir de seus resultados, o tribunal pode verificar se a irregularidade foi sanada.

Não se vislumbra a possibilidade de reconhecimento e, principalmente, quantificação de eventual dano ao erário público decorrente da falta de sinceridade das informações sobre os gastos tributários, pelo que não haveria que se falar em condenação dos responsáveis e, menos ainda, da qualificação de terceiros (particulares) como interessados.

3.3 Economicidade

A Constituição de 1988 incorporou a economicidade, ao lado da legitimidade, como parâmetros para o desenvolvimento de uma

---

[586] BOUVIER, Michel; ESCLASSAN, Marie-Christine; LASSALE, Jean-Pierre. *Finances...* Op. cit., p. 351.

atividade de controle externo que ultrapassa as barreiras da legalidade formal. Embora seja uma inovação a sua referência como critério para o controle da gestão dos recursos públicos, economicidade não é nenhuma novidade no campo da Constituição Econômica.

Washington Peluso Albino de Sousa, analisando as ordens constitucionais anteriores, já construía a economicidade como um princípio hermenêutico que orienta as decisões de política econômica para a busca da maior vantagem.[587] O autor, que trabalha o conceito de economicidade desde a década de 1950, parte da ideia de valoração como pressuposto das decisões econômicas, para tomar o atributo da economicidade como "uma vantagem assegurada pela realização de determinado ato".[588]

A economicidade, nessa perspectiva, pode ser tomada como "a linha de maior vantagem nas decisões econômicas (ou de política econômica, quando cuidamos do Direito Econômico)". Pensar em "vantagem", nesse contexto, significa confrontar os objetivos das medidas de política econômica efetivamente tomadas com os fundamentos ideológicos da Constituição.[589]

A economicidade no direito econômico está relacionada ao reconhecimento da Constituição de 1988 como uma constituição dirigente, que estabelece as linhas mestras pelas quais a atividade do Estado no domínio econômico deve ser conduzida.[590]

Pensar em economicidade como critério de vantajosidade que submete uma escolha de política econômica é aceitar que a competência estabelecida para sua realização não é livre, mas condicionada à realização dos desígnios e finalidades previstos pela ordem constitucional. As políticas públicas, fruto dessas escolhas, passam a ser submetidas

---

[587] O autor emprega economicidade "como significando uma linha de maior vantagem nas decisões de política econômica, visto como estamos diante de um ramo do Direito que se aplica a regulamentar as medidas dessa política. [...] Assim, economicamente justo, segundo o princípio da economicidade introduzido nesse conceito, é o que se põe em prática por medidas de política econômica, visando realizar o que a sua soberania democrática tenha definido na Constituição, como o fundamento dos princípios ideológicos que a inspiram" (SOUZA, Washington Peluso Albino de. *Direito econômico*. São Paulo: Saraiva, 1980, p. 32).

[588] KOURY, Suzy Cavalcante. O princípio da economicidade na obra de Washington Peluso Albino de Souza. *Revista da Faculdade de Direito da Universidade Federal de Minas Gerais*, número especial: "Em Memória do Prof. Washington Peluso Albino de Sousa", p. 443-464, 2013, p. 451.

[589] GRAU, Eros Roberto. *A ordem econômica*... Op. cit., p. 133.

[590] BERCOVICI, Gilberto. A Constituição e o papel do Estado no domínio econômico. *Revista da Associação Brasileira de Direito Constitucional*, v. 2, p. 119-129, 2002, p. 127.

ao controle de constitucionalidade, tanto em relação às finalidades que pretendem atingir quanto aos meios escolhidos para tanto.[591]

A incorporação da economicidade (ao lado da legitimidade) como parâmetro de controle externo pela Constituição da República (art. 70) traz para o campo do direito financeiro a compreensão de que as escolhas realizadas na gestão do orçamento público podem (e devem) ser confrontadas com outras possibilidades em busca da melhor alternativa. Trata-se de reconhecer que a legalidade é insuficiente como parâmetro de controle das decisões positivadas no orçamento, que configura uma verdadeira "'arena política' em que são juridicizadas e institucionalizadas as tensões sociais entre o governo, o povo e o capital".[592]

No direito financeiro, a economicidade aparece como qualificador da gestão orçamentária, que privilegia as escolhas que conduzem a redução dos custos para as despesas e a maximização dos resultados para arrecadação.[593] Trata-se, de maneira muito direta, de "evitar o desperdício".[594]

A economicidade no direito econômico, portanto, é um critério que pode embasar um juízo sobre a constitucionalidade de uma medida de política econômica em relação aos princípios e regras integrantes da Constituição Econômica. Já no direito financeiro, a economicidade está atrelada as escolhas realizadas pelos agentes responsáveis pela gestão (aplicação) dos recursos públicos, podendo configurar a irregularidade das contas dos administradores.

Colocando de lado as diferenças, é possível encontrar um núcleo coincidente entre as ideias de economicidade propostas pelo direito econômico e financeiro: trata-se de um critério para o julgamento da adequação de uma escolha a partir de sua vantajosidade.

O controle de economicidade desenvolvido pelo TCU tem o objetivo de identificar "a relação entre o custo e o benefício das atividades

---

[591] Nesse contexto, Fábio Konder Comparato assim exemplifica esse fenômeno: "uma política de indiscriminada concessão de incentivos fiscais a qualquer exploração agrícola pode se revelar incompatível com o princípio de defesa do meio ambiente (art. 170 – VI)" (COMPARATO, Fábio Konder. Ensaio sobre o juízo de constitucionalidade de políticas públicas. *Revista de Informação Legislativa*. Brasília, n. 138, p. 39-48, abr./jun. 1998, p. 46).

[592] BALDO, Rafael Antonio. Democratização do orçamento público pela da legalidade, legitimidade e economicidade. *Revista Brasileira de Políticas Públicas*. Brasília, v. 8, n. 1, p. 689-705, 2018, p. 697.

[593] TORRES, Ricardo Lobo. *Tratado...* Op. cit., v. 5, p. 210-211.

[594] CABRAL, Flavio Garcia. O princípio da economicidade na jurisprudência do TCU. *Revista de Direito Administrativo*. Rio de Janeiro, v. 277, n. 1, p. 151-174, jan./abr. 2018, p. 161.

e resultados obtidos pelos administradores na gestão orçamentária, financeira e patrimonial, pelos aspectos da eficiência e eficácia e à luz dos critérios ou parâmetros de desempenho".[595]

Porém, é importante esclarecer que não se trada de privilegiar o menor custo. Ainda que a modicidade seja um elemento integrante da escolha econômica,[596] o caminho da economicidade conduz à opção pela alternativa que revele custos compatíveis com os resultados que se pretende atingir, ou seja, a economicidade preconiza o "equilíbrio entre mínimo de custo e máximo de benefício".[597]

A economicidade na gestão dos recursos públicos tem uma relação umbilical com a proporcionalidade (ou razoabilidade), na medida em que demanda uma análise de custo-benefício.[598] A razoabilidade, para além de um princípio que informa a interpretação jurídica,[599] projeta-se sobre o orçamento informando as escolhas trágicas de alocação de recursos, com vistas a promover os melhores resultados com o emprego de um volume de recursos compatível.[600]

O Estado deve buscar o equilíbrio na realização de seus fins, buscando "eliminar a arbitrariedade estatal, impondo, ademais, tanto por parte do gestor, quanto do controlador, a ponderação e a racionalidade prudente".[601]

O controle material da economicidade é um contraponto ao controle formal da legalidade, porém não pode ser um instrumento de ingerência política sobre as prioridades do administrador público.[602] Isso significa que, embora o tribunal de contas possa analisar as "vantagens" da decisão, sua conclusão apenas poderá indicar a falta de razoabilidade da escolha, jamais se substituindo ao administrador nessa tarefa de escolher.[603]

---

[595] NAGEL, José. Normas gerais... Op. cit., p. 32

[596] BUGARIN, Paulo Soares. *O princípio constitucional da economicidade na jurisprudência do Tribunal de Contas da União*. Belo Horizonte: Fórum, 2004, p. 125.

[597] TORRES, Ricardo Lobo. *Tratado...* Op. cit., v. 5, p. 352.

[598] FREITAS, Juarez de. *O controle...* Op. cit., p. 112.

[599] HORVATH, Estevão. *O orçamento...* Op. cit., p. 157.

[600] TORRES, Ricardo Lobo. *Tratado...* Op. cit., v. 5, p. 312-313.

[601] BUGARIN, Paulo Soares. *O princípio...* Op. cit., p. 127.

[602] SPECK, Bruno Wilhelm; NAGEL, José. A fiscalização dos recursos pelos Tribunais de Contas. *In:* SPECK, Bruno Wilhelm (org.). *Caminhos da transparência*. Campinas: Unicamp, 2002, p. 227-254, p. 241.

[603] Nas palavras de Marçal Justen Filho, "o controle externo não significa a supressão da separação de Poderes nem importa a redução da autonomia no exercício de competências próprias. É vedado que, a pretexto de exercitar controle-fiscalização, um órgão pretenda

Embora não possa assumir a posição de Administrador para determinar o que deve ser escolhido, o juízo de economicidade pelo tribunal de contas pressupõe a análise do mérito dos atos administrativamente discricionários (discricionariedade pura) exarados na gestão dos recursos públicos.[604]

Enquanto os atos vinculados – nos quais todos os requisitos são previstos em lei – são sindicados exclusivamente sob a perspectiva da legalidade, os atos discricionários, além de estarem submetidos à legalidade, podem ser avaliados em relação ao mérito, que "diz respeito à oportunidade e conveniência diante do interesse público a agir".[605]

Nos atos discricionários, o controle de economicidade busca verificar se os critérios de conveniência e oportunidade escolhidos pelo administrador revelam uma escolha proporcional e razoável da aplicação dos recursos públicos na perspectiva da relação custo-benefício.[606] Como aponta Juarez de Freitas, o juízo sobre a economicidade não afeta a conveniência do ato em si, mas as razões que integram sua motivação obrigatória.[607]

Pensar que controlador externo jamais pode se fazer substituir ao administrador não antagoniza com a possibilidade de controle de economicidade sobre o mérito de atos discricionários.[608] O reconhecimento da irregularidade de determinado ato administrativo por ofensa à economicidade pode ter como consequência a assinatura de prazo para sua regularização pela própria Administração ou, caso não atendido, a sustação do ato, dado que as decisões dos tribunais de contas não têm efeito desconstitutivo sobre atos produzidos pela Administração.[609]

A atuação do TCU como órgão de controle externo jamais pode condicionar ou limitar o campo de exercício da discricionariedade técnica do administrador (estabelecendo o que ele deve escolher), apenas

---

assumir o exercício de competências reservadas a outrem pela Constituição ou pela lei" (JUSTEN FILHO, Marçal. *Curso*... Op. cit., p. 1.075).

[604] JACOBY FERNANDES, Jorge Ulisses. *Tribunais*... Op. cit., p. 53; AGUIAR, Ubiratan Diniz de; ALBUQUERQUE, Marcio André Santos de; MEDEIROS, Paulo Henrique Ramos. *A Administração Pública*... Op. cit., p. 164; FIGUEIREDO, Marcelo. *O controle de moralidade na Constituição*. São Paulo: Malheiros, 1999, p. 103.

[605] DI PIETRO, Maria Sylvia Zanella. *Direito*... Op. cit., p. 226.

[606] BUGARIN, Paulo Soares. *O princípio*... Op. cit., p. 136.

[607] FREITAS, Juarez de. *O controle*... Op. cit., p. 111.

[608] Pela impossibilidade: JUSTEN FILHO, Marçal. *Curso*... Op. cit., p. 1.078.

[609] SUNDFELD, Carlos Ari; CÂMARA, Jacinto Arruda. Competências de controle... Op. cit., p. 195.

PARÂMETROS DO CONTROLE | 189

evitar que atos que atentem contra a economicidade produzam efeitos (ou seja, agir para evitar os efeitos deletérios de escolhas inadequadas).[610]

A economicidade de uma decisão deve ser investigada a partir das condições presentes no momento de sua edição. Assim, a menos que existam fundamentos para rejeitar a escolha quando de sua efetivação, "não tem cabimento invalidar a decisão adotada por ter-se revelado, *a posteriori*, menos adequada que outra".[611]

No campo da execução dos programas de incentivo tributário há pouco espaço para o controle de economicidade pelo TCU.

A escolha de incentivar determinado setor é fruto de uma norma tributária, aprovada pelo Poder Legislativo, de acordo com critérios políticos. A jurisprudência do STF reconhece que a concessão de incentivos tributários decorre do exercício de uma discricionariedade política do legislador estampada na norma tributária. A partir dessa premissa, a Corte Constitucional entende que não caberia ao Judiciário, partindo de outros princípios do ordenamento (como a isonomia), incluir situação não expressamente prevista no campo de aplicabilidade de uma norma isentiva, sob pena de ofensa à separação de Poderes.[612]

As decisões do STF sobre a impossibilidade de extensão do campo de aplicabilidade das isenções tributárias por meio de decisão judicial apontam para uma deferência, oriunda do princípio da separação dos Poderes, aos critérios estabelecidos em lei no âmbito da discricionariedade política.

Essa situação de deferência também seria aplicável no confronto das normas instituidoras de incentivos tributários com o princípio da economicidade. A decisão de incentivar determinado setor ou grupo de contribuintes é oriunda de uma opção política do legislador, consubstanciada em normas tributárias. Sua aplicação é um dever do gestor responsável e eventuais resultados antieconômicos não são derivados

---

[610] Marcelo Figueiredo aponta que o mérito do ato administrativo não pode ser apontado como um obstáculo à fiscalização exercida pelo Tribunal de Contas, mas não cabe à fiscalização definir categoricamente a opção do administrador. O autor aponta como disfunção o fato de que, em alguns casos, as cortes de contas, "a pretexto de fiscalizarem a 'relação de custo-benefício', acabam questionando a decisão administrativa, essencialmente técnica e política do administrador" (FIGUEIREDO, Marcelo. *O controle...* Op. cit., p. 103).

[611] JUSTEN FILHO, Marçal. *Curso...* Op. cit., p. 1.088.

[612] Nesse sentido: BRASIL. Supremo Tribunal Federal. *Agravo Regimental em Agravo de Instrumento n. 360.461/MG*. Rel. Min. Celso de Melo, j. 06 dez. 2005, DJe n. 055, pub. 28 mar. 2008; BRASIL. Supremo Tribunal Federal. *Agravo Regimental em Mandado de Segurança n. 34.342/DF*. Rel. Min. Dias Tófoli, Tribunal Pleno, j. 08 ago. 2017, DJe-186, pub. 23 ago. 2017.

de sua atuação, mas da própria lei. Nesse contexto, ao questionar a economicidade da norma que institui um programa de incentivo tributário, o TCU estaria, de maneira oblíqua, arrogando para si a tarefa de impor limites à discricionariedade política do legislador em matéria tributária, postura que ofenderia o princípio da separação dos Poderes.

O tribunal de contas é órgão que exerce o controle sobre a função administrativa. Isso significa que a corte de contas não tem competência para sindicar os atos típicos do Poder Legislativo (legislativos) ou do Poder Judiciário (jurisdicionais), "mas controla tanto os atos do Poder Executivo, que é o exercente, tipicamente, das funções administrativas, quanto os atos praticados pelos demais poderes".[613]

A concessão de benefícios em programas de incentivo tributário condicionado representa o estrito cumprimento de uma lei, pelo que qualquer juízo de economicidade exarado representaria o controle indireto de um ato legislativo, produzido no âmbito da discricionariedade política do Poder Legislativo.

Para além da deferência necessária à opção política manifestada pelo legislador, qualquer juízo sobre a economicidade de se incentivar determinado grupo ou setor passaria por um juízo de constitucionalidade abstrato da norma instituidora, que está fora do campo da competência do TCU.

No caso dos programas de incentivo tributário incondicionado, sua execução não demanda a produção de atos administrativos por parte dos agentes responsáveis pela gestão do programa, dado que os efeitos indutores derivam diretamente da aplicação da norma tributária, pelo que não haveria espaço para a atuação do TCU.

Embora a concessão dos incentivos tributários nos programas condicionados derive de um ato administrativo, sua produção ocorre no contexto de uma competência vinculada, pelo que não haveria espaço para questionar, a partir da economicidade, critérios de conveniência e oportunidade.

É no controle da gestão do programa como um todo que haveria espaço para uma análise de economicidade, enquanto "exame da adequação entre os fins almejados pela lei concessiva e o benefício social e econômico realmente produzido".[614]

---

[613] BANDEIRA DE MELLO, Celso Antônio. Funções do tribunal de contas. *Revista de Direito Público*, v. 17, n. 72, p. 133-150, out./dez. 1984, p. 137.

[614] TORRES, Ricardo Lobo. *Tratado...* Op. cit., v. 5, p. 212.

Para além do controle repressivo em relação à produção de atos na gestão orçamentária, o TCU tem um importante papel na produção de análises e informações sobre o desempenho dos programas governamentais. Esta atividade, típica do controle concomitante ou simultâneo,[615] possibilita o controle das metas e objetivos fixados no planejamento do programa,[616] o que viabiliza eventuais correções de rumo da política durante sua execução.

O controle de economicidade relativo à gestão dos programas de incentivo tributário, como um todo, pode ser realizado a partir da competência do TCU para levantar dados e produzir informações por meio de inspeções e auditorias, que podem ser iniciadas pelo próprio tribunal, devendo os resultados ser comunicados ao Congresso Nacional (art. 71, inciso VII, da CRFB).[617]

O resultado das auditorias e inspeções realizadas pelo TCU no controle de economicidade dos programas de incentivo tributário possibilita uma avaliação sobre o atendimento das finalidades para as quais foram criados. Tais informações podem instrumentalizar a decisão dos representantes do Executivo e do Legislativo sobre a conveniência de manter ou extinguir benefícios tributários existentes.

A preocupação com o nível de incentivos tributários da União já aparecia na Emenda Constitucional n. 95, de 15 de dezembro de 2016, que estabeleceu o Novo Regime Fiscal ("Teto de Gastos") vedando a concessão ou ampliação de benefícios no caso de descumprimento do limite individualizado para despesas primárias estabelecido para o Poder Executivo federal (art. 109, §2º, inciso II, do ADCT).[618]

As regras sobre a concessão de incentivos tributários foram endurecidas recentemente, com a edição da Emenda Constitucional n. 109, de 15 de março de 2021, que busca enfrentar os impactos financeiros decorrentes dos gastos extraordinários provocados pela emergência da pandemia mundial de COVID-19. Por meio dessa Emenda, foi vedada a concessão de incentivos ou benefícios de natureza tributária caso as despesas correntes superem o patamar de 95% das receitas correntes (art. 167-A, inciso X, da CRFB). Além disso, determinou-se que o Presidente da República encaminhe ao Congresso Nacional "plano de

---

[615] BUGARIN, Paulo Soares. *O princípio...* Op. cit., p. 52.

[616] TORRES, Ricardo Lobo. *Tratado...* Op. cit., v. 5, p. 386.

[617] ROSILHO, André Janjácomo. *Tribunal de Contas da União...* Op. cit., p. 309-310.

[618] BRASIL. *Emenda Constitucional n. 95, de 15 de dezembro de 2016.* Disponível em: http://www. planalto.gov.br/ccivil_03/constituicao/emendas/emc/emc95.htm. Acesso em: 24 mar. 2022.

redução gradual de incentivos e benefícios federais de natureza tributária, acompanhado das correspondentes proposições legislativas e das estimativas dos respectivos impactos orçamentários e financeiros" (art. 4º da EC 109/2021).[619]

Um primeiro passo para cumprir essa determinação foi a apresentação do Projeto de Lei n. 3.203/2021, que que foi muito tímido ao propor, efetivamente, a revogação do benefício outorgado para remessas ao exterior para a aquisição de obras estrangerias (arts. 3º e 3º-A da Lei n. 8.685, de 1993).[620]

Além dessa revogação expressa, o plano foi estruturado contando com a não prorrogação de "7 benefícios que findam em 2022, 4 que findam em 2023, 8 que findam em 2024 e 1 que tem o prazo final previsto para 2025", a limitação da redução do Imposto sobre Produtos Industrializados (IPI) para importação de autopeças, além da aprovação da supressão de benefícios constantes no Projeto de Lei n. 2.337/2021 (Reforma do Imposto de Renda).[621]

A Emenda Constitucional n. 109/2021 demonstra a necessidade de uma análise detida de economicidade sobre os programas de incentivo tributário federal, tarefa na qual o TCU pode colaborar com o Poder Executivo na elaboração do plano de redução mais robusto dos incentivos vigentes e ainda fornecer elementos para informar a decisão do Poder Legislativo sobre quais programas devem permanecer e quais devem ser descontinuados.

3.3.1 Controle de resultados

Embora o controle de resultados seja uma ideia integrante do universo da economicidade no direito financeiro, sua presença no ordenamento brasileiro é muito anterior à positivação desse princípio no art. 70, *caput*, da Constituição de 1988.

---

[619] BRASIL. *Emenda Constitucional n. 109, de 15 de março de 2021*. Op. cit.

[620] BRASIL. *Projeto de Lei n. 3203/2021*. Dispõe sobre o plano de redução gradual de incentivos e benefícios federais de natureza tributária e o encerramento de benefícios fiscais, nos termos do disposto no art. 4º da Emenda Constitucional n. 109, de 15 de março de 2021. Disponível em: https://www.camara.leg.br/proposicoesWeb/fichadetramitacao?idProposicao=2299134. Acesso em: 24 mar. 2021.

[621] BRASIL. Ministério da Economia. *Exposição de Motivos n. 248/2021 ME, Brasília, 15 de setembro de 2021*. Disponível em: https://www.camara.leg.br/proposicoesWeb/prop_mostrarintegra ;jsessionid=node01iv6vwfrxub3ukzg2bpal7uku59515745.node0?codteor=2075085&filenam e=PL+3203/2021. Acesso em: 24 mar. 2022.

PARÂMETROS DO CONTROLE³ | 193

O controle de resultados dos programas já era previsto pela Lei n. 4.320/1964, que, quando trata do controle da execução orçamentária, coloca como um de seus vetores o cumprimento do programa de trabalho para a realização de obras e prestação de serviços (art. 75, inciso III), que era aferido pelo controle interno "em têrmos de unidades de medida, préviamente estabelecidos para cada atividade" (art. 79, parágrafo único).[622]

No Decreto-Lei n. 200/1967, o controle aparece como aspecto fundamental da atividade administrativa (art. 6º, inciso V). Sua realização é de responsabilidade da chefia competente (art. 13, "a") e cabe à contabilidade pública a tarefa de evidenciar os resultados da atuação administrativa (art. 79).[623]

Com a Constituição de 1988, o papel de avaliar o cumprimento da execução dos programas de governo e do orçamento da União, que compreende "os resultados, quanto à eficácia e eficiência, da gestão orçamentária", foi outorgado originalmente ao controle interno (art. 74 da CRFB).

Posteriormente, a reforma administrativa introduzida pela Emenda Constitucional n. 19, de 04 de junho de 1998, incorporou o princípio da eficiência como norte da Administração Pública (art. 37, *caput*, da CRFB).[624] Analisando essa reforma a partir das concepções originárias integrantes do Plano Diretor da Reforma do Estado que levaram à positivação desse princípio, Irene Patrícia Nohara aponta que o foco principal estava na promoção de uma Administração baseada nos resultados.[625]

Na direção da incorporação de elementos gerenciais ao setor público, a Emenda Constitucional n. 109/2021 agregou ao regime constitucional da Administração Pública brasileira a obrigatoriedade de todos os órgãos e entidades da Administração Pública realizarem

---

[622] BRASIL. *Lei n. 4.320, de 17 de março de 1964*. Op. cit.

[623] José Afonso da Silva denominava esse controle, focado na execução dos programas, era denominado como "controle econômico" (SILVA, José Afonso da. *Orçamento...* Op. cit., p. 355-356).

[624] Para Paulo Modesto, o princípio da eficiência nessa reforma pretendia "revigorar o movimento de atualização do direito público, para mantê-lo dominante no Estado democrático e social, exigindo que este último cumpra efetivamente a tarefa de oferecer utilidades concretas ao cidadão" (MODESTO, Paulo. Notas para um debate sobre o princípio da eficiência. *Revista do Serviço Público*, v. 51, n. 2, p. 105-120, abr./jun. 2000, p. 114).

[625] NOHARA, Irene Patrícia. *Reforma administrativa...* Op. cit., p. 158.

"avaliação das políticas públicas, inclusive com divulgação do objeto a ser avaliado e dos resultados alcançados" (art. 37, §16, da CRFB).[626]

Controle de resultados ocorre sobre uma atividade administrativa já consumada e busca "criar um pressuposto, um juízo valorativo, para ulterior aperfeiçoamento, finalístico e funcional, da atividade administrativa futura". Ele se relaciona diretamente com a ideia de programa, na medida em que "não se refere a uma atividade, singularmente considerada, mas a uma série de atividades administrativas, cuja interação revela a eficácia terminal de uma orientação administrativa".[627]

Em sua feição atual, a Constituição da República incorporou a avaliação de resultados como parte da atividade corrente da Administração Pública e elemento do controle interno e externo, nesse último caso sob o parâmetro da economicidade (em sentido amplo).[628]

Na perspectiva do TCU, a avaliação de resultados se caracteriza como uma modalidade de controle concomitante e periódico dos atos de gestão realizados pelos responsáveis na condução de projetos "quanto aos aspectos da economicidade, eficiência e eficácia dos atos praticados".[629] Esses três vetores "em bloco vedam, terminantemente, todo e qualquer desperdício, assim como rejeitam as técnicas inapropriadas e, sobretudo, o descumprimento das prioridades constitucionais".[630]

Na atividade do TCU, economicidade representa, em sentido amplo, um dos três parâmetros de controle (em conjunto com a legalidade e legitimidade), que compreende juízos sobre a eficiência, eficácia e economicidade (em sentido estrito) da atuação estatal.

A análise de resultados é um elemento integrante do juízo de *economicidade em sentido estrito* sobre a gestão de bens e recursos públicos, na medida em que possibilita o confronto das razões que levaram à tomada de decisão pelos responsáveis com o conjunto de resultados identificados na realidade, "qualificando-os, efetiva ou potencialmente, como ganhos ou perdas sociais, evitando-se, deste modo, a despesa

---

[626] BRASIL. *Constituição da República Federativa do Brasil de 1988*. Op. cit.

[627] GUALAZZI, Eduardo Lobo Botelho. *Regime jurídico dos tribunais de contas*. São Paulo: RT, 1997, p. 55.

[628] BUGARIN, Paulo Soares. *O princípio...* Op. cit., p. 131.

[629] BRASIL. Tribunal de Contas da União. *Manual de Acompanhamento*. Brasília: TCU, 2018, p. 8.

[630] FREITAS, Juarez de. *O controle...* Op. cit., p. 112.

pública antieconômica e a conseqüente perpetração do, muitas vezes irremediável, prejuízo social".[631]

A confrontação dos resultados com a dimensão do custo integra a análise de economicidade em sentido estrito. Será antieconômico o programa cujos resultados representem mais perdas do que ganhos sociais.

Economicidade em sentido estrito e eficiência são dois conceitos interdependentes na análise do agir administrativo.[632] A *eficiência* é um qualificador da ação administrativa, enquanto meio para atingir determinados fins,[633] e a economicidade em sentido estrito está ligada à relação de custo-benefício das escolhas em relação aos resultados dessa ação,[634] pelo que é possível afirmar que a "eficiência reforça a economicidade".[635]

Nesse sentido, o Tribunal de Contas da União aponta que os princípios da eficiência e da economicidade em sentido estrito impõem que a gestão pública tenha ênfase na obtenção de resultados (produtividade). Na Decisão n. 765/1999-Plenário, o tribunal registrou que, para além do respeito aos princípios da Administração Pública, a atuação administrativa legítima será aquela que "igualmente dê ênfase à obtenção de resultados positivos sob o ponto de vista da eficiência, da economicidade".[636]

A eficiência, como princípio, está ligada a um juízo finalístico e material, que considera os resultados práticos que se pretende atingir,

---

[631] BUGARIN, Paulo Soares. Reflexões sobre o princípio constitucional da economicidade e o papel do TCU. *Revista do Tribunal de Contas da União*. Brasília, v. 29, n. 78, p. 41-45, out./ dez. 1998, p. 45.

[632] KOSSMANN, Edson Luís. *A constitucionalização do princípio da eficiência na Administração Pública*. Porto Alegre: Sergio Antonio Fabris, 2015, p. 92.

[633] Como destaca Bento José Bugarin: "a eficiência expressa o grau de produtividade com que os recursos são utilizados, ou seja, a relação entre os resultados obtidos e os meios empregados. De maneira simples, eficiência quer dizer fazer as coisas direito, isto é, a capacidade de se fazer as coisas corretamente. Uma organização é tida como eficiente se ela consegue os resultados à altura dos insumos usados para atingir os fins para os quais ela foi criada. As organizações que minimizam os custos dos seus recursos estão agindo de maneira eficiente." (BUGARIN, Bento José. O sistema de fiscalização dos recursos públicos federais adotado no Brasil. *Revista do Tribunal de Contas da União*, Brasília, n. 64, p. 47-57, abr./jun. 1995, p. 53).

[634] Como aponta Juarez de Freitas, "o administrador público está obrigado a trabalhar com os menores custos (diretos e indiretos — relacionados às externalidades negativas) [economicidade], sem sacrifício da qualidade final [eficiência], tendo como parâmetro a menor onerosidade possível" (FREITAS, Juarez de. *O controle...* Op. cit., p. 110).

[635] FIGUEIREDO, Lúcia Valle. *Curso de direito administrativo*. 8. ed. São Paulo: Malheiros, 2006, p. 367.

[636] BRASIL. Tribunal de Contas da União. *Decisão n. 765/1999*. Rel. Min. Bento José Bugarin, Plenário, j. 27 out. 1999.

no momento da realização de escolhas pelos administradores.[637] Esse princípio obriga os gestores a "agir mediante ações planejadas com adequação, executadas com o menor custo possível, controladas e avaliadas em função dos benefícios que produzem para a satisfação do interesse público".[638]

O juízo de eficiência está diretamente relacionado ao mérito dos atos administrativamente discricionários, nos quais há espaço de controle sobre a escolha efetuada no desempenho da função pública dentro do universo de possibilidades.[639] Nos atos administrativamente discricionários, existe um conjunto de soluções possíveis que são, em tese, válidas sob o parâmetro da legalidade. Porém, apenas será adequada aquela que revelar a produção de resultados mais eficientes na satisfação das necessidades públicas.[640]

O último princípio que está relacionado ao controle de resultados é o da *eficácia*, que "determina a obtenção de resultados harmônicos com os objetivos, prioridades e metas constitucionais".[641] Se a eficiência está associada à adequação dos meios escolhidos para atingir determinados objetivos, a eficácia tem como alvo os resultados produzidos.[642]

A aferição da eficácia de uma intervenção estatal depende do estabelecimento de um nexo causal entre alguns de seus aspectos e a alteração na situação dos destinatários, analisando "os resultados do programa em termos do efeito (sobre a clientela atendida) e de impacto (sobre o conjunto da população e o meio)".[643]

A eficácia está ligada ao atingimento das metas almejadas. Ela "expressa o grau com que um programa governamental, por exemplo, é capaz de produzir os resultados previamente definidos, através de seus objetivos de performance, dentro dos prazos estabelecidos".[644]

---

[637] ARAGÃO, Alexandre. O princípio da eficiência. *Revista de Direito Administrativo*. Rio de Janeiro, n. 237, p. 1-6, jul./set. 2004, p. 3.

[638] PEREIRA JUNIOR, Jessé Torres. *Comentários à Lei das Licitações e Contratações da Administração Pública*. 7. ed. Rio de Janeiro: Renovar, 2007, p. 64.

[639] GUALAZZI, Eduardo Lobo Botelho. *Regime...* Op. cit., p. 55.

[640] MARTOS, Elisabeth. *O conteúdo jurídico do princípio da eficiência no direito financeiro*. 121 f. Dissertação (Mestrado em Direito) – Faculdade de Direito da Universidade de São Paulo, São Paulo, 2014, p. 66-69.

[641] FREITAS, Juarez de. *O controle...* Op. cit., p. 110.

[642] NOHARA, Irene Patrícia. *Reforma administrativa...* Op. cit., p. 158.

[643] COTTA, Tereza Cristina. Metodologias de avalição de programas e projetos sociais: análise de resultados e de impacto. *Revista do Serviço Público*, v. 49, n. 2, p. 103-124, abr./jun. 1999, p. 112.

[644] BUGARIN, Bento José. O sistema... Op. cit., p. 53.

A análise de resultados é essencial para aferir a economicidade (em sentido estrito), enquanto dimensão dos custos associados à realização de determinados objetivos; a eficiência, enquanto adequação do meio escolhido para a realização desses objetivos; e a eficácia, como análise dos resultados efetivamente identificados sobre os destinatários.

O controle de resultados realizado pelo TCU envolve esses três aspectos – eficiência, eficácia e economicidade em sentido estrito – na avaliação dos programas sob o parâmetro da economicidade (em sentido amplo).

Contudo, o espaço para decisões impositivas do TCU, tomadas a partir da análise de resultados sobre a economicidade (em sentido estrito), a eficiência e a eficácia dos programas de incentivo tributário, é muito reduzido.

Nos programas de incentivo tributário, incondicionado ou condicionado, os efeitos decorrentes do fomento têm origem em uma norma tributária, que carrega consigo um juízo de discricionariedade política proveniente do Poder Legislativo, que atesta a conveniência ou a necessidade de estimular determinado setor econômico ou atividade. A análise dos resultados desses programas pelo TCU, embora tenha o importante papel de produzir informações de qualidade sobre a gestão da receita, não teria o condão de embasar uma decisão para cessar os efeitos da norma tributária.

A forma de executar os programas de incentivo tributário (condicionado ou incondicionado) não é fruto de uma escolha do administrador. Os benefícios são outorgados diretamente aos destinatários pela norma tributária, na forma como aprovada pelo Poder Legislativo. A análise dos resultados decorrentes da política de fomento em face do seu custo estimado pela técnica dos gastos tributários não qualifica a conduta do responsável pela gestão, mas o próprio programa em si.

Mesmo no caso dos programas de incentivo condicionado, cuja execução depende da prolação de atos de concessão pelo gestor responsável, não há espaço de discricionariedade nesse processo. Tais atos são plenamente vinculados e isso significa que "a lei é excludente da discricionariedade do agente, restringido a manifestação de vontade da Administração Pública a acatar o comando legal",[645] pelo que não haveria como qualificar os atos de concessão como uma escolha antieconômica.

---

[645] JACOBY FERNANDES, Jorge Ulisses. *Tribunais...* Op. cit., p. 88.

Note-se que a análise de resultados poderia, em tese, indicar que o programa de incentivo tributário condicionado é antieconômico, mas isso não seria suficiente para que o tribunal suspenda a sua execução, dado que, por força da igualdade na tributação, a concessão do benefício é direito de todos os contribuintes que preencherem as condições de legitimação previstas na norma tributária.

Caso identifique atentado à economicidade a partir do controle de resultados dos programas de incentivo tributário, cabe ao TCU informar os resultados ao Poder Legislativo e ao Poder Executivo para que tais órgãos possam rever a necessidade de sua manutenção, dado que sua descontinuidade depende da revogação da norma tributária que estabeleceu o incentivo (art. 1º, inciso VIII, da LOTCU).

A identificação do caráter antieconômico a partir da análise dos resultados dos programas de incentivo tributário federais pelo TCU poderia conduzir a produção de recomendações ao Poder Executivo para sua inclusão no plano de redução gradual de incentivos e benefícios federais de natureza tributária, a que alude o art. 4º da EC n. 109/2021 (art. 250, inciso III, do RITCU).

No caso da EC n. 109/2021, a providência seria a recomendação, na medida em que a Constituição outorgou ao Poder Executivo a competência para elaborar o plano de redução de benefícios e incentivos de natureza tributária, que engloba a escolha de quais programas devem integrá-lo. Nessa linha, não caberia ao TCU substituir o Executivo na tarefa de definir quais programas serão incluídos nesse plano (que ainda depende de aprovação pelo Poder Legislativo) com base no parâmetro da economicidade.

O controle de resultados dos programas de incentivo tributário pode evidenciar indícios de inconstitucionalidade da própria norma tributária, por ofensa ao princípio constitucional da economicidade. Nesses casos, o tribunal também pode representar às autoridades legitimadas para que pleiteiem, perante o Poder Judiciário, a retirada da norma tributária do sistema, de forma a estancar os prejuízos que sua aplicação provoca às finanças públicas (art. 1º, inciso VIII, da LOTCU).

Por meio do controle de resultados, não seria possível identificar dano ao erário decorrente do caráter antieconômico de um programa de incentivo tributário.

A competência para identificar e imputar responsabilidade por dano ao erário público está ligada à figura do gestor responsável. Esta conclusão pode ser extraída da disciplina de responsabilização estabelecida na LOCTCU:

- O art. 1º, inciso I, estabelece a competência para julgar as contas dos administradores e demais responsáveis que *"derem causa* a perda, extravio ou outra irregularidade de que resulte dano ao Erário";
- O art. 5º, inciso II, estabelece que a jurisdição do tribunal abrange "aqueles que *derem causa* a perda, extravio ou outra irregularidade de que resulte dano ao Erário";
- O art. 8º, *caput*, faz referência à *"prática* de qualquer ato ilegal, ilegítimo ou antieconômico de que resulte dano ao Erário";
- O art. 16, inciso III, determina que as contas serão julgadas irregulares quando for comprovada a ocorrência de "dano ao Erário *decorrente de ato* de gestão ilegítimo ao [sic] antieconômico";
- O art. 58, inciso III, prevê a possibilidade de aplicação de multa aos responsáveis por "ato de gestão ilegítimo ou antieconômico de que *resulte injustificado* dano ao Erário" (grifou-se).[646]

Todos esses enunciados deixam clara a necessidade de um nexo de causalidade entre a irregularidade, que tem como consequência o dano ao erário, e a conduta daqueles que deram causa à sua ocorrência.

Como os gestores responsáveis pelos programas de incentivo tributário não os executam, por meio de escolhas próprias, apenas acompanham os resultados decorrentes da incidência de normas tributárias (decorrentes de uma relação direta entre Estado e Contribuinte beneficiário), não haveria como estabelecer um nexo de causalidade entre uma conduta sua e o eventual dano causado aos cofres públicos.

Também não há espaço para a atribuição de responsabilidade aos particulares que gozam de um benefício concedido com base em um programa de incentivo tributário que teve reconhecido seu caráter antieconômico.

Os particulares somente podem ser responsabilizados na condição de "terceiro que, como contratante ou parte interessada na prática do mesmo ato, de qualquer modo haja concorrido para o cometimento do dano apurado" (art. 16, §1º, "b", da LOTCU).[647] Como o caráter

---

[646] BRASIL. *Lei n. 8.443, de 16 de julho de 1992.* Op. cit.
[647] BRASIL. *Lei n. 8.443, de 16 de julho de 1992.* Op. cit.

antieconômico nos programas de incentivo tributário não derivaria de um ato de execução do gestor responsável, também não haveria como estender a responsabilidade originária deste em relação ao suposto dano ao erário decorrente.

3.4 Conclusões parciais

A fiscalização sob o parâmetro da legalidade realizada pelo TCU adota a perspectiva de um controle externo, que jamais substitui a Administração Pública, mas colabora com a manutenção de um estado de regularidade em relação à execução dos programas governamentais. Isso significa que, identificada alguma irregularidade, o tribunal deve comunicar ao responsável, oportunizando a recondução da atividade administrativa aos trilhos da legalidade, assistindo ainda ao órgão o poder de suspender a execução dos atos inquinados caso a irregularidade não seja sanada.

A implementação das medidas de compensação destinadas a neutralizar os efeitos das renúncias de receitas são um espaço no qual o controle de legalidade pode ser exercitado pelo TCU em relação aos programas de incentivo tributário.

A omissão do Chefe do Poder Executivo em encaminhar projetos de alteração da lei orçamentária necessários à incorporação dos impactos no ciclo orçamentário configura irregularidade, sob o paradigma da legalidade, cabendo à corte assinar prazo para a correção da situação e, caso seja mantida a irregularidade, aplicar multa pelo descumprimento da decisão.

Nos programas de incentivos condicionados, em relação aos quais a neutralização dos efeitos das renúncias de receita depende de aumento de tributos, a expedição de atos de concessão antes da implementação da medida de compensação pode ser apontada como ilegalidade, decorrente do desrespeito à clausula suspensiva de a eficácia prevista no art. 14, §2º, da LRF.

Nesses casos, o TCU poderia assinar prazo para regularização da situação e, caso não seja atendido, determinar a suspensão da concessão de novos benefícios até que as medidas de compensação sejam efetivadas.

Ainda seria possível a imputação de responsabilidade ao agente gestor do programa em relação ao dano ao erário público decorrente da concessão irregular de incentivos, extensível aos particulares que

PARÂMETROS DO CONTROLE[3] | 201

gozaram dos benefícios irregulares. Também seria possível a imputação de multa proporcional ao dano exclusivamente ao agente público responsável pela gestão do programa.

O controle da legitimidade nos programas de incentivo tributário transcende a legalidade formal para sindicar a adequação dos atos de gestão a todos os princípios que orientam a atividade administrativa.

Embora não haja espaço de escolha do administrador na execução dos programas de incentivo tributário, cujos requisitos para o acesso e efeitos indutores derivam diretamente da norma de incentivos correspondente (discricionariedade), o controle de legitimidade realizado pelo TCU pode ter como foco a gestão dos programas como um todo, com especial foco para a transparência e sinceridade das informações disponibilizadas pela União Federal.

A União tem avançado em relação à transparência relativa ao volume de gastos tributários estimado relativo aos programas de incentivo tributário. Porém, em nível federal, ainda não estão disponíveis informações sobre quem são os destinatários dos programas de incentivo, os dados agregados de benefícios outorgados e informações sobre as contrapartidas a que estes destinatários se comprometeram.

A transparência em relação aos destinatários garante a equidade concorrencial, evitando a assimetria de informações entre agentes que disputam o mesmo mercado. A divulgação dos dados agregados sobre o volume de renúncias gozado por cada destinatário revela-se como outro instrumento de controle sobre a alocação econômica de recursos que, não fossem os incentivos, integrariam o patrimônio público. Em relação às contrapartidas, estas provêm de verdadeiras relações contratuais, cujo controle depende da divulgação dos termos e condições que devem ser realizados pelos destinatários de condições tributariamente favoráveis.

O TCU poderia reconhecer, a partir do parâmetro da legitimidade, irregularidade por ofensa ao princípio da transparência em relação a todos estes aspectos de opacidade (destinatários, volume agregado de benefícios e contrapartidas contratuais) identificados na gestão dos programas de incentivo tributário federais.

No aspecto da sinceridade, o TCU poderia reconhecer que a forma como as informações sobre a quantificação do impacto orçamentário dos programas de incentivo tributário federais é divulgada revela o seu caráter unilateral e insondável pela sociedade. Isso porque, embora a RFB divulgue a metodologia para a apuração das renúncias de receita, a fonte dos dados a partir da qual seu volume é quantificado permanece acessível apenas ao órgão.

A opacidade da RFB em relação às fontes de dados a partir das quais o órgão realiza o cálculo dos gastos tributários atribuídos aos programas de incentivo tributário pode ser reconhecida como uma irregularidade por ofensa à legitimidade.

A partir da identificação de atentados à legitimidade derivadas da gestão dos programas de incentivo tributário a partir dos princípios da transparência e sinceridade, o TCU pode assinar prazo para que o responsável pela gestão dos programas regularize a situação. Caso não seja atendido, poderá multar os responsáveis e comunicar o Poder Legislativo para que tome providências.

Assim como na legitimidade, a atuação do TCU a partir do parâmetro da economicidade tem como alvo primordial as escolhas dos administradores, confrontando sua vantajosidade em relação a outros caminhos possíveis.

Nos programas de incentivo tributário a escolha por fomentar determinado setor ou atividade econômica é realizada pelo legislador, que concede, por meio da norma tributária, uma vantagem que é diretamente gozada pelos contribuintes alvo, sem a intervenção de um agente público (incondicionados) ou em decorrência de um ato administrativo vinculado de concessão (condicionados), em relação ao qual não há liberdade de escolha do agente responsável.

Embora não haja espaço para um controle de economicidade sobre os atos de execução dos programas de incentivo tributário, a gestão desses programas pode ser alvo da fiscalização, com vistas a verificar o desempenho do programa enquanto política de Estado.

O principal campo de atuação do tribunal sob o paradigma da economicidade seria o controle de resultados, oportunidade em que sua atuação poderia, a partir de juízos de economicidade (em sentido estrito), eficiência e eficácia, produzir dados que podem levar a uma análise sobre a conveniência de sua manutenção.

Caso o TCU identifique que determinado programa de incentivo tributário apresenta resultados antieconômicos, o tribunal poderia comunicar o produto de suas análises assinando prazo para que o Poder Executivo tome providências para fazer cessar a irregularidade, comunicando os resultados de suas análises ao Poder Legislativo.

Nesse contexto, em face da determinação do art. 4 da EC n. 109/2021, o TCU poderia ainda recomendar a inclusão de um programa antieconômico no Plano de Revisão de Incentivos Tributário.

A partir do controle de resultados, caso o tribunal se depare com uma inconstitucionalidade da norma tributária decorrente da análise de economicidade, poderia representar aos agentes legitimados para que a questionem, em abstrato, perante o Poder Judiciário.

CONCLUSÃO

A obra propõe um olhar sobre os incentivos tributários a partir da competência do TCU para o controle dos programas governamentais. A ideia de incentivo tributário é o fio condutor que guia a compreensão e construção das normas jurídicas que disciplinam o controle externo dessa modalidade de gasto indireto pela corte de contas federal.

O primeiro pilar argumentativo está alicerçado, justamente, na demonstração da viabilidade e das consequências orçamentárias derivadas da assunção de incentivos tributários como programas governamentais. A partir das considerações desenvolvidas no capítulo um é possível concluir que, ao adotar o paradigma do programa para o controle externo dessas medidas, o TCU pode assumir a posição de agente indutor do aprimoramento da gestão orçamentária atualmente conduzida pela União Federal.

Pensar em programas de incentivos tributários e não apenas em incentivos tributários, para além de um jogo de palavras, é uma postura epistemológica que desafia a reflexão sobre como as normas que disciplinam a competência do TCU se comportam quando confrontadas com medidas de fomento implementadas via sistema tributário. No segundo capítulo, o livro demonstra a necessidade de compatibilizar as normas de competência que regulam a atividade da corte de contas federal com as limitações e características típicas do sistema tributário no controle desses programas.

A compreensão dos incentivos tributários como programas é analisada, no terceiro capítulo, a partir dos parâmetros – legalidade, legitimidade e economicidade – por meio dos quais o TCU realiza sua atividade de controle.

No domínio da legalidade, apontou-se que a atividade do TCU encontra no dever de implementação das medidas de compensação um importante espaço para o controle das atribuições, tanto do chefe do Poder Executivo quanto dos gestores responsáveis. Também foi reconhecida a possibilidade de controle de legalidade sobre a fiscalização do cumprimento das contrapartidas pelos agentes privados beneficiários de programas de incentivo condicionado.

No campo da legitimidade, o livro reconhece na atividade do TCU o potencial para aprimorar a transparência e sinceridade na produção e gestão de informações pela Administração Pública sobre os programas de incentivo tributários.

O controle dos programas de incentivos tributários pelo TCU a partir do juízo de economicidade, por sua vez, tem o potencial de, a partir da análise dos resultados decorrentes, produzir informações para subsidiar decisões do Executivo e do Legislativo sobre a manutenção ou descontinuidade das medidas de fomento.

A partir de uma angular mais ampla, para além de punir os gestores ou condenar particulares ao ressarcimento de danos ao erário para os quais tenham concorrido, as análises desenvolvidas no curso da obra permitem enxergar como o TCU pode contribuir com o aprimoramento da gestão desses programas, à semelhança do que ocorre no controle dos programas implementados pela via do gasto direto.

O livro busca compreender as balizas dentro das quais o TCU pode exercer sua atividade de controle sobre os programas de incentivo tributário. O foco foi revelar as potencialidades a serem exploradas pelo órgão, porém, nesse caminho, foram evidenciados limites objetivos emergentes do confronto entre as normas de competência do órgão controlador e o regime jurídico tributário que rege o objetivo do controle.

O TCU não pode tratar agentes privados como gestores públicos

Utilizar o conceito de "programa" para entender os incentivos tributários coloca o agente público responsável pela sua gestão como figura central. A análise, tanto das normas constitucionais que outorgam à competência ao TCU quanto da respectiva lei orgânica, demonstrou que ele é o destinatário do controle, não só porque integra a Administração, mas porque pode promover as alterações necessárias para sanar eventual irregularidade, implementando melhorias que podem aprimorar a gestão da política como um todo.

Embora o agente privado beneficiário tenha o dever de colaborar com o TCU, isso não significa que esteja submetido integralmente às possibilidades de comando típicas desse órgão. Sua colaboração, inicialmente, estaria circunscrita ao fornecimento de documentos e informações pertinentes.

Os particulares envolvidos na atividade de controle dos programas de incentivo tributário – seja como beneficiários nas modalidades incondicionadas ou como contraparte que deve preencher requisitos e se comprometeu a realizar contrapartidas nos condicionados – somente seriam alcançados pela competência do TCU com a demonstração da condição de terceiro interessado. Esta circunstância demonstra a diferença entre os gestores responsáveis e os agentes privados perante o controle realizado pelo TCU.

Uma das manifestações que evidenciam essa diferença de tratamento jurídico entre gestores responsáveis e agentes privados está na restrição da responsabilidade destes ao dano ao erário decorrente, uma vez identificado seu interesse. Por essa linha, não haveria que se falar em aplicação da multa prevista no art. 57 do LOTCU – que tem como destinatário o gestor público responsável – para os agentes privados.

Dizer que o TCU não pode tratar os particulares como responsáveis é reconhecer que estes não são agentes públicos e sua responsabilidade, quando reconhecida, está restrita ao ressarcimento de danos ao erário, nos casos em que seja identificada a sua condição de terceiro interessado.

O TCU não pode suspender incentivos em situação de adimplência

O tratamento de incentivos tributários como programa, embora acarrete dividendos positivos para a atividade de controle financeiro pelo TCU, não afasta o regime jurídico tributário aplicável às relações entre fisco e contribuintes.

Um dos aspectos essenciais dessa relação está atrelado à manutenção da segurança jurídica dos destinatários que, nos programas de incentivo tributário condicionados, é garantida pela imutabilidade das condições favoráveis oferecidas, desde que cumpridos os requisitos e contrapartidas consignados pela norma tributária.

Essa imutabilidade impõe ao TCU o desafio de um controle que não pode desconstituir relações jurídicas estabelecidas, mesmo que sejam identificados eventuais vícios de legitimidade ou economicidade, por exemplo. Somente haveria espaço para questionar os incentivos gozados pelos beneficiários diante do descumprimento das condições e requisitos impostos, situação que evidencia uma irregularidade decorrente de um vício de legalidade.

Assim, a situação de adimplência dos beneficiários nos programas de incentivo tributário condicionados deflagra a hipótese de imutabilidade prevista no art. 178 do CTN, que se revela como um limite objetivo à atuação do TCU.

O TCU não pode declarar a inconstitucionalidade de normas tributárias

Por força do princípio da legalidade, os programas de incentivo tributário são instituídos por lei. O juízo de discricionariedade para definir quais setores ou sujeitos serão objeto da atividade administrativa de fomento é realizado pelo Poder Legislativo.

Reconhecer que os programas de incentivo tributário são derivados de lei implica acatar que a discricionariedade política para exonerar determinados fatos ou sujeitos com vistas a realizar finalidades extrafiscais é atribuída ao Legislativo. O controle desses programas, nesse contexto, deve considerar que o gestor responsável não tem espaço para escolher o que será incentivado ou qual a intensidade do fomento dirigido a um determinado beneficiário. Sua atuação restringe-se à emissão dos atos necessários à concretização daquilo que foi previamente insculpido em lei.

Aceitar que o TCU, no exercício da atividade de controle, possa declarar a inconstitucionalidade de uma norma instituidora de um programa de incentivos tributários, por ofensa à legalidade, legitimidade ou economicidade, representa uma afronta ao juízo de discricionariedade política exercício pelo Poder Legislativo.

Caso encontre, no exercício de sua atividade, indícios de inconstitucionalidade nas normas que estruturam programas de incentivo tributário, o TCU pode se valer de sua competência constitucional para representar perante outros órgãos, estes legitimados para questionar, perante o Poder Judiciário, a inconstitucionalidade de leis.

A incompetência para reconhecer a inconstitucionalidade de normas é um limite objetivo aplicável ao TCU para o controle de programas de incentivo tributário. A única hipótese em que se reconhece a possibilidade de o TCU afastar a aplicação de uma norma relativa a programas de incentivo tributário seria no caso de inconstitucionalidade reconhecida pelo Poder Judiciário, com efeitos vinculantes para a Administração Pública.

O TCU não pode imputar dano ao erário decorrente da ilegitimidade ou antieconomicidade

CONCLUSÃO | 209

Diferentemente de outros programas governamentais, as atuações estruturadas por meio de incentivos tributários encerram escolhas discutidas e efetivadas no campo da discricionariedade política do Poder Legislativo. Esta circunstância retira do gestor responsável um campo relevante de escolhas para a estruturação e até correção de rumos da política. É dizer, uma vez aprovada a norma tributária fomentadora, cabe aos agentes do Poder Executivo apenas sua aplicação.

Na medida em que o gestor responsável não goza de discricionariedade (pura) sobre a aplicação das normas tributárias que estruturam um programa de incentivo tributário, não haveria, a princípio, como imputar a ele ou mesmo aos particulares que gozaram licitamente dos benefícios, eventuais danos decorrentes de irregularidades identificadas no programa e qualificáveis como ilegitimidade ou antieconomicidade pelo TCU.

A caracterização do dano ao erário depende de uma relação entre a conduta do agente e o resultado danoso. Nos programas de incentivo tributário, todos os aspectos da atividade de fomento são derivados de lei, não há espaço de escolha do agente sobre qual conduta incentivar ou como fazê-lo (discricionariedade pura), pelo que não seria possível estabelecer um nexo entre sua conduta e o caráter ilegítimo ou antieconômico da medida.

A identificação de ilegitimidade ou antieconomicidade em programas de incentivos tributários pelo TCU tem o importante papel de contribuir com o seu aprimoramento, informando propostas para alteração ou mesmo extinção das medidas. Porém, ante a ausência de nexo causal entre a conduta e eventual prejuízo, é remota a possibilidade de responsabilização dos gestores públicos responsáveis ou particulares beneficiários pela corte de contas federal.

REFERÊNCIAS

ABRAHAM, Marcos. *Curso de direito financeiro brasileiro*. 4. ed. Rio de Janeiro: Forense, 2017.

ADEODATO, João Maurício. Bases para uma metodologia da pesquisa em direito. *Revista da Faculdade de Direito de São Bernardo do Campo*, v. 4, p. 171-187, 1998. Disponível em: https://revistas.direitosbc.br/index.php/fdsbc/article/view/661. Acesso em: 06 abr. 2020.

ADRI, Renata Porto. Da função estatal de planejar a atividade econômica: breves considerações sobre o art. 174 da Constituição Federal. *In*: SPARAPANI, Priscila; ADRI, Renata Porto (coord.). *Intervenção do Estado no domínio econômico e social*: homenagem ao Professor Celso Antônio Bandeira de Melo. Belo Horizonte: Fórum, 2010, p. 145-158.

AFONSO, José Roberto; BARROS, Gabriel Leal de. *Nota técnica*: desoneração da folha: renúncia revisitada. São Paulo: FGV-IBRE, 2013. Disponível em: http://bibliotecadigital. fgv.br/dspace/bitstream/handle/10438/11698/Desonera%E7%E3o%20da%20Folha%20 (2).pdf?sequence=1. Acesso em: 19 fev. 2021.

AGUIAR, Andrei; NAMI, Beatriz Dib. As entidades religiosas e as classificações do terceiro setor: consequências na concessão e controle de gastos públicos. *Revista de Direito do Terceiro Setor – RDTS*. Belo Horizonte, v. 11, n. 21, p. 67-85, jan./jun. 2017.

AGUIAR, Ubiratan Diniz de; ALBUQUERQUE, Marcio André Santos de; MEDEIROS, Paulo Henrique Ramos. *A Administração Pública sob a perspectiva do controle externo*. Belo Horizonte: Fórum, 2011.

ALHO NETO, João de Souza. *Interpretação e aplicação de benefícios fiscais*. São Paulo: IBDT, 2021.

ALMEIDA, Francisco Carlos Ribeiro de. A renúncia de receita como fonte alternativa de recursos orçamentários. *Revista do Tribunal de Contas da União*. Brasília, v. 32, n. 88, p. 54-65, abr./jun. 2002.

ALVES, Francisco Sérgio Maia. Controle da Administração Pública pelo Tribunal de Contas da União: espaço objetivo de incidência e parâmetro de legalidade. *Interesse Público – IP*. Belo Horizonte, v. 20, n. 108, p. 197-223, mar./abr. 2018.

ANDRADE, José Maria Arruda de. A política econômica da desoneração da folha de pagamento. *Consultor Jurídico*, 30 ago. 2015. Disponível em: https://www.conjur.com. br/2015-set-27/estado-economia-politica-economica-desoneracao-folha-pagamento. Publicado em 30 ago. 2015. Acesso em: 19 fev. 2021.

ANDRADE, José Maria Arruda de. Conflito entre poderes no processo orçamentário e tributário: análise de um caso. *In*: TAKANO, Caio Augusto; BARRETO, Simone Rodrigues Costa. *Direito tributário e interdisciplinaridade: homenagem a Paulo Ayres Barreto*. São Paulo: Noeses, 2021, p. 309-337.

ANDRADE, José Maria Arruda de. *Economização do direito concorrencial*. São Paulo: Quartier Latin, 2014.

ANDRADE, José Maria Arruda de. *Interpretação da norma tributária*. São Paulo: MP Editora, 2006.

ANDRADE, José Maria Arruda de. Responsabilidade fiscal dinâmica e incentivos tributários: de quem é o dever de apresentar os números do impacto fiscal? *Revista Fórum de Direito Financeiro e Econômico – RFDFE*. Belo Horizonte, v. 10, n. 19, p. 189-213, mar./ago. 2021.

ANDREWS, Willian D. Personal Deductions in an Ideal Income Tax. *In*: CARON, Paul L.; BURKE, Karen C.; MCCOUCH, Grayson M. P. *Federal Income Tax Anthology*. Cincinnati (US): Anderson Publishing, 1997, p. 277-282.

ARAGÃO, Alexandre. O princípio da eficiência. *Revista de Direito Administrativo*. Rio de Janeiro, n. 237, p. 1-6, jul./set. 2004.

ARAÚJO, Edmir Netto de. *Curso de direito administrativo*. 8. ed. São Paulo: Saraiva, 2018.

ATALIBA, Geraldo. Bens públicos. *Revista de Direito Público*, v. 15, n. 61, p. 101-111, jan./mar. 1982.

ATALIBA, Geraldo. *Hipótese de incidência tributária*. 6. ed. São Paulo: Malheiros, 2006.

ATALIBA, Geraldo. IPTU: progressividade. *Revista de Direito Público*. São Paulo, RT, v. 23, n. 93, p. 233-238, jan./mar. 1999.

ATALIBA, Geraldo. *República e Constituição*. 3. ed. São Paulo: Malheiros, 2011.

ATALIBA, Geraldo. Subvenção municipal a empresas, como incentivo à industrialização – A impropriamente designada "Devolução de I.C.M.". *Justitia*. São Paulo, v. 33, n. 72, p. 151-156, primeiro trimestre 1971.

ÁVILA, Humberto Bergmann. *Competências tributárias*: um ensaio sobre a sua compatibilidade com as noções de tipo e conceito. São Paulo: Malheiros, 2018.

AVI-YONAH. Reuven S. Os três objetivos da tributação. *Revista de Direito Tributário Atual*. São Paulo: Dialética, n. 22, p. 7-29, 2008.

BALDO, Rafael Antonio. Democratização do orçamento público pela da legalidade, legitimidade e economicidade. *Revista Brasileira de Políticas Públicas*. Brasília, v. 8, n. 1, p. 689-705, 2018.

BALEEIRO, Aliomar. *Direito tributário brasileiro*. 11. ed. Rio de Janeiro: Forense, 2005.

BALEEIRO, Aliomar. *Uma introdução à ciência das finanças*. 15. ed. Rio de Janeiro: Forense, 1998.

REFERÊNCIAS | 213

BANDEIRA DE MELLO, Celso Antônio. *Curso de direito administrativo*. 21. ed. São Paulo: Malheiros, 2006.

BANDEIRA DE MELLO, Celso Antônio. Funções do tribunal de contas. *Revista de Direito Público*, v. 17, n. 72, p. 133-150, out./dez. 1984.

BANDEIRA DE MELLO, Celso Antônio; ATALIBA, Geraldo. Subvenções: natureza jurídica: não se confundem com isenções: irretroatividade da lei: direito adquirido não gozado. *Revista de Direito Público*, n. 20, p. 85-100, 1972.

BANDEIRA DE MELLO, Oswaldo Aranha. Tribunais de contas: natureza, alcance e efeitos de suas funções. *Revista de Direito Público*, v. 73, p. 181-192, jan./mar. 1985.

BARCELLOS, Ana Paula de. Políticas públicas e o dever de monitoramento: "levando direitos a sério". *Revista Brasileira de Políticas Públicas*, v. 8, n. 2, p. 251-265, 2018.

BARRETO, Paulo Ayres. *Contribuições*: regime jurídico, destinação e controle. São Paulo: Noeses, 2006.

BARROSO, Luis Roberto. A ordem econômica constitucional e os limites à atuação estatal no controle de preços. *Revista de Direito Administrativo*. Rio de Janeiro: FGV, n. 226, p. 187-2012, out./dez. 2001.

BARROSO, Luis Roberto. *O controle de constitucionalidade no direito brasileiro*: exposição sistemática da doutrina e análise crítica da jurisprudência. São Paulo: Saraiva, 2004.

BARROSO, Luis Roberto. Poder Executivo: lei inconstitucional: descumprimento. *Revista de Direito Administrativo*. Rio de Janeiro, v. 181-182, p. 387-397, jul. 1990. Disponível em: http://bibliotecadigital.fgv.br/ojs/index.php/rda/article/view/46278. Acesso em: 07 ago. 2020.

BECKER, Alfredo Augusto. *Teoria geral do direito tributário*. 5. ed. São Paulo: Noeses, 2010.

BÉLGICA. Chambre des Représentants de Belgique. *Inventaire 2017 des exonérations, abattements et réductions qui influencent les recettes de l'Etat*. Bruxelas, 28 nov. 2018. Disponível em: https://www.lachambre.be/FLWB/PDF/54/3293/54K3293004.pdf. Acesso em: 01 mar. 2020.

BÉLGICA. Cour des comptes. *Mesures fédérales de soutien indirect à la recherche et au développement technologique (R&D)*. Bruxelas, 13 ago. 2013. Disponível em: https://www.ccrek.be/docs/2031_33_RD.pdf. Acesso em: 01 mar. 2020.

BERCOVICI, Gilberto. A Constituição e o papel do Estado no domínio econômico. *Revista da Associação Brasileira de Direito Constitucional*, v. 2, p. 119-129, 2002.

BERCOVICI, Gilberto; OCTAVIANI, Alessandro. Direito e subdesenvolvimento. *In*: OCTAVIANI, Alessandro. *Estudos, pareceres e votos de direito econômico*. São Paulo: Singular, 2014, p. 65-84.

BEREIJO, Álvaro Rodrigues. Orçamento – I. *Revista de Direito Público*. São Paulo: RT, n. 94, p. 18-43, abr./jun. 1990.

BEVILACQUA, Lucas. *Incentivos fiscais de ICMS e desenvolvimento regional*. São Paulo: Quartier Latin, 2013.

BIM, Eduardo Fortunato. O poder geral de cautela dos tribunais de contas nas licitações e nos contratos administrativos. *Interesse Público – IP*, v. 23, n. 36, p. 363-386, mar./abr. 2006.

BINENBOJM, Gustavo. Benefícios fiscais como regulação por incentivos. *In*: BINENBOJM, Gustavo. *Estudos de direito público*. Rio de Janeiro: Renovar, 2015, p. 275-300.

BITTKER, Boris. Accounting for federal "Tax Subsidies" in the National Budget". *In*: OLIVER, Philip D. *Tax Policy, Readings and Materials*. New York: Thomson-West, 2004, p. 724-731.

BOBBIO, Norberto. *Da estrutura à função*. Barueri: Manole, 2007.

BOBBIO, Norberto. *O futuro da democracia*. Rio de Janeiro: Paz e Terra, 1986.

BOECHAT, Stephan Righi. *Orçamento por resultados e direito financeiro*. São Paulo: Blucher, 2018.

BOMFIM, Diego. *Extrafiscalidade, identificação, fundamentação, limitação e controle*. São Paulo: Noeses, 2015.

BORGES, José Souto Maior. Subvenção financeira, isenção e dedução tributárias. *Revista de Direito Público*, v. 8, n. 41-42, p. 43-54, jan./jun. 1977.

BORGES, José Souto Maior. *Teoria geral da isenção tributária*. 3. ed. São Paulo: Malheiros, 2001.

BORGUETTO, Michel. *La notion de fraternité en droit public français*. Paris: LGDJ, 1993.

BOUAERT, Claeys. Reflexões sobre as bases de uma política fiscal. *In*: TAVOLARO, Agostinho Toffoli; MARTINS, Ives Gandra da Silva. *Princípios tributários no direito brasileiro e comparado*: estudos em homenagem a Gilberto de Ulhôa Canto. Rio de Janeiro: Forense, 1988. p. 371-392.

BOUVIER, Michel; ESCLASSAN, Marie-Christine; LASSALE, Jean-Pierre. *Finances publiques*. 17. ed. Paris: LGDJ, 2018-2019.

BRAGATO, Fernanda Frizzo; CASTILHO, Natália Martinuzzi. O pensamento descolonial em Enrique Dussel e a crítica do paradigma eurocêntrico dos direitos humanos. *Revista Direitos Culturais*. Santo Ângelo, v. 7, n. 13, p. 46-59, jul./dez. 2012. doi. org/10.32361/2020120210700.

BRASIL. *Constituição da República Federativa do Brasil de 1988*. Disponível em: http://www. planalto.gov.br/ccivil_03/constituicao/constituicao.htm. Acesso em: 23 abr. 2022.

BRASIL. *Decreto-Lei n. 1.058, de 19 de janeiro de 1939*. Disponível em: https://www2. camara.leg.br/legin/fed/declei/1930-1939/decreto-lei-1058-19-janeiro-1939-349207-publicacaooriginal-1-pe.html. Acesso em: 05 jan. 2022.

BRASIL. *Decreto-Lei n. 6.144, de 29 de dezembro de 1943*. Disponível em: https://www2. camara.leg.br/legin/fed/declei/1940-1949/decreto-lei-6144-29-dezembro-1943-416189-publicacaooriginal-1-pe.html. Acesso em: 05 jan. 2022.

BRASIL. *Emenda Constitucional n. 108, de 26 de agosto de 2020*. Disponível em: http://www. planalto.gov.br/ccivil_03/constituicao/Emendas/Emc/emc108.htm. Acesso em: 19 mar. 2022.

REFERÊNCIAS | 215

BRASIL. *Emenda Constitucional n. 109, de 15 de março de 2021.* Disponível em: http://www.planalto.gov.br/ccivil_03/constituicao/Emendas/Emc/emc109.htm. Acesso em: 23 fev. 2022.

BRASIL. *Emenda Constitucional n. 95, de 15 de dezembro de 2016.* Disponível em: http://www.planalto.gov.br/ccivil_03/constituicao/emendas/emc/emc95.htm. Acesso em: 24 mar. 2022.

BRASIL. *Lei Complementar n. 101, de 04 de maio de 2000 (Lei de Responsabilidade Fiscal – LRF).* Disponível em: http://www.planalto.gov.br/ccivil_03/leis/lcp/lcp101.htm. Acesso em: 11 jan. 2022.

BRASIL. *Lei n. 1.102, de 18 de maio de 1950.* Disponível em: http://www.planalto.gov.br/ccivil_03/leis/1950-1969/l1102.htm. Acesso em: 05 jan. 2022.

BRASIL. *Lei n. 10.180, de 06 de fevereiro de 2001.* Disponível em: http://www.planalto.gov.br/ccivil_03/leis/leis_2001/l10180.htm. Acesso em: 09 jan. 2022.

BRASIL. *Lei n. 12.527, de 18 de novembro de 2011.* Disponível em: http://www.planalto.gov.br/ccivil_03/_ato2011-2014/2011/lei/l12527.htm. Acesso em: 11 jan. 2022.

BRASIL. *Lei n. 12.973, de 13 de maio de 2014.* Disponível em: http://www.planalto.gov.br/ccivil_03/_Ato2011-2014/2014/Lei/L12973.htm. Acesso em: 08 fev. 2022.

BRASIL. *Lei n. 13.249, de 13 de janeiro de 2016.* Institui o Plano Plurianual da União para o período de 2016 a 2019. Disponível em: https://www.planalto.gov.br/ccivil_03/_ato2015-2018/2016/lei/L13249.htm. Acesso em: 23 fev. 2022.

BRASIL. *Lei n. 13.874, de 20 de setembro de 2019.* Disponível em: http://www.planalto.gov.br/ccivil_03/_ato2019-2022/2019/lei/L13874.htm. Acesso em: 10 abr. 2022.

BRASIL. *Lei n. 13.971, de 27 de dezembro de 2019.* Disponível em: http://www.planalto.gov.br/ccivil_03/_ato2019-2022/2019/lei/L13971.htm. Acesso em: 09 jan. 2022.

BRASIL. *Lei n. 4.320, de 17 de março de 1964.* Disponível em: http://www.planalto.gov.br/ccivil_03/leis/l4320.htm. Acesso em: 05 maio 2022.

BRASIL. *Lei n. 5.172, de 25 de outubro de 1966.* Dispõe sobre o Sistema Tributário Nacional e institui normas gerais de direito tributário aplicáveis à União, Estados e Municípios. Disponível em: http://www.planalto.gov.br/ccivil_03/leis/l5172compilado.htm. Acesso em: 23 abr. 2022.

BRASIL. *Lei n. 8.443, de 16 de julho de 1992.* Dispõe sobre a Lei Orgânica do Tribunal de Contas da União e dá outras providências. Disponível em: http://www.planalto.gov.br/ccivil_03/leis/l8443.htm. Acesso em: 11 abr. 2022.

BRASIL. Ministério da Economia. *Exposição de Motivos n. 248/2021 ME, Brasília, 15 de setembro de 2021.* Disponível em: https://www.camara.leg.br/proposicoesWeb/prop_mostrarintegra;jsessionid=node01iv6vwfrxub3ukzg2bpal7uku59515745.node0?codteor=2075085&filename=PL+3203/2021. Acesso em: 24 mar. 2022.

BRASIL. Ministério da Economia. *Metodologia de cálculo dos gastos tributários.* Brasília, jun. 2021. Disponível em: https://www.gov.br/receitafederal/pt-br/acesso-a-informacao/dados-abertos/receitadata/renuncia-fiscal/demonstrativos-dos-gastos-tributarios/arquivos-e-imagens/anexo-metodologico-versao-1-3-pdf.pdf. Acesso em: 21 mar. 2022.

BRASIL. Ministério da Economia; Secretaria Especial de Fazenda; Secretaria do Tesouro Nacional. *Portaria Conjunta STN/SOF/ME n. 21, de 23 de fevereiro de 2021*. Aprova Adendo à Parte I - Procedimentos Contábeis Orçamentários da 8ª edição do Manual de Contabilidade Aplicada ao Setor Público (MCASP). Disponível em: https://www.in.gov. br/en/web/dou/-/portaria-conjunta-stn/sof-n-21-de-23-de-fevereiro-de-2021-304913062. Acesso em: 13 jul. 2022.

BRASIL. Ministério da Fazenda. Receita Federal do Brasil. *Demonstrativo dos gastos tributários PLOA 2022*. Brasília, 2021. Disponível em: https://www.gov.br/receitafederal/pt-br/ acesso-a-informacao/dados-abertos/receitadata/renuncia-fiscal/previsoes-ploa/arquivos-ploa/ploa-2022/dgt-ploa-2022-base-conceitual-versao-1-0.pdf. Acesso em: 29 fev. 2020.

BRASIL. Ministério da Fazenda. Secretaria do Tesouro Nacional. *Manual de contabilidade aplicada ao setor público*. 8. ed. Brasília: Secretaria do Tesouro Nacional, 2021. Disponível em: https://www.tesourotransparente.gov.br/publicacoes/manual-de-contabilidade-aplicada-ao-setor-publico-mcasp/2019/26. Acesso em: 09 jan. 2021.

BRASIL. Ministério do Orçamento e Gestão. *Portaria n. 42, de 14 de abril de 1999*. Disponível em: http://www.orcamentofederal.gov.br/orcamentos-anuais/orcamento-1999/Portaria_Ministerial_42_de_140499.pdf. Acesso em: 09 jan. 2022.

BRASIL. Presidência da República. *Plano Diretor da Reforma do Aparelho do Estado*. Brasília, 1995. Disponível em: http://www.bresserpereira.org.br/documents/mare/planodiretor/planodiretor.pdf. Acesso em: 07 jun. 2020.

BRASIL. *Projeto de Lei n. 3203/2021*. Dispõe sobre o plano de redução gradual de incentivos e benefícios federais de natureza tributária e o encerramento de benefícios fiscais, nos termos do disposto no art. 4º da Emenda Constitucional n. 109, de 15 de março de 2021. Disponível em: https://www.camara.leg.br/proposicoesWeb/fichadetramitacao?idProp osicao=2299134. Acesso em: 24 mar. 2021.

BRASIL. Secretaria do Tesouro Nacional. *Manual de estatísticas do boletim resultado do Tesouro Nacional*, nov. 2016. Disponível em: https://sisweb.tesouro.gov.br/apex/f?p=2501:9::::9:P9_ID_PUBLICACAO:28153. Acesso em: 10 mar. 2022.

BRASIL. Secretaria Especial de Assuntos Econômicos. *Nota técnica ao Ministro da Fazenda: Orçamento de incentivos fiscais*. Disponível em: https://www.gov.br/receitafederal/pt-br/centrais-de-conteudo/publicacoes/relatorios/renuncia/gastos-tributarios-ploa/dgt-1989/@@download/file/dgt-1989.pdf. Acesso em: 14 fev. 2022.

BRASIL. Senado Federal. *Projeto de Lei do Senado n. 188, de 2014 – Complementar*. Autor Sen. Randolfe Rodrigues (PSOL/AP). Disponível em: https://www25.senado.leg.br/web/atividade/materias/-/materia/117839. Acesso em: 18 mar. 2022.

BRASIL. Superior Tribunal de Justiça. *Recurso Especial n. 755.040/RS*. Rel. Min. Castro Meira, 2ª T., j. 04 ago. 2005, DJ 12 set. 2005.

BRASIL. Superior Tribunal de Justiça. *Agravo Regimental no Recurso Especial n. 1.322.774/SE*, Rel. Ministro Mauro Campbell Marques, Segunda Turma, j. 26 jun. 2012, DJe 6 ago. 2012

REFERÊNCIAS | **217**

BRASIL. Supremo Tribunal Federal. *Ação Direta de Inconstitucionalidade n. 1.923/DF*. Rel. Min. Luiz Fux, Tribunal Pleno, j. 16 abr. 2015, DJ 16 dez. 2015.

BRASIL. Supremo Tribunal Federal. *Ação Direta de Inconstitucionalidade n. 3.026/DF*. Rel. Min. Eros Grau, Tribunal Pleno, j. 08 jun. 2006, DJ 29 set. 2006.

BRASIL. Supremo Tribunal Federal. *Ação Direta de Inconstitucionalidade n. 523/PR*. Rel. Min. Eros Grau, Tribunal Pleno, j. 03 mar. 2008, DJe n. 197, pub. 17 out. 2008.

BRASIL. Supremo Tribunal Federal. *Ação Direta de Inconstitucionalidade n. 3.715/TO*. Rel. Min. Gilmar Mendes, Tribunal Pleno, j. 21 ago. 2014, DJe n. 213, pub. 31 out. 2014.

BRASIL. Supremo Tribunal Federal. *Ação Direta de Inconstitucionalidade n. 461/BA*. Rel. Min. Carlos Velloso, Tribunal Pleno, j. 08 jul. 2002, DJ 06 set. 2002.

BRASIL. Supremo Tribunal Federal. *Ação Direta de Inconstitucionalidade n. 286/RO*. Rel. Min. Maurício Correia, Tribunal Pleno, j. 22 maio 2002, DJ 30 ago. 2002.

BRASIL. Supremo Tribunal Federal. *Agravo Regimental em Agravo de Instrumento n. 360.461/MG*. Rel. Min. Celso de Melo, j. 06 dez. 2005, DJe n. 055, pub. 28 mar. 2008.

BRASIL. Supremo Tribunal Federal. *Agravo Regimental em Mandado de Segurança n. 28.584/DF*. Rel. Min. Edson Fachin, 2ª T., j. 28 out. 2019, DJe n. 250, pub. 12 nov. 2019.

BRASIL. Supremo Tribunal Federal. *Agravo Regimental em Mandado de Segurança n. 23.168/DF*. Rel. Min. Rosa Weber, 1ª T., j. 28 jun. 2019, DJe n. 169, pub. 02 ago. 2019.

BRASIL. Supremo Tribunal Federal. *Agravo Regimental em Mandado de Segurança n. 30.946/RS*. Rel. Min. Dias Toffoli, 2ª T., j. 04 abr. 2018, DJe n. 089, pub. 08 maio 2018.

BRASIL. Supremo Tribunal Federal. *Agravo Regimental em Mandado de Segurança n. 31.068/DF*. Rel. Min. Luiz Fux, 1ª T., j. 27 jun. 2017, DJe n. 182, pub. 17 ago. 2017.

BRASIL. Supremo Tribunal Federal. *Agravo Regimental em Mandado de Segurança n. 34.342/DF*. Rel. Min. Dias Tófoli, Tribunal Pleno, j. 08 ago. 2017, DJe-186, pub. 23 ago. 2017.

BRASIL. Supremo Tribunal Federal. *Agravo Regimental em Recurso Extraordinário n. 582.926/CE*. Rel. Min. Ricardo Lewandowski, 1ª T., j. 10 maio 2011, DJe n. 100, pub. 27 maio 2011.

BRASIL. Supremo Tribunal Federal. *Embargos de Declaração em Agravo Regimental em Recurso Extraordinário n. 669.952/BA*. Rel. Min. Dias Toffoli, Tribunal Pleno, j. 09 nov. 2016, DJe 251, pub. 24 nov. 2016.

BRASIL. Supremo Tribunal Federal. *Mandado de Segurança n. 21.207/DF*. Decisão Monocrática, Min. Joaquim Barbosa, j. 20 ago. 2008, DJ 11 set. 2008.

BRASIL. Supremo Tribunal Federal. *Mandado de Segurança n. 21.636/RJ*. Rel. Min. Marco Aurélio, Tribunal Pleno, j. 11 mar. 1993, DJ 19 maio 1993.

BRASIL. Supremo Tribunal Federal. *Mandado de Segurança n. 21.644/MS*. Rel. Min. Néri da Silveira, Tribunal Pleno, j. 04 nov. 1993, DJ 08 nov. 1993.

BRASIL. Supremo Tribunal Federal. *Mandado de Segurança n. 21.797/RJ*. Rel. Min. Carlos Velloso, Tribunal Pleno, j. 09 mar. 2000, DJ 18 maio 2001.

BRASIL. Supremo Tribunal Federal. *Mandado de Segurança n. 23.550/DF*. Rel. Min. Marco Aurélio, Tribunal Pleno, j. 04 mar. 2002, DJ 31 out. 2001.

BRASIL. Supremo Tribunal Federal. *Mandado de Segurança n. 23.627/DF*. Rel. Min. Carlos Velloso, Tribunal Pleno, j. 07 mar. 2002, DJ 16 jun. 2006.

BRASIL. Supremo Tribunal Federal. *Mandado de Segurança n. 23.875/DF*. Rel. Min. Carlos Velloso, Tribunal Pleno, j. 07 mar. 2003, DJ 30 abr. 2004.

BRASIL. Supremo Tribunal Federal. *Mandado de Segurança n. 24.328/DF*. Rel. Min. Ilmar Galvão, Tribunal Pleno, j. 24 out. 2002, DJ 06 dez. 2002.

BRASIL. Supremo Tribunal Federal. *Mandado de Segurança n. 24.423/DF*. Rel. Min. Gilmar Mendes, Tribunal Pleno, j. 10 set. 2008, DJe n. 035, pub. 19 fev. 2009.

BRASIL. Supremo Tribunal Federal. *Mandado de Segurança n. 24.510/DF*. Rel. Min. Ellen Gracie, Tribunal Pleno, j. 19 nov. 2003, DJe 19 mar. 2004.

BRASIL. Supremo Tribunal Federal. *Mandado de Segurança n. 24.519/DF*. Rel. Min. Eros Grau, Tribunal Pleno, j. 28 set. 2005, DJ 02 set. 2005.

BRASIL. Supremo Tribunal Federal. *Mandado de Segurança n. 25.092/DF*. Rel. Min. Carlos Velloso, Tribunal Pleno, j. 10 de nov. 2005, DJ 17 mar. 2006.

BRASIL. Supremo Tribunal Federal. *Mandado de Segurança n. 25.181/DF*. Rel. Min. Marco Aurélio, Tribunal Pleno, j. 10 nov. 2005, DJ 16 jun. 2006.

BRASIL. Supremo Tribunal Federal. *Mandado de Segurança n. 26.000/SC*. Rel. Min. Dias Toffoli, 1ª T., j. 16 out. 2012, DJe n. 224, pub. 14 nov. 2012.

BRASIL. Supremo Tribunal Federal. *Mandado de Segurança n. 26.210/DF*. Rel. Min. Ricardo Lewandowski, Tribunal Pleno, j. 04 set. 2008, DJe n. 192, pub. 09 out. 2008.

BRASIL. Supremo Tribunal Federal. *Mandado de Segurança n. 26.969/DF*. Rel. Min. Luiz Fux, 1ª T., j. 18 nov. 2014, DJe n. 244, pub. 12 dez. 2014.

BRASIL. Supremo Tribunal Federal. *Mandado de Segurança n. 28.465/DF*. Rel. Min. Marco Aurélio, 1ª T., j. 18 mar. 2014, DJe n 066, pub. 02 abr. 2014.

BRASIL. Supremo Tribunal Federal. *Mandado de Segurança n. 30.788/MG*. Rel. Min. Roberto Barroso, Tribunal Pleno, j. 21 maio 2015, DJe n. 152, pub. 04 ago. 2015.

BRASIL. Supremo Tribunal Federal. *Medida Cautelar em Ação Direta de Inconstitucionalidade n. 1.296/PE*. Rel. Min. Celso de Mello, Tribunal Pleno, j. 14 jun. 1995, DJ 10 ago. 1995.

BRASIL. Supremo Tribunal Federal. *Medida Cautelar em Ação Direta de Inconstitucionalidade n. 1.247/PA*. Rel. Min. Celso de Mello, Tribunal Pleno, j. 17 ago. 1995, DJ 08 set. 1995.

BRASIL. Supremo Tribunal Federal. *Medida Cautelar em Ação Direta de Inconstitucionalidade n. 2.661/MA*. Rel. Min. Celso de Mello, Tribunal Pleno, j. 05 jun. 2002, DJ 23 ago. 2002.

BRASIL. Supremo Tribunal Federal. *Medida Cautelar em Ação Direta de Inconstitucionalidade n. 2.238/DF*. Rel. Min. Ilmar Galvão, Tribunal Pleno, j. 09 ago. 2007, DJe n. 172, pub. 12 set. 2008.

REFERÊNCIAS | **219**

BRASIL. Supremo Tribunal Federal. *Medida Cautelar em Ação Direta de Inconstitucionalidade n. 221/DF*. Rel. Min. Moreira Alves, Tribunal Pleno, j. 29 mar. 1990, DJ 22 out. 1993.

BRASIL. Supremo Tribunal Federal. *Medida Cautelar em Mandado de Segurança n. 35.410/DF*. Rel. Min. Alexandre de Moraes, decisão monocrática, j. 15 dez. 2017, DJe 18 fev. 2018.

BRASIL. Supremo Tribunal Federal. *Medida Cautelar em Mandado de Segurança n. 25.888/DF*. Rel. Min. Gilmar Mendes, decisão monocrática, j. 22 mar. 2006, DJ 29 mar. 2006.

BRASIL. Supremo Tribunal Federal. *Medida Cautelar em Mandado de Segurança n. 31.439/DF*. Rel. Min. Marco Aurélio, decisão monocrática, j. 19 jul. 2012, DJe n. 154, pub. 7 ago. 2012.

BRASIL. Supremo Tribunal Federal. *Petição n. 4.656/PB*. Rel. Min. Cármen Lúcia, Plenário, j. 19 dez. 2016, DJe n. 278, pub. 4 dez. 2017.

BRASIL. Supremo Tribunal Federal. *Recurso em Mandado de Segurança n. 8.372/CE*. Rel. Min. Pedro Chaves, Tribunal Pleno, j. 11 dez. 1961, DJ 26 abr. 1962.

BRASIL. Supremo Tribunal Federal. *Recurso Extraordinário com Repercussão Geral n. 592.396*. Rel. Min. Edson Fachin, Tribunal Pleno, j. 03 dez. 2015, DJe n. 054, pub. 28 mar. 2016.

BRASIL. Supremo Tribunal Federal. *Recurso Extraordinário n. 138.284/CE*. Rel. Min. Carlos Velloso, Tribunal Pleno, j. 01 jul. 1992, DJ 28 ago. 1992.

BRASIL. Supremo Tribunal Federal. *Recurso Extraordinário n. 169.880/SP*. Rel. Carlos Velloso, 2ª T., j. 29 out. 1996, DJ 19 dez. 1996.

BRASIL. Supremo Tribunal Federal. *Recurso Extraordinário n. 179.170/CE*. Rel. Min. Moreira Alves, 1ª T., j. 09 jun. 1998, DJ 30 out. 1998.

BRASIL. Supremo Tribunal Federal. *Recurso Extraordinário n. 183.130/PR*. Rel. Min. Teori Zavascki, Tribunal Pleno, j. 25 set. 2014, DJe n. 225, pub. 17 nov. 2014.

BRASIL. Supremo Tribunal Federal. *Recurso Extraordinário n. 636.886/AL*. Rel. Min. Alexandre de Moraes, Tribunal Pleno, j. 20 abr. 2020, DJe n. 157, pub. 26 jun. 2020.

BRASIL. Supremo Tribunal Federal. *Recurso Extraordinário n. 789.874/DF*. Rel. Min. Teori Zavaski, Tribunal Pleno, j. 17 set. 2014, DJ 18 nov. 2014.

BRASIL. Supremo Tribunal Federal. *Repercussão Geral em Recurso Extraordinário n. 1.182.189/BA*. Rel. Min. Marco Aurélio, Tribunal Pleno, j. 06 jun. 2019, DJ 25 set. 2019.

BRASIL. Supremo Tribunal Federal. *Segundo Agravo Regimental em Mandado de Segurança n. 28.469/DF*. Rel. p/ Acórdão Min. Luiz Fux, 1ª T., j. 19 fev. 2013, DJe n. 087, pub. 09 maio 2013.

BRASIL. Supremo Tribunal Federal. *Súmula n. 347*, j. 13 dez. 1963.

BRASIL. Supremo Tribunal Federal. *Súmula n. 544*, j. 03 dez. 1969, DJ 12 dez. 1969.

BRASIL. Supremo Tribunal Federal. *Súmula Vinculante n. 10*, j. 18 jun. 2008, DJe n. 117, 27 jun. 2008.

BRASIL. Tribunal de Contas da União. *Acórdão n. 1.205/2014*. Rel. Min. Raimundo Carreiro, Plenário, 14 maio 2014.

BRASIL. Tribunal de Contas da União. *Acórdão n. 1.703/2004*. Rel. Min. Augusto Nardes, Plenário, j. 03 nov. 2004.

BRASIL. Tribunal de Contas da União. *Acórdão n. 174/2019*. Rel. Min. Benjamin Zymler, Plenário, j. 6 fev. 2019.

BRASIL. Tribunal de Contas da União. *Acórdão n. 2.198/2020*, Rel. Min. Vital do Rego, Plenário, 19 ago. 2020.

BRASIL. Tribunal de Contas da União. *Acórdão n. 2.527/2015*. Rel. Min. Bruno Dantas, Plenário, j. 14 out. 2015.

BRASIL. Tribunal de Contas da União. *Acórdão n. 2.692/2021*. Rel. Min. Aroldo Cedraz, Plenário, j. 17 nov. 2021.

BRASIL. Tribunal de Contas da União. *Acórdão n. 2.756/2018*. Rel. Min. José Múcio Monteiro, Plenário, jul. 28 nov. 2018.

BRASIL. Tribunal de Contas da União. *Acórdão n. 2.952/2013*. Rel. Raimundo Carreiro, Plenário, j. 30 out. 2013.

BRASIL. Tribunal de Contas da União. *Acórdão n. 276/2002*. Rel. Min. Marcos Vinicios Vilaça, Plenário, j. 31 jul. 2002.

BRASIL. Tribunal de Contas da União. *Acórdão n. 3.514/2017*. Rel. Min. Vital do Rêgo, 1ª C., j. 23 maio 2017.

BRASIL. Tribunal de Contas da União. *Acórdão n. 384/2016*. Rel. Min. Augusto Nardes, 02 mar. 2016.

BRASIL. Tribunal de Contas da União. *Acórdão n. 4.404/2016*. Rel. Min. Augusto Sherman, 1ª C., j. 05 jul. 2016.

BRASIL. Tribunal de Contas da União. *Acórdão n. 657/2022*. Rel. Min. Augusto Nardes, 2ª C., j. 15 fev. 2022.

BRASIL. Tribunal de Contas da União. *Acórdão n. 747/2010*. Rel. Min. Augusto Nardes, Plenário, jul. 14 abr. 2010.

BRASIL. Tribunal de Contas da União. *Acórdão n. 809/2014*. Rel. Min. Benjamin Zymler,Plenário, j. 02 abr. 2014.

BRASIL. Tribunal de Contas da União. *Acórdão n. 990/2017*. Rel. Min. Benjamin Zymler, Plenário, j. 17 maio 2017.

BRASIL. Tribunal de Contas da União. *Decisão n. 765/1999*. Rel. Min. Bento José Bugarin, Plenário, j. 27 out. 1999.

BRASIL. Tribunal de Contas da União. *Manual de Acompanhamento*. Brasília: TCU, 2018.

BRASIL. Tribunal de Contas da União. *Regimento Interno do Tribunal de Contas da União*. Disponível em: https://portal.tcu.gov.br/data/files/2A/C1/CC/6A/5C66F610A6B96FE6E18818A8/BTCU_01_de_02_01_2020_Especial%20-%20Regimento_Interno.pdf. Acesso em: 28 fev. 2022.

REFERÊNCIAS | 221

BRASIL. Tribunal de Contas da União. *Relatório anual de atividades do TCU*: 2021. Brasília: TCU, 2022. Disponível em: https://portal.tcu.gov.br/data/files/37/F5/2E/A1/ EC0008102DFE0FF7F18818A8/Relatorio_anual_atividades_TCU_2021.pdf. Acesso em: 11 jun. 2022.

BRASIL. Tribunal de Contas da União. *Súmula n. 57*. Aprovada em: 04 dez. 1973.

BRITTO, Carlos Ayres. O regime constitucional dos tribunais de contas. *In*: FIQUEIREDO, Carlos Maurício, NÓBREGA, Marcos (coord.). *Administração pública*: direitos administrativo, financeiro e gestão pública: prática, inovações e polêmicas. São Paulo: Revista dos Tribunais, 2002, p. 97-109.

BRIXI, Hana Polackova. Managing Tax Expenditures: Policy Options. *In*: BRIXI, Hana Polackova; VALENDUC, Christian N. A.; SWIFT, Zhicheng Li (ed.). *Tax Expenditures*: Shedding Light on Government Spending through the Tax System. Washington: The World Bank, 2004, p. 227-233.

BROWN, Colin. Tax Expenditures in Australia. *In*: BRIXI, Hana Polackova; VALENDUC, Christian N. A.; SWIFT, Zhicheng Li (ed.). *Tax Expenditures*: Shedding Light on Government Spending through the Tax System. Washington: The World Bank, 2004, p. 45-61.

BUGARIN, Bento José. O controle externo no Brasil: evolução, características e perspectivas. *Revista do Tribunal de Contas da União*, v. 31, n. 86, p. 338-352, 2000.

BUGARIN, Bento José. O sistema de fiscalização dos recursos públicos federais adotado no Brasil. *Revista do Tribunal de Contas da União*, Brasília, n. 64, p. 47-57, abr./jun. 1995.

BUGARIN, Paulo Soares. *O princípio constitucional da economicidade na jurisprudência do Tribunal de Contas da União*. Belo Horizonte: Fórum, 2004.

BUGARIN, Paulo Soares. Reflexões sobre o princípio constitucional da economicidade e o papel do TCU. *Revista do Tribunal de Contas da União*. Brasília, v. 29, n. 78, p. 41-45, out./dez. 1998.

BÚRGIO, Vandré Augusto. Controle de constitucionalidade dos atos normativos pelos Tribunais de Contas. *Revista de Direito Administrativo*. Rio de Janeiro, v. 228, p. 67-74, abr. 2002.

BUZAID, Alfredo. O Tribunal de Contas do Brasil. *Revista da Faculdade de Direito*. São Paulo: Universidade de São Paulo, v. 62, n. 2, p. 37-62, 1967.

CABRAL, Dafne Reichel. *O controle externo como instrumento para a concretização do direito fundamental à boa administração pública*. 2017. 170 p. Dissertação (Mestrado em Direitos Humanos) – Faculdade de Direito, Universidade Federal do Mato Grosso do Sul, Campo Grande, 2017.

CABRAL, Flavio Garcia. *Medidas cautelares administrativas*. Belo Horizonte: Fórum, 2021.

CABRAL, Flavio Garcia. O princípio da economicidade na jurisprudência do TCU. *Revista de Direito Administrativo*. Rio de Janeiro, v. 277, n. 1, p. 151-174, jan./abr. 2018.

CABRAL, Flavio Garcia. *O Tribunal de Contas da União na Constituição Federal de 1988*. São Paulo: Vebratim, 2014.

CABRAL, Flavio Garcia. *Uma análise comparativa da atuação do Tribunal de Contas da União de 1989 a 2010*. 2011. 280 f. Dissertação (Mestrado em Direito) – Faculdade de Direito da Pontifícia Universidade Católica do Rio de Janeiro, Rio de Janeiro, 2011.

CALDERARO, Francisco Roberto Souza. *Incentivos fiscais à exportação*. São Paulo: Resenha Tributária, 1973.

CALDERARO, Francisco Roberto Souza. *Incentivos fiscais*: sua natureza jurídica. São Paulo: Aduaneiras, [1980].

CANTO, Gilberto de Ulhôa. Incentivos fiscais (SUDENE): isenção fiscal condicionada: irrevogabilidade e inalterabilidade em detrimento do contribuinte: direito adquirido e expectativa de direito: direito intertemporal: competência da autoridade administrativa. *In*: CANTO, Gilberto de Ulhôa. *Direito tributário aplicado*: pareceres. Rio de Janeiro: Forense, 1992, p. 23-72.

CARDOSO, Antonio Manoel Bandeira. A Magna Carta: conceituação e antecedentes. *Revista de Informação legislativa*, v. 23, n. 91, p. 135-140, jul./set. 1986.

CARRAZZA, Elisabeth Nazar. *IPTU e progressividade, igualdade e capacidade contributiva*. 2. ed. São Paulo: Quartier Latin, 2015.

CARVALHO, Paulo de Barros. *Curso de direito tributário*. 29. ed. São Paulo: Saraiva, 2018.

CARVALHO, Raimundo Eloi de. Instrumentos y técnicas para la medición y análisis del gasto tributario. *In*: CENTRO INTERAMERICANO DE ADMINISTRACIONES TRIBUTARIAS – CIAT. *El Papel de Las administraciones Tributarias en la Crisis Global*. Montevideo (URU): CIAT, 2010, p. 300-315.

CASTAGNA, Ricardo Alessandro. *O direito financeiro dos gastos tributários*. São Paulo: Editora Dialética, 2021.

CAVALCANTI, Themístocles Brandão. O Tribunal de Contas: órgão constitucional: funções próprias e funções delegadas. *Revista de Direito Administrativo*. Rio de Janeiro, v. 109, p. 1-10, out. 1972.

CENTRO INTERAMERICANO DE ADIMINISTRACIONES TRIBUTARIAS – CIAT. *Estimación de los gastos tributarios en la República del Paraguay 2013-2016*. 2015. Disponível em: https://www.ciat.org/Biblioteca/Estudios/2015_estimacion_gasto_tributario_paraguay_giz_set_ciat.pdf. Acesso em: 14 fev. 2022.

CHEVALIER, Jacques. Le mythe de la transparence administrative. *In*: CENTRE UNIVERSITAIRES DES RECHERCHES ADMINISTRATIVES ET POLITIQUES DE PICARDIE (CURAPP). *Information et transparence administratives*, Paris: Presses Universitaires de France (PUF), 1988, p. 239-275.

CIRNE DE LIMA, Ruy. O conceito fundamental do direito administrativo. *Revista de Direito Administrativo*, v. 12, p. 59-64, 1948.

COMPARATO, Fábio Konder. Ensaio sobre o juízo de constitucionalidade de políticas públicas. *Revista de Informação Legislativa*. Brasília, n. 138, p. 39-48, abr./jun. 1998.

REFERÊNCIAS | 223

CONTI, José Maurício. Arts. 22 a 33. *In*: CONTI, José Maurício. *Orçamentos públicos*: a Lei 4.320/1964 comentada. 4. ed. São Paulo: RT, 2019, p. 103-129.

CONTI, José Maurício. *Direito financeiro na Constituição de 1988*. São Paulo: Oliveira de Menezes, 1998.

CONTI, José Maurício. Iniciativa legislativa em matéria financeira. *In*: CONTI, José Maurício; SCAFF, Fernando Facury. *Orçamentos públicos e direito financeiro*. São Paulo: RT, 2011, p. 283-307.

CONTI, José Maurício. *O planejamento orçamentário da Administração Pública no Brasil*. São Paulo: Blucher, 2020.

CONTI, José Maurício. O plano plurianual – PPA. *In*: MARTINS, Ives Gandra da Silva; MENDES, Gilmar Ferreira; NASCIMENTO, Carlos Valder (coord.). *Tratado de direito financeiro*. São Paulo: Saraiva, 2013, v. 1, p. 322-339.

CONTI, José Maurício; CARVALHO, André de Castro. O controle interno da administração pública brasileira: qualidade do gasto público e responsabilidade fiscal. *Revista de Direito Público*. Brasília, n. 37, p. 201-220, jan./fev. 2011.

CORREIA NETO, Celso de Barros. *O avesso do tributo*: incentivos e renúncias fiscais no direito brasileiro. 2013. 271 p. Tese (Doutorado em Direito) – Faculdade de Direito, Universidade de São Paulo, São Paulo, 2013.

COSTA, Luiz Bernardo Dias. O Tribunal de Contas: sua evolução e principais atribuições no Estado Democrático de Direito. *In*: GUIMARÃES, Edgar. *Cenários do direito administrativo*: estudos em homenagem ao Professor Romeu Felipe Bacellar Filho. Belo Horizonte: Fórum, 2004, p. 319-347.

COSTA, Regina Helena. *Princípio da capacidade contributiva*. 4. ed. São Paulo: Malheiros, 2012.

COTTA, Tereza Cristina. Metodologias de avalição de programas e projetos sociais: análise de resultados e de impacto. *Revista do Serviço Público*, v. 49, n. 2, p. 103-124, abr./jun. 1999.

COUTO E SILVA, Almiro do. O princípio da proteção a confiança e a teoria da invalidade dos atos administrativos no direito brasileiro. *In*: COUTO E SILVA, Almiro do. *Conceitos constitucionais do direito no Estado constitucional*. São Paulo: Malheiros, 2015, p. 91-119.

COUTO E SILVA, Clovis Veríssimo do. A ordem jurídica e a economia. *Revista do Serviço Público*. Brasília, v. 110, n. 2, p. 91-99, 1982.

CRESPO, César Augusto Domínguez. *Los fines extrafiscales de los tributos*. Ciudad de México: Porrúa, 2014.

CRESWELL, John. W. *Research Design*: Qualitative & Quantitative Approaches. Thousand Oaks: Sage, 1994.

CRETELLA JÚNIOR, José. Natureza das decisões do Tribunal de Contas. *Revista de Direito Administrativo*. Rio de Janeiro, v. 166, p. 1-16, fev. 1986.

DALLARI, Adilson Abreu. Suspensão dos efeitos do ato administrativo. *Revista de Direito Público*, v. 15, n. 61, p. 112-120, jan./mar. 1982.

DI PIETRO, Maria Sylvia Zanella. *Direito administrativo*. 27. ed. São Paulo: Atlas, 2014.

DI PIETRO, Maria Sylvia Zanella. O papel dos tribunais de contas no controle dos contratos administrativos. *Interesse Público – IP*. Belo Horizonte, v. 15, n. 82, p. 15-48, nov./dez. 2013.

DIAS, Eduardo Rocha. Os tribunais de contas e o sancionamento de licitantes e contratados. *Pensar – Revista de Ciências Jurídicas*, v. 5, n. 1, p. 47-62, 2010.

DINAMARCO, Cândido Rangel. *Instituições de direito processual civil*. 7. ed. São Paulo: Malheiros, 2013.

DINIZ, Érica; AFONSO, José Roberto. Benefícios fiscais concedidos (e mensurados) pelo Governo Federal. *Texto de Discussão IBRE*, v. 26, p. 2-25, 2014. Disponível em: https://portalibre.fgv.br/sites/default/files/2021-03/benef_cios-fiscais-concedidos-_e-mensurados_-pelo-governo-federal.pdf. Acesso em: 02 fev. 2022.

DINIZ, Gilberto Pinto Monteiro. *Estado de direito e controle estratégico de contas*. 2015. 208 p. Dissertação (Mestrado em Direito) – Faculdade de Direito, Universidade Federal de Minas Gerais, Belo Horizonte, 2015.

DUCA, Fernando Murta Ferreira. *Ação estatal e política fiscal no brasil: uma análise do período 2003-2013*. 2014. 112 p. Dissertação (Mestrado em Economia) – Faculdade de Ciências Econômicas, Universidade Federal do Rio Grande do Sul, Porto Alegre, 2014.

DUE, John F. *Government Finance, an Economic Analysis*. 3. ed. Homewood (US): Richard D. Irwin, 1963.

DUTRA, Micaela Dominguez. O Tribunal de Contas e o verbete n. 347 da súmula de jurisprudência do Supremo Tribunal Federal. *Observatório da Jurisdição Constitucional*. Brasília, v. 1, jan. 2008. Disponível em: https://www.portaldeperiodicos.idp.edu.br/observatorio/article/view/86. Acesso em: 08 mar. 2020.

FAGUNDES, Miguel Seabra. Controle prévio e posterior. *Revista de Direito Público*, v. 22, n. 89, p. 195-200, jan./mar. 1989.

FAGUNDES, Miguel Seabra. Reformas essenciais ao aperfeiçoamento das instituições políticas brasileiras. *Revista de Direito Administrativo*, v. 43, p. 1-20, 1956.

FAGUNDES, Tatiana Penharrubia. *O controle das contas municipais*. 2012. 273 p. Tese (Doutorado em Direito) – Faculdade de Direito, Universidade de São Paulo, São Paulo, 2012.

FAJARDO, Cláudio Marcelo Spalla. Súmula STF n. 347: uma nova abordagem sobre a competência do TCU para apreciar a constitucionalidade de leis e atos normativos do Poder Público. *Revista do Tribunal de Contas da União*, v. 40, n. 111, p. 17-34, 2008.

FALCÃO, Amílcar de Araújo. Isenção tributária: pressupostos legais e contratuais: taxa de despacho aduaneiro. *Revista de Direito Administrativo*, v. 67, p. 317-340, 1962.

FALCÃO, Valdirene Ribeiro de Souza. O tribunal de contas e o controle de constitucionalidade: uma releitura da Súmula 347 do Supremo Tribunal Federal. *In*: PEREZ, Marcos Augusto; SOUZA, Rodrigo Pagani de. *Controle da administração pública*. Belo Horizonte: Fórum, 2017, p. 197-213.

FARIA, Rodrigo Oliveira. PPA versus orçamento: uma leitura do escopo, extensão e integração dos instrumentos constitucionais brasileiros do planejamento. *In*: CONTI, José Maurício; SCAFF, Fernando Facury (coord.). *Orçamentos públicos e direito financeiro*. São Paulo: RT, 2011, p. 661-693.

FERRAZ JÚNIOR, Tercio Sampaio. Sigilo de dados: o direito à privacidade e os limites à função fiscalizadora do Estado. *Revista da Faculdade de Direito*. São Paulo, Universidade de São Paulo, v. 88, p. 439-459, 1993.

FERRAZ, Roberto. *Taxa instrumento de sustentabilidade*. São Paulo: Quartier Latin, 2013.

FIGUEIREDO, Carlos Maurício. Lei de Responsabilidade Fiscal: o resgate do planejamento governamental. *In*: FIGUEIREDO, Carlos Maurício; NÓBREGA, Marcos. *Responsabilidade Fiscal*: aspectos polêmicos. Belo Horizonte: Fórum, 2006, p. 135-152.

FIGUEIREDO, Lúcia Valle. *Curso de direito administrativo*. 8. ed. São Paulo: Malheiros, 2006.

FIGUEIREDO, Lúcia Valle. Reflexões sobre a intervenção do Estado no domínio econômico e as contribuições interventivas. *In*: MACHADO, Hugo de Brito (coord.). *As contribuições no sistema tributário brasileiro*. São Paulo: Dialética, 2003, p. 391-401.

FIGUEIREDO, Marcelo. *O controle de moralidade na Constituição*. São Paulo: Malheiros, 1999.

FLUSSER, Vilém. Forma e material. *In*: FLUSSER, Vilém. *O mundo codificado*: por uma filosofia do design e da comunicação. São Paulo: Cosac Naify, 2015, p. 22-32.

FRANÇA. Cour des comptes. *L'efficience des dépenses fiscales relatives au développement durable*. 2016. Disponível em: https://www.ccomptes.fr/sites/default/files/EzPublish/20161108-efficience-depenses-fiscales-developpement-durable.pdf. Acesso em: 27 fev. 2018.

FRANÇA. Cour des comptes. *Les dépenses fiscales*: note d'analyse de l'exécution budgétaire. 2017. Disponível em: https://www.ccomptes.fr/sites/default/files/2018-05/NEB-2017-Depenses-fiscales.pdf. Acesso em: 27 fev. 2019.

FRANÇA. Declaração dos Direitos do Homem e do Cidadão. [1789]. *Embaixada da França no Brasil*, 13 jan. 2017. Disponível em: https://br.ambafrance.org/A-Declaracao-dos-Direitos-do-Homem-e-do-Cidadao. Acesso em: 30 dez. 2021.

FREIRE, André Luiz. *Manutenção e retirada dos contratos administrativos inválidos*. São Paulo: Malheiros, 2008.

FREITAS, Juarez de. *Direito fundamental à boa administração pública*. 3. ed. São Paulo: Malheiros, 2014.

FREITAS, Juarez de. *O controle dos atos administrativos e os princípios fundamentais*. 5. ed. São Paulo: Malheiros, 2013.

FURTADO, José de Ribamar Caldas. Controle de legalidade e medidas cautelares dos tribunais de contas. *Revista do Tribunal de Contas da União*. Brasília, n. 110, p. 66-70, 2007.

FURTADO, José de Ribamar Caldas. Os regimes de contas públicas: contas de governo e contas de gestão. *Revista do Tribunal de Contas da União*, n. 109, p. 61-89, 2007.

GALLOTTI, Luiz Octávio. Atualidade do Tribunal de Contas. *Revista de Direito Público*, v. 17, n. 72, p. 5-9, out./dez. 1984.

GALLOTTI, Luiz Octavio. O Tribunal de Contas da União e a prática de sua competência constitucional. *Revista de Direito Administrativo*. Rio de Janeiro, v. 131, p. 1-10, jan. 1978.

GAMA, Tácio Lacerda. *Competência tributária*: fundamentos para uma teoria da nulidade. São Paulo: Noeses, 2009.

GIACOMONI, James. *Orçamento público*. 18. ed. São Paulo: Atlas, 2021.

GIAMBIAGI, Fábio; ALÉM, Ana Cláudia. *Finanças públicas*: teoria e prática no Brasil. 4. ed. Rio de Janeiro: Elsevier, 2011.

GOMES, Emerson Cesar da Silva. *O direito dos gastos públicos no Brasil*. São Paulo: Almedina, 2015.

GONÇALVES, Maete Pedroso. *O ciclo da política nacional de concessão de benefícios tributários (2003-2010)*. 2012. 127 p. Dissertação (Mestrado em Ciência Política) – Faculdade de Filosofia, Letras e Ciências Humanas, Universidade de São Paulo, São Paulo, 2012.

GRANADOS, María Antonieta Martín. Los incentivos tributarios para investigación y desarrollo tecnológico (caso México). In: RÍOS GRANADOS, Gabriela (coord.). *La influencia de las nuevas tecnologías en el derecho tributario*. Cidade do México: Universidad Nacional Autónoma de México (UNAM), 2006, p. 187-208.

GRAU, Eros Roberto. *A ordem econômica na constituição de 1988*. 8. ed. São Paulo: Malheiros, 2003.

GRAU, Eros. *Planejamento econômico e regra jurídica*. 1977. 262 p. Tese (Livre-Docência em Direito) – Faculdade de Direito, Universidade de São Paulo, São Paulo, 1977.

GRIMM, Dieter. *Constitutionalism*. Oxford: Oxford University Press, 2016.

GUALAZZI, Eduardo Lobo Botelho. *Regime jurídico dos tribunais de contas*. São Paulo: RT, 1997.

GUBA, Egon G.; LINCOLN, Yvonna S. Competing Paradigms in Qualitative Research. In: DENZIN, N. K.; LINCOLN, Y. S. (ed.). *Handbook of Qualitative Research*. Thousand Oaks, CA: Sage, 1994, p. 105-117.

GUIMARÃES, Raquel Lamboglia. *O controle financeiro da atividade de fomento*: o TCU e a aferição de resultados. 2019. 261 p. Dissertação (Mestrado) – Faculdade de Direito, Universidade de São Paulo, São Paulo, 2019.

HABERMAS, Jürgen. Political Communication in Media Society: Does Democracy Still enjoy an Epistemic Dimension? The Impact of Normative Theory on empirical Research. *Communication Theory*, v. 17, n. 4, p. 411-426, 2006.

HART, Herbert Lionel Adolphus. *O conceito de direito*. 6. ed. Lisboa: Fundação Calouste Gulbenkian, 2011.

HELLER, Gabriel; CAVICHIOLI CARMONA, Paulo Afonso. Reparação e sanção no controle de atos e contratos administrativos: as diferentes formas de responsabilização pelo Tribunal de Contas. *Revista de Direito Administrativo*. Rio de Janeiro, v. 279, n. 1, p. 51-78, abr. 2020.

HENRIQUES, Elcio Fiori. *O regime jurídico do gasto tributário no direito brasileiro*. 2009. 221 p. Dissertação (Mestrado em Direito Econômico e Financeiro) – Faculdade de Direito, Universidade de São Paulo, São Paulo, 2009.

HOLMES, Kevin. *The Concept of Income*: Multi-Disciplinary Analysis. Amsterdam: IBDF, 2000.

HORVATH, Estevão. *Contribuições de intervenção no domínio econômico*. São Paulo: Dialética, 2009.

HORVATH, Estevão. *O direito tributário no contexto da atividade financeira do Estado*. 2009. 221 p. Tese (Titularidade em Direito) – Faculdade de Direito da Universidade de São Paulo, São Paulo, 2009.

HORVATH, Estevão. *O orçamento no século XXI*: tendências e expectativas. 2014. 418 p. Tese (Titularidade em Direito) – Faculdade de Direito, Universidade de São Paulo, São Paulo, 2014.

HORVATH, Estevão. *O princípio do não-confisco no direito tributário*. São Paulo: Dialética, 2002.

HORVATH, Estevão. Orçamento público e planejamento. *In*: BANDEIRA DE MELLO, Celso Antônio (org.) *Estudos em homenagem a Geraldo Ataliba*: direito tributário. São Paulo: Malheiros, 1997, p. 119-134.

JACOBY FERNANDES, Jorge Ulisses. O ordenador de despesas e a Lei de Responsabilidade Fiscal. *Revista de Informação Legislativa*. Brasília, v. 38, n. 151, p. 153-170, 2000.

JACOBY FERNANDES, Jorge Ulisses. *Tribunais de contas do Brasil*: jurisdição e competência. 4. ed. Belo Horizonte: Fórum, 2016.

JIMÉNES, Juan Pablo; PODESTÁ, Andrea. *Inversión, incentivos fiscales y gastos tributarios em América Latina*. Santiago de Chile: CEPAL, 2009. Disponível em: https://repositorio. cepal.org/bitstream/handle/11362/46783/1/LCL3004P_es.pdf. Acesso em: 14 fev. 2022.

JORDÃO, Eduardo. A intervenção do TCU sobre editais de licitação não publicados: controlador ou administrador? *Revista Brasileira de Direito Público*, v. 12, n. 47, p. 209-230, out./dez. 2014.

JUSTEN FILHO, Marçal. *Curso de direito administrativo*. 12. ed. São Paulo: RT, 2016.

KAHN, Douglas A.; LEHMAN, Jeffrey S. Expenditure Budgets: A Critical Review. *In*: OLIVER, Philip D. *Tax Policy*: Readings and Materials. New York: Thomson-West, 2004, p. 721-724.

KAUFMANN, Mateo. *El equilibrio del presupuesto*. Madrid: Editorial de Derecho Financiero, 1964.

KELLY, Alfred H.; HARVISON, Winfred A. *The American Constitution*: Its Origins and Development. New York: W.W. Norton, 1948.

KOHAMA, Helio. *Contabilidade pública*: teoria e prática. São Paulo: Atlas, 2003.

KOSSMANN, Edson Luís. *A constitucionalização do princípio da eficiência na administração pública*. Porto Alegre: Sergio Antonio Fabris, 2015.

KOURY, Suzy Cavalcante. O princípio da economicidade na obra de Washington Peluso Albino de Souza. *Revista da Faculdade de Direito da Universidade Federal de Minas Gerais*, número especial: "Em Memória do Prof. Washington Peluso Albino de Sousa", p. 443-464, 2013.

KRONMAN, Anthony. *Max Weber*. Rio de Janeiro: Elsevier, 2009.

LEÃO, Martha Toribio. *Controle da extrafiscalidade*. São Paulo: Quartier Latin, 2015.

LENJOSEK. Gordon J. A Framework for Evaluating Tax Measures and Some Methodological Issues. *In*: BRIXI, Hana Polackova; VALENDUC, Christian N. A.; SWIFT, Zhicheng Li (ed.). *Tax Expenditures*: Shedding Light on Government Spending through the Tax System. Washington: The World Bank, 2004, p. 19-44.

LENZ, Carlos Eduardo Thompson Flores. O Tribunal de Contas e o Poder Judiciário. *Revista de Direito Administrativo*. Rio de Janeiro, v. 238, p. 265-282, out. 2004.

LIMA, Rogério. Incentivo tributário. *In*: MACHADO, Hugo de Brito. *Regime jurídico dos incentivos fiscais*. São Paulo: Malheiros, 2015, p. 482-506.

LOCHAGIN, Gabriel Loretto. *A execução do orçamento público*: flexibilidade e orçamento impositivo. São Paulo: Blucher, 2016.

LOCHAGIN, Gabriel Loretto. Unificação dos orçamentos públicos pela constituição. *In*: CONTI, José Maurício; SCAFF, Fernando Facury (coord.). *Orçamentos públicos e direito financeiro*. São Paulo: RT, 2011, p. 187-202.

MACHADO JR, J. Teixeira. A experiência brasileira em orçamento-programa: uma primeira visão. *Revista de Administração Pública*. Rio de Janeiro, v. 1, n. 1, p. 145-172, 1967.

MACHADO, Hugo de Brito. Ordem econômica e tributação. *In*: FERRAZ, Roberto (coord.). *Princípios e limites da tributação*: v. 2: os princípios da ordem econômica e a tributação. São Paulo: Quartier Latin, 2009, p. 375-396.

MACHADO, Hugo de Brito; MACHADO SEGUNDO, Hugo de Brito. Incentivos fiscais: regime automotivo do Norte, Nordeste e Centro-Oeste: titularidade e limites. *Revista Dialética de Direito Tributário*. São Paulo, v. 138, p. 115-122, mar. 2007.

MACHADO, Schubert Farias. Regime jurídico dos incentivos fiscais. *In*: MACHADO, Hugo de Brito. *Regime jurídico dos incentivos fiscais*. São Paulo: Malheiros, p. 507-536, 2015.

MAER, Lucinda; GAY, Oonagh. *The Bill of Rights 1689*. Parliament and Constitution Centre. 5 out. 2009. Disponível em: https://researchbriefings.files.parliament.uk/documents/SN00293/SN00293.pdf. Acesso em: 30 dez. 2021.

REFERÊNCIAS | 229

MARANHÃO, Jarbas. Origem, importância e competência do Tribunal de Contas. *Revista de Ciência Política*, v. 23, n. 1, p. 43-48, 1980.

MARINHO, Josaphat. Planejamento como controle do poder. *Revista de Direito Público.* São Paulo: RT, n. 95, p. 22-27, jul./set. 1990.

MARQUES NETO, Floriano de Azevedo. Fomento. *In*: KLEIN, Aline Alícia; MARQUES NETO, Floriano de Azevedo. *Funções Administrativas do Estado*. São Paulo: RT, 2014, p. 404-508.

MARQUES NETO, Floriano de Azevedo. Limites à abrangência e à intensidade da intervenção estatal. *Revista Eletrônica de Direito Administrativo Econômico (REDAE)*. Salvador: Instituto Brasileiro de Direito Público, n. 4, nov. 2005/jan. 2006. Disponível em: http://www.direitodoEstado.com.br/redae.asp. Acesso em: 22 jan. 2021.

MARTINS JÚNIOR, Wallace Paiva. O princípio da transparência. *In*: DI PIETRO, Maria Sylvia Zanella; MARTINS JÚNIOR, Wallace Paiva. *Tratado de direito administrativo*: v. 1: teoria geral e princípios do direito administrativo. São Paulo: Editora Revista dos Tribunais, 2015, p. 419-482.

MARTINS, Ives Gandra da Silva; SOUZA, Fátima Fernandes Rodrigues de. Incentivo fiscal: Lei 1.605/83: direito adquirido: opção pelos estímulos da Lei n. 1.939/93 não exercida: ausência de fundamento legal para cobrança de FMPE. *Revista Dialética de Direito Tributário*. São Paulo, n. 81, p. 163-170, jun. 2002.

MARTOS, Elisabeth. *O conteúdo jurídico do princípio da eficiência no direito financeiro.* 121 f. Dissertação (Mestrado em Direito) – Faculdade de Direito da Universidade de São Paulo, São Paulo, 2014.

MATUS, Carlos. O plano como aposta. *In*: GIACOMONI, James; PAGNUSSAT, José Luiz (org.). *Coletânea planejamento e orçamento governamental*: v. 1: o plano como aposta. Brasília: ENAP, 2007, p. 115-144.

MEDAUAR, Odete. *Controle da administração pública.* 2. ed. São Paulo: RT, 2012.

MÉLEGA, Luiz. O poder de tributar e o poder de regular. *Direito Tributário Atual*. São Paulo: IBDT, p. 1.769-1.812, 1987-1988.

MELLO, Henrique. Sobre o sistema tributário de referência para os gastos indiretos. *Interesse Público – IP*. Belo Horizonte, v. 18, n. 99, p. 137-150, set./out. 2016.

MELO FILHO, Álvaro. *Teoria e prática dos incentivos fiscais*: introdução ao direito premial. Rio de Janeiro: Eldorado, 1976.

MERLOTTO, Nara Carolina. *A atuação do Tribunal de Contas da União sobre as agências reguladoras*: entre a independência e o controle. 2018. 268 f. Dissertação (Mestrado em Direito) – Faculdade de Direito, Universidade de São Paulo, São Paulo, 2018.

MILES, Matthew B.; HUBERMAN, Michael A. *Qualitative data analysis.* 2. ed. Londres: Sage, 1994.

MILESKI, Hélio Saul. *O controle da gestão pública.* 3. ed. Belo Horizonte: Fórum, 2018.

MITA, Enrico de. *Principi di diritto tributario*. Milano: Giuffrè, 2011.

MODESTO, Paulo. Notas para um debate sobre o princípio da eficiência. *Revista do Serviço Público*, v. 51, n. 2, p. 105-120, abr./jun. 2000.

MONCADA, Luís S. Cabral de. *Perspectivas do novo direito orçamental português*. Coimbra: Coimbra Editora, 1984.

MOREIRA NETO, Diogo de Figueiredo. *Considerações sobre a Lei de Responsabilidade Fiscal*: finanças públicas democráticas. Rio de Janeiro: Renovar, 2001.

MOREIRA NETO, Diogo de Figueiredo. Moralidade administrativa: do conceito à efetivação. *Revista de Direito Administrativo*, v. 190, p. 1-44, 1992.

MOTTA, Fabrício. Notas sobre publicidade e transparência na Lei de Responsabilidade Fiscal no Brasil. *A&C Revista de Direito Administrativo & Constitucional*. Belo Horizonte, v. 7, n. 30, p. 91-108, out./dez. 2007.

MUZZI FILHO, Carlos Victor. A vontade do contribuinte no direito tributário: existem 'contratos fiscais'? *Revista Jurídica da Procuradoria-Geral da Fazenda Estadual - Minas Gerais*. Belo Horizonte, n.48-50, p. 11-32, out., 2002/2003.

NABAIS, José Casalta. *Contratos fiscais*: reflexões acerca da sua admissibilidade. Coimbra: Coimbra Editora, 1994.

NABAIS, José Casalta. Da sustentabilidade do Estado fiscal. *In*: NABAIS, José Casalta; SILVA, Suzana Tavares da. *Sustentabilidade fiscal em tempos de crise*. Coimbra: Almedina, 2011.

NABAIS, José Casalta. *Direito fiscal*. 10. ed. Coimbra: Almedina, 2017.

NABAIS, José Casalta. *O dever fundamental de pagar impostos*. Coimbra: Almedina, 2004.

NABAIS, José Casalta. Reflexões sobre a constituição económica, financeira e fiscal portuguesa. *Revista de Direito Público da Economia – RDPE*. Belo Horizonte: v. 12, n. 47, p. 153-174, jul./set. 2014.

NAGATA, Bruno Mitsuo. *Fiscalização financeira quanto à legitimidade*. 2013. 237 f. Dissertação (Mestrado em Direito) – Faculdade de Direito da Universidade de São Paulo, São Paulo, 2013.

NAGEL, José. Normas gerais sobre fiscalização e julgamento a cargo do TCU. *Revista do Tribunal de Contas da União*. Brasília, v. 28, n. 74, p. 31-51, out./dez. 1997.

NÓBREGA, Marcos; FIGUEIREDO, Carlos Maurício. Renúncia de receita; guerra fiscal e *tax expenditure*: uma abordagem do artigo 14 da LRF. *In*: NÓBREGA, Marcos; FIGUEIREDO, Carlos Maurício. *Responsabilidade fiscal*: aspectos polêmicos. Belo Horizonte: Fórum, 2006, p. 109-134.

NOGUEIRA, Ruy Barbosa. *Curso de direito tributário*. 9. ed. São Paulo: Saraiva, 1989.

NOGUEIRA, Ruy Barbosa. Impostos diretos e indiretos: entidades sem fins lucrativos. *In*: NOGUEIRA, Ruy Barbosa. *Imunidades*. São Paulo: Saraiva, 1992, p. 13-33.

REFERÊNCIAS | **231**

NOHARA, Irene Patrícia. *Reforma administrativa e burocracia*: impacto da eficiência na configuração do direito administrativo brasileiro. 2011. 268 f. Tese (Livre Docência em Direito) – Faculdade de Direito, Universidade de São Paulo, São Paulo, 2011.

NOVELLI, Flavio Bauer. A relatividade do conceito de constituição e a Constituição de 1967. *Revista de Direito Administrativo*, v. 88, p. 1-14, 1967.

NUSDEO, Fábio. *Da política econômica ao direito econômico*. 1977. 197 p. Tese (Livre-Docência em Direito) – Faculdade de Direito, Universidade de São Paulo, São Paulo, 1977.

OLIVEIRA, José Antônio. Puppim de. Desafios do planejamento em políticas públicas: diferentes visões e práticas. *Revista de Administração Pública*. Rio de Janeiro, v. 40, n. 2, p. 273-288.

OLIVEIRA, Regis Fernandes de. *Curso de direito financeiro*. 5. ed. São Paulo: RT, 2013.

OLIVEIRA, Regis Fernandes de; HORVATH, Estevão. *Manual de direito financeiro*. 2. ed. São Paulo: RT, 1997.

OLIVEIRA, Weder de. *Lei de Diretrizes Orçamentárias*: gênese, funcionalidade e constitucionalidade. Belo Horizonte: Fórum, 2017.

OLIVEIRA, Weder. *Curso de responsabilidade fiscal*. 2. ed. Belo Horizonte: Fórum, 2015.

OLIVER, Philip D. *Tax Policy, Readings and Materials*. New York: Thomson-West, 2004.

ORTEGA, Ricardo Rivero. *Derecho administrativo económico*. 5. ed. Madri: Marcial Pons, 2009.

ORTIZ, Gaspar Ariño. *Princípios de derecho público económico*. Granada (ESP): Marcial Pons, 1999.

PANCRAZI, Laurent. *Le principe de sincérité budgétaire*. Paris: L'Harmattan, 2012.

PECHMAN, Joseph A. *Federal Tax Policy*. 5.ed. Washington: The Brooking Institution, 1987.

PEREIRA JUNIOR, Jessé Torres. *Comentários à Lei das Licitações e Contratações da Administração Pública*. 7. ed. Rio de Janeiro: Renovar, 2007.

PEREIRA, Osny Duarte. *A constituição do Brasil (1967)*. Rio de Janeiro: Civilização Brasileira, 1967.

PÉREZ DE AYALA, José Luis. El principio de reserva de ley tributaria y las nuevas técnicas presupuestarias. *Revista de Direito Público*. São Paulo: RT, n. 25, p. 23-30, jul./set. 1973.

PEREZ, Marcos Augusto. *Testes de legalidade*: métodos para o amplo controle jurisdicional da discricionariedade administrativa. Belo Horizonte: Fórum, 2020.

POLIZELLI, Victor Borges. *Contratos fiscais*: viabilidade e limites no contexto do direito tributário brasileiro. 2013. 305 p. Tese (Doutorado em Direito) – Faculdade de Direito, Universidade de São Paulo, São Paulo, 2013.

PORTUGAL. Tribunal de Contas. *Parecer sobre a Conta Geral do Estado*. 2017. Disponível em: https://www.tcontas.pt/pt-pt/ProdutosTC/PareceresTribunalContas/ParecerCGE/Documents/Ano%20econ%C3%B3mico%20de%202017/pcge2017.pdf. Acesso em: 27 fev. 2019.

POZAS, Luis Jordana de. Ensayo de una teoría del fomento en el derecho administrativo. *Revista de Estudios Políticos*, n. 48, p. 44-54, 1949.

POZZEBON, Marley; PETRINI, Maria de Cassia. Critérios para condução e avaliação de pesquisas qualitativas de natureza crítico-interpretativa. *In*: TAKAHASHI, Adriana Roseli Wünsch (org.). *Pesquisa qualitativa em administração*: fundamentos, métodos e usos no Brasil. São Paulo: Atlas, 2013, p. 51-72.

POZZO, Gabriela Tomaselli Gonçalves Pereira Dal. *As funções do Tribunal de Contas e o Estado de Direito*. 2008. 133 f. Dissertação (Mestrado em Direito) – Pontifícia Universidade Católica de São Paulo, São Paulo, 2008.

QUEIROZ, Rafael Mafei Rabelo. Metodologia da pesquisa jurídica. *In*: CAMPILONGO, Celso Fernandes; GONZAGA, Alvaro de Azevedo; FREIRE, André Luiz (coord.). *Enciclopédia jurídica da PUC-SP*. Tomo: Teoria Geral e Filosofia do Direito. Celso Fernandes Campilongo, Alvaro de Azevedo Gonzaga, André Luiz Freire (coord. de tomo). 1. ed. São Paulo: Pontifícia Universidade Católica de São Paulo, 2017. Disponível em: https://enciclopediajuridica.pucsp.br/verbete/151/edicao-1/metodologia-da-pesquisa-juridica. Acesso em: 06 jun. 2020.

QUINTÃO, Cynthia Magalhães Pinto Godoi; CARNEIRO, Ricardo. A tomada de contas especial como instrumento de controle e responsabilização. *Revista de Administração Pública*. Rio de Janeiro, v. 49, n. 2, p. 473-491, mar./abr. 2015.

RESTREPO, Ricardo Sanín. *Teoría crítica constitucional*. Valencia (ES): Tirant lo Blanch, 2014.

REZZOAGLI, Luciano Carlos. El gasto fiscal en la Ley Tributaria Sustantiva en el Ámbito Presupuestario. *In*: MARTINS, Ives Gandra da Silva; PUSIN, João Bosco Coelho (orgs.). *Direito financeiro e tributário comparado*: estudos em homenagem a Eusébio Gonzáles García. São Paulo: Saraiva, 2014, p. 756-767.

RIBAS, Lídia Maria Lopes Rodrigues. *Processo administrativo tributário*. 3. ed. São Paulo: Malheiros, 2008.

RÍOS GRANADOS, Gabriela. Acceso a la información tributaria: derecho y deber de los contribuyentes. *In*: MARTINS, Ives Gandra da Silva; PASIN, João Bosco Coelho (org.). *Direito financeiro e tributário comparado*: estudos em homenagem a Eusébio Gonzáles García. São Paulo: Saraiva, 2010, p. 334-373.

ROSAS, Roberto. Aspectos dos tribunais de contas. *Revista de Direito Administrativo*. Rio de Janeiro, v. 101, p. 44-52, set. 1970.

ROSILHO, André Janjácomo. Tribunais de Contas no Brasil: quem controla o controlador? *In*: ALMEIDA, Fernando Menezes de; ZAGO, Marina Fontão. *Direito público francês*: temas fundamentais. São Paulo: Quartier Latin, 2018, p. 33-49.

ROSILHO, André Janjácomo. *Tribunal de Contas da União*: competências, jurisdição e instrumentos de controle. São Paulo: Quartier Latin, 2019.

ROURE, Agenor de. *Formação do direito orçamentário brasileiro*. Rio de Janeiro: Typ. Jornal do Comércio, 1916.

REFERÊNCIAS | 233

RUBINSTEIN, Flávio. *Boa-fé objetiva no direito financeiro e tributário*. São Paulo: Quartier Latin, 2010.

SAMPÁIO DÓRIA, Antônio Roberto. *Direito constitucional tributário e "due process of law"*. 2. ed. Rio de Janeiro: Forense, 1986.

SÃO PAULO. *Decreto n. 52.747, de 27 de maio de 1971*. Disponível em: https://www.al.sp. gov.br/repositorio/legislacao/decreto/1971/decreto-52747-27.05.1971.html. Acesso em: 05 jan. 2022.

SÃO PAULO. Universidade de São Paulo. *Resolução n. 4.871, de 22 de outubro de 2001*. Disponível em: http://www.leginf.usp.br/?resolucao=resolucao-no-4871-de-22-de-outubro-de-2001. Acesso em: 05 abr. 2020.

SCAFF, Fernando Facury. *Orçamento republicano e liberdade igual*: ensaio sobre direito financeiro, república e direitos fundamentais no Brasil. Belo Horizonte: Fórum, 2018.

SCAFF, Fernando Facury. *Responsabilidade do Estado intervencionista*. São Paulo: Saraiva, 1990.

SCHOUERI, Luís Eduardo. *Direito tributário*. 9. ed. São Paulo: Saraiva, 2019.

SCHOUERI, Luís Eduardo. *Normas tributárias indutoras e intervenção econômica*. Rio de Janeiro: Forense, 2005.

SCHOUERI, Luís Eduardo; GALENDI JÚNIOR, Ricardo André. Irretroatividade e função extrafiscal do tributo: elementos para superação definitiva da súmula 584 do STF. *In*: LOBATO, Valter de Souza. *Extrafiscalidade*: conceito, interpretação, limites e alcance. Belo Horizonte: Fórum, 2017, p. 141-166.

SEIXAS FILHO, Aurélio Pitanga. O sigilo bancário e o direito à intimidade e privacidade das pessoas. *In*: COLÓQUIO INTERNACIONAL DE DIREITO TRIBUTÁRIO, 3. São Paulo, La Ley, 17-18 ago. 2001, *Anais*, p. 153-157.

SEIXAS FILHO, Aurélio Pitanga. *Princípios fundamentais do direito administrativo tributário*: a função fiscal. Rio de Janeiro: Forense, 1995.

SEIXAS FILHO, Aurélio Pitanga. *Teoria e prática das isenções tributárias*. 2. ed. Rio de Janeiro: Forense, 1999.

SHI, Yaobin. Estabilishing a Tax Expenditure Adminstrative System That Achieves a Sound Fiscal System in China. *In*: BRIXI, Hana Polackova; VALENDUC, Christian N. A.; SWIFT, Zhicheng Li (ed.). *Tax Expenditures*: Shedding Light on Government Spending through the Tax System. Washington: The World Bank, 2004, p. 173-189.

SILVA, Enio Moraes da. O Estado Democrático de Direito. *Revista de Informação Legislativa*. Brasília, v. 42, n. 167, jul./set. 2005, p. 213-230.

SILVA, Gerson Augusto da. *A política tributária como instrumento de desenvolvimento*. 2. ed. Brasília: ESAF, 2009.

SILVA, José Afonso da. *Curso de Direito Constitucional positivo*. 36. ed. São Paulo: Malheiros, 2013.

SILVA, José Afonso da. *Orçamento-programa no Brasil*. São Paulo: RT, 1973.

SILVEIRA, Alexandre Coutinho da; SCAFF, Fernando Facury. Incentivos fiscais na federação brasileira. *In*: MACHADO, Hugo de Brito (coord.). *Regime jurídico dos incentivos fiscais*. São Paulo: Malheiros, 2015, p. 19-53.

SIQUEIRA, Gustavo Silveira. Carta Magna não é sinônimo de Constituição: uma análise do conceito no Brasil e uma breve história do documento medieval. *Revista Direito e Práxis*. Rio de Janeiro, *Ahead of print*, 2021. doi: 10.1590/2179-8966/2021/59938.

SLEMROD, Joel. Trust in Public Finance. *In*: CNOSSEN, Sijbren; SINN, Hans-Werner (ed.). *Public Finance and Public Policy in the New Century*. Cambridge: MIT Press, 2003, p. 49-88.

SOUTO, Humberto Guimarães. Congresso Nacional, tribunal de contas e controle externo. *Revista do Tribunal de Contas da União*, n. 79, p. 31-41, 1999.

SOUZA NETO, Cláudio Pereira de; MENDONÇA, José Vicente Santos de. Fundamentalização e fundamentalismo na interpretação do princípio constitucional da livre iniciativa. *In*: SOUZA NETO, Cláudio Pereira de; SARMENTO, Daniel. *A constitucionalização do direito*: fundamentos teóricos e aplicações específicas. Rio de Janeiro: Lúmen Juris, 2007, p. 709-741.

SOUZA, Luciano Brandão Alves de. A Constituição de 1988 e o Tribunal de Contas da União. *Revista de Direito Administrativo*. Rio de Janeiro, v. 175, p. 36-46, jan. 1989.

SOUZA, Rodrigo Pagani de. *Controle estatal das transferências de recursos públicos para o terceiro setor*. 2009. 511 p. Tese (Doutorado em Direito) – Faculdade de Direito, Universidade de São Paulo, São Paulo, 2009.

SOUZA, Washington Peluso Albino de. *Direito econômico*. São Paulo: Saraiva, 1980.

SPECK, Bruno Wilhelm. *Inovação e rotina no Tribunal de Contas da União*. São Paulo: Fundação Konrad Adenaurer, 2000.

SPECK, Bruno Wilhelm; NAGEL, José. A fiscalização dos recursos pelos Tribunais de Contas. *In*: SPECK, Bruno Wilhelm (org.). *Caminhos da transparência*. Campinas: Unicamp, 2002, p. 227-254.

SUNDFELD, Carlos Ari et al. O valor das decisões do Tribunal de Contas da União sobre irregularidades em contratos. *Revista Direito GV*. São Paulo, v. 13, n. 3, p. 866-890, dez. 2017.

SUNDFELD, Carlos Ari; CÂMARA, Jacinto Arruda. Competências de controle dos tribunais de contas: possibilidades e limites. *In*: SUNDFELD, Carlos Ari (org.). *Contratações públicas e seu controle*. São Paulo: Malheiros, 2013, p. 177-230.

SUNLEY, Emil. Tax Expenditures in the United States: Experience and Practice. *In*: BRIXI, Hana Polackova; VALENDUC, Christian N. A.; SWIFT, Zhicheng Li (ed.). *Tax Expenditures*: Shedding Light on Government Spending through the Tax System. Washington: The World Bank, 2004, p. 155-172.

SURREY, Stanley S. Tax Incentives as Device for Implementing Government Policy: A Comparison with Direct Government Expenditures. *Harvard Law Review*, v. 83, n. 4, p. 705-738, fev. 1970.

SURREY, Stanley; MCDANIEL, Paul. The Tax Expenditure Concept and the Budget Reform Act of 1974. *Boston College Industrial and Commercial Law Review*, v. 17, n. 5, p. 679-725, jun. 1976.

SY, Aboubakry. *La transparence dans le droit budgétaire de l'etat en France*. Paris: LGDJ, 2017.

SZKLAROWSKY, Leon Frejda. A publicidade e os contratos administrativos. *Revista de Direito Administrativo*. Rio de Janeiro, n. 204, p. 85-102, abr./jun. 1996.

TÁCITO, Caio. A moralidade administrativa e a nova Lei do Tribunal de Contas da União. *Revista de Direito Administrativo*, v. 242, p. 75-84, 2005.

THEODORO JÚNIOR, Humberto. *Curso de direito processual civil*. 58. ed. Rio de Janeiro: Forense, 2017.

TOMÉ, Fabiana Del Padre. A extrafiscalidade tributária como instrumento para concretizar políticas públicas. *In*: SANTI, Eurico Marcos Diniz de (coord.). *Tributação e desenvolvimento*: homenagem ao professor Aires Barreto. São Paulo: Quartier Latin, 2011, p. 193-212.

TOMKOWSKI, Fábio Goulart. *Direito tributário e heurísticas*. São Paulo: Almedina, 2017.

TORRES, Heleno Taveira. *Direito constitucional financeiro*. São Paulo: Saraiva, 2014.

TORRES, Heleno Taveira. *Direito constitucional tributário e segurança jurídica*. São Paulo: RT, 2004.

TORRES, Ricardo Lobo. Anulação de benefícios fiscais: efeitos no tempo. *Revista dialética de Direito Tributário*, São Paulo, n. 121, p. 127-146, out. 2005.

TORRES, Ricardo Lobo. O princípio da transparência no direito financeiro. *Revista de Direito da Associação dos Procuradorias do Novo Estado do Rio de Janeiro*. Rio de Janeiro, 1999, n. 8, p. 133-156, 2001.

TORRES, Ricardo Lobo. O Tribunal de Contas e o controle da legalidade, economicidade e legitimidade. *Revista de Informação Legislativa*, Brasília, v. 31, n. 121, jan./mar. 1994, p. 265-271.

TORRES, Ricardo Lobo. *Tratado de direito constitucional financeiro e tributário*: o orçamento na Constituição. 2. ed. Rio de Janeiro: Renovar, 2000, v. 5.

TORRES, Silvia Faber. *O princípio da subsidiariedade no direito público contemporâneo*. Rio de Janeiro: Renovar, 2001.

TRENNEPOHL, Terence Dorneles. *Incentivos fiscais no direito ambiental*: para uma matriz energética limpa e o caso do etanol brasileiro. 2. ed. São Paulo: Saraiva, 2011.

TROTABAS, Louis; COTTERET, Jean-Marie. *Droit budgétaire et comptabilité publique*. 5. ed. Paris: Dalloz, 1995.

UCKMAR, Victor. Diretrizes da Corte Constitucional Italiana em matéria tributária. *Revista de Direito Tributário*, v. 10, n. 38, p. 7-17, out./dez. 1986.

VALENDUC, Christian. From Tax Expenditure Reporting to Tax Policy Analysis: Some Experience from Belgium. *In*: BRIXI, Hana Polackova; VALENDUC, Christian N. A.; SWIFT, Zhicheng Li (ed.). *Tax Expenditures*: Shedding Light on Government Spending through the Tax System. Washington: The World Bank, 2004, p. 69-96.

VALIM, Rafael. *A subvenção no direito administrativo brasileiro*. São Paulo: Contracorrente, 2015.

VELOSO, Zeno. *Controle jurisdicional de constitucionalidade*. 2. ed. Belo Horizonte: Del Rey, 2000.

VETTORI, Gustavo Gonçalves. *Contribuição ao estudo sobre as influências recíprocas entre tributação da renda e o comércio internacional*. 2011. 212 p. Tese (Doutorado em Direito) – Faculdade de Direito, Universidade de São Paulo, São Paulo, 2011.

VILLELA, Luiz Arruda. *Gastos tributários e justiça fiscal*: o caso do IRPF no Brasil. 1981. 97 p. Dissertação (Mestrado em Economia) – Departamento de Economia, Pontifícia Universidade Católica do Rio de Janeiro, Rio de Janeiro, 1981.

VILLELA, Luiz. Gastos tributarios: medición de la erosión de la base imponible. *In*: CENTRO INTERAMERICANO DE ADIMINISTRACIONES TRIBUTARIAS – CIAT. *La recaudación potencial como meta de la administración tributaria*. Florianópolis: Instituto de Estudios Fiscales, 2007, p. 1-10.

ZAGO, Marina Fontão. *Poder de compra estatal como instrumento de políticas públicas*. Brasília: ENAP, 2018.

ZELINSKY, Edward A. James Madison and Public Choice at Gucci Gulch: A Procedural Defense of Tax Expenditures and Tax Institutions. *In*: OLIVER, Philip D. *Tax Policy*: Readings and Materials. New York: Thomson-West, 2004, p. 704-715.

ZILVETI, Fernando Aurélio. Variações sobre o princípio da neutralidade no direito tributário internacional. *Direito Tributário Atual*, v. 19, São Paulo, 2005, p. 24-40.

ZYMLER, Benjamin. Questões de controle: controle das Finanças Públicas no Brasil: visão atual e prospectiva. *Revista do Tribunal de Contas da União*, v. 29, n. 76, p. 15-41, abr./jun. 1998.